U0142254

工程倫理

ENGINEERING ETHICS 第二版

金文森 江政憲 編著

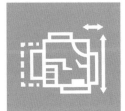

五南圖書出版公司 印行

序　言

　　長久以來，工程人員之工程倫理與職業道德受到社會上許多質疑，諸如「專業疏失、同行遭殃、全民受害」之類的批評相當多。政府及民間企業每年花費數千億元投入工程建設，其中有一部分工程成為某些惡劣企業的不當利益犧牲品，其工程敗壞、品質低劣令人髮指。而為數眾多且善良的民眾，反成為利益掠奪者的替罪羔羊。有些惡劣工程企業負責人及政府的貪官污吏甚或高階工程主管，因此被判刑入獄，其中不乏是工程專業之菁英。因此缺乏工程倫理與職業道德，使個人與社會均受其害，故工程倫理與職業道德之重要性實不低於工程專業，極需要在學校教育上開授專門的課程予以培養。

　　本書的目的，透過課程的設計與內容，來引導學生作有系統的學習，並加強工程倫理與職業道德之養成。本書可作為工程系所的教科書，亦可作為工程師及業主或社會大眾的參考書。本書主要是以我國工程界經常遇到的問題為基礎，深入淺出且有系統地介紹工程倫理的內容。本書有案例分析、兩難問題之抉擇及習題，協助讀者思考推演。

　　本書撰寫之前，感謝行政院國家科學委員會補助專題計畫（計畫編號：NSC 89-2516-S-324-003），進行研究一年。研究期間承蒙當時任職於中原大學王晃三教授、內政部建築研究所何明錦主秘、公共工程委員會周筑昆處長、義峰營造股份有限公司（前臺中市政府工務局局長）林芳民總經理、中華民國建築師公會全聯會張弘憲理事長、臺灣省土木技師公會張長海理事長、中華民國環境技師公會全聯會劉劍輝常務監事、榮民工程公司魏廉總經理、中華民國土木技師公會全聯會魏嘉甫理事長、內政部營建署蘇憲民副主任（按照姓氏筆劃順序排列）十位德爾菲學者專家提供寶貴意見與指導，讓計畫順利完成，謹此致謝。

　　該計畫利用德爾菲（Delphi）專家問卷調查方法，並參考國內外相關工程倫理與職業道德課程及教法，設計一套工程專業倫理與職業道德之新課程，並發展完整的教材，以提供全國工程相關科系參考使用。

　　在日常生活中，民眾與營建工程關係密切，且營建業又是花費最多且最常遇

反倫理道德的產業之一，所以本書對營建工程的倫理問題特別深入討論。本書第伍章探討營建工程專業倫理與職業道德。第陸章則探討相關法律與相關司法案例回顧，期望讓學生了解若違反倫理道德，很可能進而違反法律的最低也是最後的一道門檻，並且可能入獄服刑。

　　本書詳列彩色轉為黑白正確與錯誤的施工照片，讓讀者了解問題在哪裡？何者有缺失？缺失在哪？施工照片包括基礎工程、假設工程、支撐工程、模板工程、鋼筋工程、混凝土工程、水電工程、裝修工程共 152 張照片；輻射屋、海砂屋、地震災害屋、火災屋共 31 張照片，合計 183 張照片。相信對於公務人員高普考、特考、專業技師的建築、土木工程等類科有直接的幫助，更可以提醒施工者與監督者或業主的注意。錯誤的施工將來會造成工程品質瑕疵，衍生許多困擾與糾紛，嚴重者可能造成結構損壞、人員傷亡。本書疏漏之處在所難免，敬請各位先進不吝指教！

金文森、江政憲 敬筆

2008 年 1 月

再版序言

　　「不分藍綠、只問黑白」，「對就是對、錯就是錯」。可是有人認為沒有絕對的「黑」也沒有絕對的「白」，只有介於黑白中的「灰色」，也就是沒有絕對的「對」，也沒有絕對的「錯」，換句話說沒有絕對的「是」也沒有絕對的「非」。從時間上來看也許過去是「對」的，可能現在是「錯」！從空間上來看在某些地區是「對」的，可能在其他地區是「錯」的！但至少在當時當地總有法律規範、判例及善良風俗需人人遵守。

　　我國是自由、民主、法制的國家，倫理道德是社會生存與發展的最基本規範，法律是社會生存與發展的最後一道防線，也是最低的一道門檻。若人人遵從倫理道德，社會必定安居樂業、進步繁榮。但人民若不遵從倫理道德，至少要遵守法律規範，社會至少可以穩定生存。若人民不遵從倫理道德，也不遵守法律規範，那國家一定天下大亂，甚至亡國滅種！

　　近年來大學畢業生找工作困難，即使找到工作平均也只有22K，中低階層軍公教、勞工、農民等收入並未大幅增長，但物價、房價拼命大幅漲價。勞保、勞退保費逐年調高，如果政府財政破產，投保人可能領不到任何金錢。健保費調高不夠用，還要增加二代健保補充保費。年輕人生活不易，不敢結婚，結婚了不敢生小孩，即使生小孩只生一個，因為生活費、小孩教養費太貴了，政府生育補助太微薄了，造成人口老化、少子化。在高房價時代的今天年輕人買不起房子，但違法建商及投機者炒房、炒地皮卻賺得飽飽的，衍生貧富差距擴大。

　　臺灣黑心食品的歷史已有35年之久，近年來又爆發餿水油、黑心食品等重大食安風暴，人人自危不知道哪一種食品可以食用？尤其是看到頂新的那份守門神名單，民眾更怒了！那些政客們竟然為了賺錢、連民眾的食安都賣掉了！民眾發現在政客又貪又腐的環境下，自己成了最大受害者。政府準備通過海峽兩岸服務貿易協議，卻造成太陽花學運占據立法院。政府想要與世界各國簽定貿易協議，目的是要為國家賺取更多的經濟貿易收入，但基層人民會擔心中小企業無法生存，反而方便大財團圖利？我們追求的是安全與健康，國內生產總值（GDP）數

字再高，沒有倫理道德的商業經濟是不會持久的。

　　洪仲丘事件社會大眾認為國軍管教不當，造成民眾抗議遊行，且民眾不相信軍法會公正審判，沒想到司法院所屬的地方法院也是輕判，故人民不相信司法是公正的，可是也造成軍中管教更加困難。近年來我們看見政府放任部分官商勾結、貪官污吏不斷、違法行政、違法關說、違法不起訴、違法判決、罪犯買通監獄長官，已經走到無法無天之境界。我們關心國家何去何從，希望臺灣不要繼續沉淪。為了防止臺灣繼續沉淪、防止貪腐繼續破壞臺灣社會，我們開始深度思考與關心國家安全。為了改善惡劣的環境，建議推廣倫理道德教育，因此本書再版增加了食安、住安及司法改革等問題。

金文森、江政憲 敬筆

2017 年 4 月

目　　錄

Chapter 1

緒　論

一、編撰動機

　　工程對國家整體經濟建設、國防安全的確保及社會文化的發展都扮演著相當重要的角色。政府為提升國家競爭力，每年投資數千億經費在公共建設上，並引導民間參與投資興建。對於培育工程人員亦不遺餘力，我國自 90 年代中期開放設立大學，技職體系中專科學校陸續改制為技術學院及科技大學，工程科系之學生維持成長，儘管這些年不斷培育工程專業人才，行政院公共工程委員會也不斷推動品質管理制度，但是工程品質是否有真正的提升尚待觀察。九二一地震中，造成二千三百二十一人罹難，五萬多棟建築物全倒或半倒，其中不乏建齡僅數年的鋼筋混凝土大樓，因此引起各界震驚。

　　2008 年 5 月 12 日中國四川省發生芮氏規模八的大地震，造成包括四千多名學生在內的近七萬人罹難，另有上萬人失蹤。約七千間教室在地震中倒塌，但同一地區的其他建物未受到像校舍一樣如此嚴重的損害。被活埋的學生之家長，要求官方出面解釋，並調查豆腐渣校舍是否為造成學生傷亡慘重的原因。究其根本原因除了受地震強度及建築基地特性等因素影響外，尚包括建築物規劃設計不當、施工不良及使用不符合標準的建材、使用維護不當等人為因素，營建從業人員未能善盡社會責任，忽視工程倫理與職業道德亦難辭其咎。因此，對於工程人才培育除專業技術之傳授外，對工程倫理與職業道德觀念之灌輸工作，亦值得正視與探討。

　　我國工程體系的教育訓練一向偏重於理論、科學、知識和技術的傳授，較不重視工程師責任意識的灌輸，因此很多工程師一旦投入工作，其所追求的是如何以最便宜、最快速的方式去完成任務，在製造過程中往往忽視對價值觀的探討及對社會道德的省思，導致因規劃、設計不當、施工偷工減料、管理不善，帶給社會巨大災難及日後必需付出更多社會成本。工程發展結果造成潛在危險因子增加，導致損傷更重，社會未蒙其利，民眾先受其害。

　　從工程科系畢業學生的職業生涯來看，進入就業市場所面對的工作除專業技能外，尚需要有較務實的職場訓練，如工程施工應注意之細節、品質管理、合約的執行與工程倫理、職業道德等有關課程之傳授，因此在學校期間如未提

供一完整的課程，可能會讓初入社會的畢業生面對複雜的環境時無所適從，除影響工程品質，甚至造成從業人員流失，技術無法生根。

因此除專門技術之傳授外，讓學生走出象牙塔，認識工程師對社會應負擔之倫理道德責任是一件非常重要的工作。倫理和道德之培養，是人格成長的主要部分。試想，有多少問題是出於道德的不良？有多少問題是出於對社會認知的缺乏而陷於違反道德的境地？行政院公共工程委員會為了改善這種情況，特別函示：於民國 96 年 5 月 22 日修正發布「技師執業執照換證辦法」，明定自民國 98 年 7 月 1 日起技師執照期滿申請換發時，應完成一定工程倫理課程時數始得換照。

美國工程科技評鑑委員會（Accreditation Board for Engineering and Technology，簡稱 ABET）要求學校在工程課程上應強調專業技術和倫理的重要，並建議讓學生了解在工程實務中，對倫理道德、社會、經濟、及安全的考量是工程師職業生涯中必須具備的修養（Koehn, 1991）。為了達到這個目標，許多教育學者也一再強調在工程課程中增加技術、專業倫理道德和社會關係之課程，引發我們希望藉由倫理道德教育補充專業教育的不足，以提供學生一個更完整健全的教育決心，我們相信若能使工程人員不做不道德的事，以及不因無知而犯下不道德的錯事，那麼我們的工程教育才算成功。

二、編撰目的

塑造一個富裕而安定的社會不能光靠專業技術，在高度工業化、現代化的轉型過程中，一味地強調專業技術會造成過度的物化傾向，而缺少精神層面的提升，因此除了重視個人的專業技術外，更不可忽略專業倫理。「工程倫理」所探討的是作為一個專業的工程師應具備的認知與實踐原則，藉著從工程師的角度來設計與應用理論及實務上所學的知識，來達成造福社會群體的目標。因此其所包含的，不只是原則性「應或不應做」的事項，也包含更積極之目的，結合眾人的智慧與能力，竭盡所能地來完成專業工程師應盡的社會責任。

民國 86 年，汐止林肯大郡土崩屋毀兩百餘戶、活埋廿八人、傷六十餘

人，87 年十月瑞伯、芭比絲颱風造成大臺北地區十天內淹水三次，內湖、五股、三芝災變活埋十數人，88 年 9 月 21 日集集大地震，更造成二千多人罹難，五萬多戶建築物全倒或半倒，其中更不乏剛完工及興建中之建築，諸如此類慘痛事件不斷發生，導致後來整體營建業景氣低迷而陷入絕境，銀行業亦被拖累，造成嚴重社會問題。

近幾年來，工程科系畢業生的就業機會逐現窘境，和數年前每位畢業生平均有二到三個工作機會供其選擇之情況不可同日而語；然而此非政府公共投資不足，而是一些不負責的工程業者，缺乏倫理與道德之觀念，為了一己之私而不顧對社會之責任與道義，以低劣的經營方式，粗暴的掠奪非法工程利益。以低品質方式大量建造，導致後來工程業務因而蕭條，並使得工作機會銳減，年輕的工程畢業生就業無門、資深的工程師則面臨被裁員失業，或工作量減少而薪水亦減少的惡劣情況；再不改善，除了造成內需失血外，更嚴重的是無情地戕害國內工程產業生機，造成工程產業空洞化，將來工程人員的出路何在（金文森，2000）？

「民主、法治、專業」是讓社會安和樂利，免於恐懼的鐵三角。但沒有工程倫理、沒有職業道德的「專業」工程人員，勢必使獨缺一邊的等邊三角形傾斜。長久以來，「專業」被踐踏犧牲，造成社會無法忍受的慘劇不斷重演；面對這些不合理現象，工程人員豈能再沉默坐視？過去多年來工程界共同奮鬥的經驗，包括蔣故總統經國先生所推動的十大公共工程建設，其成效值得肯定。我們絕對有信心服務社會，累積過去的奉獻是我們信心的來源。我們咸認為倫理教育成果的一小步，將是工程發展的一大步。

專業倫理的重要性毋庸置疑，但也是最被輕忽的課程，工程系所更不例外，我們若檢視各大學院校專業領域所開設的課程就可略知一二。無論是醫學系、法律系、會計系、土木系或建築系等專業人員養成之科系，相關專業倫理的課程都沒有受到應有之重視。

直到民國 79 學年度第一學期，中原與清華大學工學院以及元智工學院開始教授倫理課程（胡黃德，1991）。民國 83 年輔仁大學成立專業倫理課程委員會，民國 84 學年度開始實施校定必修專業倫理課程。交通大學、逢甲大學接著也開始講授工程倫理課程，可惜學者對於工程之倫理課題不夠重視，相關的

研究也極為少見，因此在職場中很可能因社會倫理低落、過份追求物質享受及可觀的利潤，卻忽略對社會的責任竟遺禍社會而不自知，科技發展的結果，可能未見其利先蒙其害。九二一大地震就是活生生的案例，社會大眾付出慘重的代價，許多建築師、結構技師、土木技師、營建從業人員付出沉痛的法律責任，許多因缺乏工程倫理與職業道德造成的問題及現象逐一顯現。

　　本書的目的，即針對工程體系學生步入社會後，在工作生涯中可能會遭遇的問題，經所聘選之諮詢委員集思廣益，推測最常碰到及最為重要之課題，以及加入 WTO 後之影響，透過課程的設計、編撰教學書籍等教材，以期引導學生作有系統的學習，並加強其工程倫理與職業道德觀念之養成，讓學生在校求學期間，除學習專業知識課程外，對將來畢業後在工作環境可能遭遇之難題能未雨綢繆，透過老師指導、學生討論的方式，讓學生認識工程專業對社會可能帶來的衝擊與影響，體驗到其自身對社會的責任，進而調整其未來從業的心態。我們相信工程安全相關之法案創設若能更細緻詳實，專業能力的訓練若能更嚴謹，再加上工程倫理與職業道德的培養如果可以養成且實踐，將可提升我國工業水準。

三、國內外相關工程倫理教育

（一）國內倫理教育介紹

1. 中華民國倫理研究學會

　　中華民國倫理研究學會（http://www.rinri.idv.tw/）創立於 1986 年，為一社團法人機構，源自日本倫理研究所（http://www.rinri-jpn.or.jp），地址在臺中市華美西街二段 311 號 14 樓之 2。為一公益性社會教育團體，目前擁有 32 個分會及 1 個法人會，分布臺灣各地區。各分會以召開早會或晚會方式，研究推廣新倫理的實踐。法人會每個月召開 2 次例行會議，探討企業的倫理，以充實企業經營的知識及快樂的職場生活。會員約一千餘名，贊助會員一百多人。

該學會研究人與自然環境相互依存的關係，以及朋友間、親子間、同事間、師徒間等等的關係。期望如何達到人際和諧，並安憩於光明開朗的家庭，讓生活更和樂，享受美滿的人生！學會宗旨在於研究實踐生活倫理，發揚人性溫馨，創造家庭幸福，增進社會祥和，重建世界和平。活動方式有 (1) 各讀書會定期舉行例會。(2) 法人會每個月 2 次經營者聚會。(3) 每月發行生活倫理月刊、倫理生活月訊。(4) 每月第二星期六舉行實踐報告大會。(5) 每年舉辦區域分會聯合例會。(6) 志工隊活動。(7) 與日本倫理研究所文化交流。（中華民國倫理研究學會，2008）

2. 中央大學哲學研究所成立「應用倫理研究中心」

自從上世紀六十年代開始，西方學界出現應用哲學和應用倫理學的探討，回應當時社會經濟政治科技所產生的重要問題，其後陸續有專刊出版，及各個領域的應用倫理學研究中心的成立。應用倫理學逐漸成為一個充滿活力、有時代感的新發展。應用倫理學關心的議題極為廣泛，包括了政治、經濟、商業、環境、醫藥、文化等領域的倫理面向及議題，有極高的時代相關性。臺灣、香港及大陸等地區在這方面的研究剛起步，資源及經驗不足。哲學研究所的一個重點研究方向是應用倫理學，中央大學六年前成立應用倫理學研究室，研究室在 2003 年升格為應用倫理研究中心，目的是配合本土發展與針對當前重要議題的應用倫理教學與研究，提升這領域的研究水準。應用倫理學研究中心有兩個主要任務：(1)出版《應用倫理研究通訊》。(2)建立應用倫理學的資源中心，蒐集國內外有關應用倫理學之研究資料。（中央大學哲學研究所應用倫理研究中心，2007）

3. 中國醫藥大學附設醫院成立醫學倫理委員會

醫學倫理學是指在醫療過程中醫護人員與病患之間的道德價值判斷及醫學行為的法則。醫學倫理是應用倫理的一部分，醫學倫理學牽涉病患生命的安危、身心的健康，因此非常重要。照理說倫理提供人際關係中所需共同遵循的規範，而醫學倫理就是特定在醫生、護士、醫院與病人之間的良善規範行為。若在醫療過程中有所疏失，導致病人殘缺、病危或死亡，往往會造成醫療糾

紛，甚至上法院要求損害賠償。

4. 輔仁大學專業倫理課程

　　80 年代輔仁大學決定全校各學系增開專業倫理（Professional Ethics）必修課二學分，並規定開在高年級（三或四年級），由全校性的專門的課程委員會及各系的課程委員會共同負責推動。為了避免增加必修的學分數，學校停開了另一必修課「哲學概論」。學校加開專業倫理的動機是為了回應國際的趨勢，同時希望逐漸改正臺灣社會各行業對專業倫理的嚴重忽視（詹德隆，2000；詹德隆、廖湧祥，2003）。大部分學生不太重視通識課，因此，在倫理教育的策略方面，輔仁大學決定把倫理與專業連起來，希望學生注意自己專業領域的倫理幅度，也把專業倫理安排在高年級（特別是四年級），因為學生已相當了解自己的專業領域，也正在考慮畢業後的工作問題及職業市場。面對這種情形，輔仁大學考慮 Team-teaching，同時有二位老師，一位是專科的老師，另一位是倫理科的老師。也獲得教育部的補助，每學期開三班 Team-teaching 的專業倫理課。輔大的專業倫理課程委員會都進行各班的教學評量，發現大部分同學對大部分的專業倫理老師及課程內容有相當高的滿意度，而且認為學校有必要開這種課。

5. 長榮集團總裁張榮發發行「道德月刊」

　　長榮集團總裁張榮發有感於現今社會亂象頻傳，道德秩序逐漸淪喪，為了喚醒人性的真善美，委由財團法人張榮發基金會發行「道德月刊」，2008 年 1 月 10 日創刊，以贈閱的方式提供給讀者，希望將「道德」二字深耕社會大眾心田。張榮發認為，在臺灣的周遭有許多感動人心的人與事，都不曾被報導，媒體的焦點始終在於政治的惡鬥及社會的八卦腥羶，發揚人性善良面的新聞無法引起大眾的共鳴。鑑於社會風氣敗壞，深感品德教育應該從兒童時期就奠定基礎，因此創辦能喚醒善良人性的雜誌，希望能對導正社會風氣盡一己之力。

　　「道德月刊」將跳脫「道德」原有的沉悶印象，以淺顯易懂的生活寓言與輕鬆活潑卻又發人深省的漫畫，重新討論道德議題，這將是一本從九歲到九十九歲的人們都適合閱讀的刊物。「道德月刊」特別以「人生十二堂道德課

程」為核心價值，包括孝行、友愛、夫婦和睦、朋友互信、謙遜、博愛、修學習業、智能啟發、德器成就、公益事物、遵法、義勇等，期能喚醒社會良知，樹立道德精神標竿，厚植內心道德力量，重新建構和諧社會。為了讓讀者能夠隨身攜帶閱讀，「道德月刊」特別設計為三十六開本的小手冊型式，無論何時何地都能與道德同在，內容包含溫馨感人的小人物大啟示、各方響應的慈善活動、知性見聞的書訊等，並廣邀各界為月刊執筆，讓每一個小故事都成為啟迪心靈「新生」的開始，期盼每個人都可以在「道德」中找到安定的力量。（中央社，2007）

6. 中國工程師學會倫理規範與競賽

以現存真正足以影響專業人員行為的倫理規範而言，我國如「律師倫理規範」、「醫師倫理規範」，以及會計師的「職業道德公報」等，都是較為具體的專業社群自律規範；不過，在工程界則除了法令體系的「採購人員倫理準則」外，多年以來最具代表性的自律規範僅有「中國工程師信條及實行細則」，或是如「中華臺北亞太工程師（APEC Engineer, Chinese Taipei）倫理規範」、中華民國土木技師公會全國聯合會的「土木技師倫理規範」等倫理規章，其內容不僅鮮為工學院畢業生所知悉，在業界工程人員亦未必皆有了解（李順敏，2007）。清華大學材料系趙育伶、陸曉慈、林品宏、邱士鳴同學，於民國84年12月16日參加中國工程師學會青年工程師委員會，在逢甲大學舉辦之首屆「工程倫理個案處理競賽」，在五校共七隊中（逢甲三隊、中原、成大、交大、清大各一隊），榮獲第一名，為清華大學爭光（國立清華大學簡訊，2007）！雖然我國有工程倫理個案處理競賽，但參與學校及學生稀少，未能引發各大學的興趣與共識，值得進一步推廣。

7. 臺灣大學「工程及專業倫理」通識課程

中華工程教育學會 IEET 通訊第 13 期的《工程倫理》專欄曾報導臺灣大學的「工程及專業倫理」通識課程，如何將抽象的倫理概念融入具體的課程設計中。該期專欄介紹臺灣大學如何建構其內容及評量模式（中華工程教育學會，2007）。臺灣大學要求通識課程每 3 年需進行課程檢討，經檢討後發現此

課程內容缺乏理論基礎，於是邀請台大哲學系、也是教育部生命教育學門的召集人孫效智教授來參與課程的規劃，孫教授認為這門課程的特色是邀請專業人士來分享其實踐倫理的經驗，而不是以坊間的教科書來授課，想在課程規劃中融入理論基礎相當困難。因為坊間的教科書都是翻譯書，書裡的個案討論都是以國外的案例為主，與國內的文化有很大的差異，學生對這些案例有很大的距離感。

「課堂管理」是引用臺灣大學張文亮教授的範例，當年張教授在通識課程要求修課學生絕對不可以遲到，上課時間一到就將教室的門鎖起來，因為自我管理之訓練對現在的大學生相當重要，上課守時不僅是對講員們的尊重，同時也是課堂倫理的實踐，對於工學院的學生格外重要。於是從 95 學年度開始臺灣大學就將這樣的規定列入課程規劃，在選課時就讓學生知道這樣的訊息，但這項規定執行得相當困難，因為現在很難要求大學生準時到教室上課。這門課程的上課前講員會先到教室與當週負責教師進行課堂討論以銜接課程。

每位學生都要繳交期末報告，期末報告還有另一種選擇，就是 3 至 5 位學生共同撰寫期末小組報告，並於期末進行口頭報告，很特別的是組員必須來自 3 個學系或是跨學院，希望學生能夠藉著小組合作的機會彼此認識，打破科系或學院的疆界。小組期末報告是採自願性報告方式，參與報告者，學期總分數可加分，而且報告的內容與呈現方式也會更多元，並開放給全班同學票選，由同學們決定加分的排序，最高可加至 5 分。

這門課程原本是一年開課一次，後來發現學生真的需要這樣的課程，再加上台大工學院也願意支持，才轉變為每學期都開課。而且台大所邀請的講員都非常優秀，每週都能和學生一起分享講員的經驗，獲益良多。台大現在有二個團隊、十位老師輪流來支援這門課程，每個人有不同領域的專長、負責不同領域的倫理議題。未來考慮將修課人數開放到 300 人，但是 300 人大講堂的教學效果不好，聽講品質也很差，也會增加教師的負擔，暫時維持 140 人，台大工學院葛院長還建議乾脆一學期開兩班，另一班以視訊方式進行。

8.清華大學

清華大學將「工程倫理」課程安排在工學院（周卓煇，1991），做為工學

院共同選修科目，預定每學年開一次。整個課程的重點分成三大項，分別是：

(1) 工程師的基本素養。

(2) 工程師對社會的責任。

(3) 工程師對環境的責任。

課程從「如何做一個好的工程師」開始（分別自學術單位、研究單位、與工業界三個不同角度談起），參照上述三項重點，共分成 20 個子題：

(1) 如何做一個好工程師──工學院院長談。

(2) 如何做一個好工程師──從研究單位的觀點談。

(3) 如何做一個好工程師──從工業界的觀點談。

(4) 基本工程倫理守則（Ethic Codes）。

(5) 現代工程師應具的常識。

(6) 數據處理。

(7) 工程師對雇主的義務。

(8) 工程設計與工程倫理──從建築師的觀點談。

(9) 著作權（Copy Right）／電腦軟體與你我的關係。

(10) 晶片保護法與還原工程（Reverse Engineering）。

(11) 還原工程──從一位電子業工作者的觀點談。

(12) 專利與工程倫理。

(13) 智慧財產權──從專業律師的觀點談。

(14) 基因／生物工程與社會影響。

(15) 自動化與社會的影響。

(16) 品質／成本與社會成本。

(17) 工業安全。

(18) 能源與環保。

(19) 廢水／廢氣／廢棄物處理。

(20) 工程與環保。

以類似專題演講的方式進行；由於課題包含各類不同專業，故共由 13 位教授分別擔任，其中有七位為校內，另外六位則請自研究單位、工業界、建築師與律師；目前訂為二學分，每週上課時間兩個小時。

9. 中原大學

　　中原大學在機械系四年級試開二學分的工程倫理選修課程。課程共分十一個單元，由八位校內外老師，分別就其專業輪流授課，課程內容簡述如下（鄧治東，1991）：

　　(1)課程介紹：工程師應有的基本素養——責任，權利與倫理的規範；對基本的倫理，價值觀，及工程師如何持守正確的倫理，加以闡釋。

　　(2)中國固有倫理的探討：闡述中國天人物我的觀念，人對人，人對物，人對天的種種倫理關係與理念。

　　(3)工程倫理與智慧財產權，例如專利、商標、版權：探討智慧財產權的基本概念，其法律責任，正當的取得方法及其相關的倫理。

　　(4)工程倫理與化工／環保：探討工程設計，財務管理，經營理念，工業型態，經濟發展與環保，環保的基本理念，人類與自然生態和諧相處等相關的倫理。

　　(5)工程倫理守則的探討：同學分組製作專題報告，對不同工程學會所訂的倫理守則（ethic codes）作深入的探討。

　　(6)參觀中油桃園煉油廠：從工廠參觀以實際了解工業界對環保的規畫，污染防治的實踐，環保人員應有的心態及其間相關的倫理。

　　(7)工程倫理與工程設計，施工品質：從一位專業建築師的眼光探討設計、監造、社會責任、業務取得、業務推動、專業操守、專業人員成長與成熟等的倫理。

　　(8)工程倫理與工業／企業管理：探討工作倫理，工廠倫理，商業行為及企業倫理。

　　(9)工程倫理與數據處理：闡述數據的產生與分析，資料整理，其間所含內在與外在的意義，及其相關的倫理。

　　(10)工程倫理與自動化：從自動化的發展，其對產業負責人及受雇者的衝擊，探討產業界因應之道及其間的倫理，以迎向未來自動化的世界。

　　(11)工程倫理與能源：從能源的類別、使用效率、對環境的衝擊、能源的未來等方面探討工程倫理。

　　總結而言，工程倫理課程規劃重點有三：(1) 基本素養。(2) 專業責任。(3) 社會責任。課程的要求是同學需書寫六次聽課心得報告，一次參觀心得報告及一次專題製作報告，另加一份讀書心得報告；所讀的英文本《Keeping Your Ethical Edge Sharp》是由導航會於 1990 年出版，為減輕同學的課業負擔，乃挑選該書第三至第十章，請同學讀後做報告。所指定閱讀章節的主要內容是 (1) 正直是最有價值的資產，(2) 道德上妥協的嚴重後果，(3) 誠實是不欺騙不偷竊，(4) 服從掌權者乃美德，(5) 無論如何，都要說實話，(6) 有了衝突總要盡力修好，(7) 絕不在不正常的性關係上妥協及 (8) 所做的承諾，一定設法兌現。該書強調要隨時隨地做好心理準備，絕不在道德上做任何的妥協，務求正直，誠實，與人和睦相處，服從長者。

　　工程師除了規劃、設計、施工、維修外，在專業技術中融入倫理道德理念，實為不可忽視的一環，我國工程師的養成教育大都以專業知識的灌輸為重點，雖然在求知的過程中亦有倫理道德的課程，但大都是在國小的生活與倫理，國、高中階段的公民與道德以生活倫理及道德規範為主；鮮有融入專業課程或正式工程倫理課程之倫理教育，結果普遍造成工程師缺乏工程責任意識，一切朝向錢看為目的的負面影響。民國 80 年第四屆全國科技會議中與會專家學者均呼籲推動各大專院校開設「工程倫理」相關課程（王晃三，1991），而在民國 79 年由中原大學、清華大學及元智工學院開始開授試驗性之「工程倫理」課程，並由此課程之實際經驗於民國 81 年完成「大學工程倫理課程的教學設計之研究」計畫。

　　民國 82 年 3 月，由中原大學工學院王晃三院長結合中原大學、清華大學、交通大學、元智工學院在工程倫理課程上有經驗的教師共同組成研究群，共同研究如何將工程倫理融入在各工程專業課程中（王晃三，1992）。馮道偉教授於民國 84 年曾研究融入土木工程專業課程的倫理教學設計，將一些要教導傳授的知識與觀念化整為零，加以打散後融入一個主題課程之中，而達到教育於無形的目的（馮道偉，1996），對可能融入工程倫理課題之課程分析結果依序為：1. 營建管理、2. 施工學、3. 基礎工程、4. 環境工程學、5. 鋼筋混凝土學、6. 工程材料、7. 統計學、8. 工程圖學、9. 鋼結構設計、10. 運輸工程。在進行教學時，選定融入主題為：1. 品質問題 2. 安全問題 3. 污染問題 4. 偷工

減料 5. 綁標及圍標。

　　融入方式為：

　　1. 邀請工程界資深工程師來校演講並與同學座談。

　　2. 作業中加入工程倫理課題。

　　3. 分組進行工程倫理課題之認識與探討。

　　4. 機會教育及短劇演出。

（二）國外倫理教育介紹

　　國外對工程倫理教學之研究大約源於 1970 年代，現在美國各大學亦積極推動「工程倫理」。其教學活動多是以單一課程，並以傳統方式進行，也有不少以講座方式或個案討論方式進行，採取混合方式進行的也不少，例如：Gilmer 在科學與工程倫理教學以通識課程型態介紹科學倫理的概念，Marquardt 大學推動全面性融入式的專業倫理教育。但是以伊利諾理工學院接受美國科學基金會資助研究融入式倫理教學最為著稱（鍾斌賢，1996）。

1. 美國

(1)學會機構

　　在 1947 年，美國幾個主要學會的聯合組織工程師專業發展評議會（Engineers Council for Professional Development，簡稱 ECPD），首次提出「倫理正典」（Canons of Ethics）。該文件於 1963 年經過修訂成為「專業工程倫理基本原則」與「倫理正典」。許多工程師學會採納了其中的一些守則（Code），作為各自學會的倫理守則（Code of Ethics）。聯合一些學會的參與及努力，ECPD 在 1974 繼續發展出一個新的工程師倫理規則，包含三個部分；基本準則（Fundamental Principles）、基本正典（Fundamental Canons），及建議詮釋原則（Suggested Guidelines for Interpretations）。其主要用意是希望各學會能採納基本準則及基本正典，再根據各學會的特性配合建議詮釋原則發展出各個學會未來的倫理規則（胡黃德，1991）。

　　但美國化工學會（American Institute of Chemical Engineers，簡稱 AICE）並未採納這個新的倫理準則，而電機電子工程師學會（Institute of

Electrical and Electronics Engineers，簡稱 IEEE）與全國專業工程師學會（National Society of Professional Engineers，簡稱 NSPE）則自行訂定其自己的守則。NSPE 則在 1976 年建議將專業素養（Professionalism）納入工程師的課程中，因此在美國的一些學校如伊利諾理工學院（Illinois Institute of Technology，簡稱 IIT）等也開始有一些呼應。伊利諾理工學院於 1976 年成立職業倫理研究中心（The Center for the Study of Ethics in the Professions，簡稱 CSEP）（IIT CSEP, 2008）。

事實上，美國土木工程師學會（American Society of Civil Engineers，簡稱 ASCE），美國機械工程師學會（American Society of Mechanical Engineers，簡稱 ASME），美國礦冶石油學會（American Institute of Mining, Metallurgical, and Petroleum Engineers，簡稱 AIME）的確也採納了基本準則與基本正典。ASCE 並且撰寫完成實務方針（胡黃德，1991）。

美國國家工程倫理學會（National Institute for Engineering Ethics）自 1976 年 1 月開始每 1～2 月定期刊出工程倫理議題一篇，其內容包括背景敘述問題、參考資料、討論、結論（NIEE, 2008）。這些國外大學倫理教育的作法，頗值得我們參考。

(2)政府機構

1981 年由聯合教育部（United Ministries in Education）提供一筆專款邀請 12 位學術及產業界代表在印地安納州的 Tri-State 大學召開二天的會議討論有關的問題。這個會議亦提出了一些有價值的建議：首先，如團隊的授課方式（由倫理學家與工程師組合而成），個人按其專長於課程中講授；另外還有強調倫理的過程（Ethical Process）而不侷限於道德上的產品（Moral Product）。這過程與個人、群體、與社會價值間必要的道德行為相結合，因此，決策的過程就會更為審慎（胡黃德，1991）。

美國國家科學委員會（National Science Foundation, NSF）也資助多所大學進行科學與倫理的研究計畫，例如麻省理工學院的工程科技倫理中心（The Ethics Center for Engineering and Science），在 1995 年接受 NSF 的補助，建立一全球資訊網站，其內容有各學會的倫理守則、工程倫理個案討論、倫理教學資源，提供了非常豐富且有用的參考資料（王美鴻，1996）。

(3)大學校院

以路易維爾大學（University of Louisville）為例，其在大學部課程中講授工程倫理課程時，採取一種舉發模擬（Whistle Blowing Simulation）的方式。其方法是首先在課堂上教授基本倫理規則，然後提出一些問題要求學生回答，並且在課堂上討論，接著用錄影帶提供一些實際個案供大家思考與討論。下一個步驟是指定學生扮演舉發人角色，就指定的題目來討論，其他同學則志願分別扮演其朋友、家人、上司、法官、顧問、國會議員、公共利益團體、公司總裁、專業學會代表等，以提出各人不同立場考量之說明。授課老師則只在觀念必要澄清時才加以說明。然後在學期快結束時，學生正式決定其是否要舉發並且提出其理由，大家也針對各人所扮演的角色加以評論，並探討法律上、道德上相關的問題。最後參考原錄影帶中該舉發者的結局是如何，來讓大家再次思考這個問題。此外也在當地邀請一些工程師到課堂上與同學討論他們所遇見的倫理的問題以及解決的過程。由個案演習、錄影帶、倫理等問題之模擬與討論，將幾個方式混合使用，可使課程較為活潑，提高學生對於專業責任的興趣（胡黃德，1991）。

聖母大學（University of Notre Dame du Lac）在 1989 年 10 月成立一個委員會，針對該校的倫理教育現況與未來提出一個綜合的研究報告。經過多次的討論與調查，該委員會於 1990 年 5 月提出一份針對文、法、理、工、商等學院及整個學校的倫理教育（含大學與研究所）的綜合建議報告，確定學校的倫理教育以及在各學院之特色加入適當的教材及內涵。因為聖母大學為一天主教大學，教會學校在倫理教育方面更應加以重視。這個委員會同時也建議學校當局針對教授、教材、訓練等方面，有一個專責的組織來統一規劃整體的學校倫理與道德教育（胡黃德，1991）。

另外美國加州大學富樂敦校區（California State University, Fullerton）的傳播學院，編製網際網路的倫理網站（Ethics on the World Wild Web），也收集各類倫理守則、倫理課程內容大綱、相關的討論群及電子期刊，該站也整理各行業的倫理資訊，如醫學、商業、電腦、環境、法律、軍事及科學倫理等領域（王美鴻，1996）。

2. 其他國家

(1)荷蘭

荷蘭戴爾富科技大學（Delft University of Technology, The Netherlands）依照教育及科學部之建議，於 1995 年開始規劃在所有工程科系中開授倫理必修課程，經過二年的規劃教學目標及課程後，於 1998 年在化工、材料科學、土木工程科系開授工程倫理課程。其教學目標為從類似問題的討論中，教導學生對未來工作生涯中可能遭遇倫理議題的認知、分析能力，並增強學生深入了解倫理的決策複雜過程。授課老師則由學校教師、技術部門及社會人士共同組成，荷蘭戴爾富科技大學是歐洲地區大學在工程科系講授工程倫理最早，最具規模的學校（Zandvoort, 1999）。

(2)新加坡

新加坡管理大學（Singapore Management University，簡稱 SMU）要求商業管理學系必須在大學四年中修完 35 門學科，其中倫理與社會責任課程是全校必修的課程，該課程包括倫理與社會責任簡介、專業倫理與道德推論、倫理守則、產品責任及顧客滿意度、僱員福利與發展、採購契約的透明度、環境管理與標準等（SMU, 2001）。

(3)英國

在英國，也有許多學術機構投入工程與科學倫理的研究。英國狄蒙福特（De Montfort）大學電腦系的電腦與社會責任研究中心（Center for Computing and Social Responsibility）也建立一個全球資訊網站，該站收錄的內容有倫理事件大事紀、研討會預告、報章雜誌中倫理議題等文章（王美鴻，1996）。

(4)全球資訊網

透過全球資訊網，可連接至國外倫理研究中心。例如倫理最新報導（Ethics Updates）全球資訊網站，該站的內容，包含倫理原理與應用倫理的基本概念與書目書評，其倫理原理所探討的主題，涵蓋倫理原理概論、宗教與倫理、功利主義，也提供美國各大學倫理課程的課程大綱，與最新出版的倫理期刊目次（Ethics Updates, 2001）。

（三）綜合評論

綜合國內外大學倫理教育，從其專業倫理教育之偏向，可看出其辦學方向、特色，例如有些學校偏重醫學倫理，有些重視商業倫理、新聞倫理、工程倫理，但其倫理教育之目標、課程特色、授課方式大致相似。例如：

1. 課程目標

幫助學生畢業後在社會工作時，能以較負責的態度面對其職業生活，並培養學生處理現代職業生活中倫理難題的能力。

2. 課程特色

以學生未來的職業範圍為出發點，協助學生探討職業生活中的種種實際倫理問題，希望學生畢業後在社會上能成為「有正義感」、「有道德觀念」、「關懷社會」的人。

3. 授課方式

單一教師及群體講座兼融；以單向教學、雙向教學、專題演講、個案演練、分組討論方式教學。

4. 未來展望

國內大學倫理教育起步較晚，尤其是工程系所，並沒有許多學校的工程相關科系施教。為了幫助學生畢業後在社會工作時，能以較負責的態度面對其職業生活，並培養學生處理現代職業生活中倫理難題的能力，實有必要鼓勵有心人士針對工程專業進行倫理的研究，並建立類似輔仁大學成立專業倫理課程委員會，推動「工程倫理」課程的運行。也可仿照國外合乎時代的倫理網站，建立國內工程倫理的全球資訊網站，放置國內工程倫理的研究成果報告，倫理課程的授課大綱，參考書目與本土化倫理議題的資料庫。

四、經常遭遇的工程倫理問題、狀況及引起的危害

　　本書針對工程專業本身與同業、顧客、員工、社會、政府之間的互動，產生之倫理與職業道德問題，加以彙整、補充，列出三十四項工程倫理與職業道德問題，邀請產官學界不同工作領域之工程學者專家，挑出在工程經常遭遇到的主要倫理問題，以作為本課程教材之主要內容。在所列三十四項問題中，諮詢委員另提供五項，合計三十九項，也有諮詢委員認為所列的問題中有部分屬於問題的結果，不是原因，建議加以歸納，避免因定義未盡明確而相互影響（金文森，2000）。對於諮詢委員之建議，在本書中將各項問題之狀況及引起之危害加以定義（如表 1.1）。

表 1.1　工程倫理道德常見問題歸納表

工程倫理 道德問題	狀　況	引起之危害
(1)對職業之忠誠問題	對所從事行業不認同，抱著「在職怨職」的心情上下班，人雖在工作場所，心卻不在工作上。	對所從事行業不專心、不用心，導致作業無法進步且增加事故機會。
(2)對雇主之忠誠問題	未以「行為忠誠」與「認同忠誠」實行對雇主合約的責任，和同事共事未能遵從在公司內的合法權威，尋求達成個人對團體或組織的道德行為。	無法發揮同舟共濟精神，喪失競爭力。
(3)對主管之忠誠問題	陽奉陰違，未能同心協力發揮團隊精神。	力量分散、分化結果導致組織鬆散，無法達成目標。
(4)因循苟且問題	依循舊有法制習慣，不加以探討改進，得過且過，不求有功但求無過。	食古不化，無法進步最後可能導致淘汰。
(5)兼差問題	未經同意利用公餘時間，從事與本職有關，或雖與本職無關但極耗費精神體力的工作或任務。	可能危及雇主權益的問題。影響本職工作無法專精，降低工作品質產生得過且過心理。

工程倫理 道德問題	狀　況	引起之危害
(6)人情壓力問題	基於本身切身利益或因受親友同事的請託，利用職權、威望、就某一個特定業務向承辦人員表達關切，構成決策過程的壓力。	專業被排擠，政策決策品質受不良影響。
(7)黑道介入問題	為獲取不當利益，利用黑道威脅手段干涉工程正常程序的進行，或向承辦人員強迫變更決策過程、結果。	1.工程安全、品質受影響。 2.浪費公帑、造成社會不公現象。 3.公權力、公信力受損。
(8)民代施壓問題	為獲取不當利益或逃避損失責任，利用民意代表身份對工程單位施加壓力，構成決策過程的壓力。	1.工程安全、品質受影響。 2.浪費公帑、造成社會不公現象。 3.公權力、公信力受損。
(9)利益團體施壓問題	為獲取不當利益或逃避責任，利用利益團體的身份，對工程單位施加壓力，構成決策過程的壓力。	
(10)公物私用問題	將公家資源（如文具用品、電話、軟體、時間、資訊等）轉用於私人用途。	貪圖私利、不勞而獲、公私不分、增加社會成本。
(11)一般贈與、餽贈問題	從（向）有業務或從屬關係的人員收受致贈金錢、物品或其他形式之利益，可能影響相關之判斷與決策。	政策主軸偏離，黑金問題日益嚴重。
(12)回扣之收受問題	在經手之業務，收受佣金供私自使用或交由團隊共用。以贈送佣金等不光明手法取得不當之利益。	無法要求廠商正規施作，降低工程品質危害大眾安全。
(13)不法檢舉問題	知有不法或不公平或不道德的行為時，是否該提出檢舉及向誰提出檢舉。	1.社會公理正義無法提升。 2.影響品質或工程安全。

工程倫理 道德問題	狀　況	引起之危害
(14)圍標問題	參與投標之廠商，共同協議投標金額，使事先安排之廠商得以承包，並迫使其他未得標廠商分享利益。	1.得標金額提高，使業主遭受損失。 2.黑道介入包攬工程引發社會問題。
(15)搶標問題	參與投標之廠商，以遠低於合理底價之金額競爭得標。	損及工程安全與品質或導致無法如期完成。
(16)綁標問題	工程設計時，對設備、材料、工法之規格或廠商資格條件，在外來壓力下或故意設限，使僅限少數特定廠商得以參與投標。	造成不公平競爭引發利益輸送。
(17)利益輸送問題	於工程設計或施工時，以不當手段和特定廠商、人員勾結以謀不當利益。	浪費公帑、造成社會不公。
(18)貪瀆問題	於工程設計、施工、採購時，涉及貪污、瀆職的不當行為。	浪費公帑，造成社會不公。
(19)群己利益衝突問題	介於雇主與業主之間，雇主、業主與公眾之間的利益衝突，或介於多個業主之間，在智慧財產或利益分配，不易兼顧的兩難問題。	主雇之間利益衝突未能解決，往往造成街頭抗爭或消極怠工引發社會問題。
(20)爭功諉過問題	將別人參與工作的成果功勞占為己有，而未明確交待加以指明。如有過失則推卸責任，認為過失與其本人無關。	1.影響判斷產生決策錯誤。 2.影響團隊合作，造成不滿。
(21)歧視問題（國籍、族群、宗教、文化、性別、年齡）	在人員之任用、晉升之決策過程中，因性別、鄉誼、學誼、種族或肢體殘障等因素，而有不公平看待之情事。	1.族群意識抬頭，產生小族群、排擠效應，私人利益高過公眾利益。 2.消極被動任事甚至採取反制行為出現。

工程倫理 道德問題	狀　況	引起之危害
(22)違建問題	未依建築法令設計、施工，仍給予核發執照或應拆除而因故不執行拆除任務。	危害公共安全，造成社會不公平及人民對公權力的不信任。
(23)工程安全問題 (24)工程品質問題	在完成期限與成本的壓力下，或在不當利益之誘惑下，明知有安全顧慮與品質瑕疵，仍允許經手負責之設計、製程、設備或產品交付使用。	危害社會大眾生命、財產安全。
(25)工程污染問題	在工程施工中，造成空氣、噪音等環境的污染，而未加以防止或改善。	危害社會大眾生命、財產安全。
(26)機密或底價洩露問題	對經辦之業務機密，在人情與利益壓力下，是否能堅守機密。	不能順暢處理問題，浪費公帑。
(27)智慧財產權問題	未經同意使用他人之智慧財產，且未公開表示。或業餘利用公司設施，研發之成果歸屬問題。	研究發明之意願降低，大眾產生坐享其成的心理或公司與個人的智財權發生糾紛。
(28)合約及文件簽署問題	在擬定之合約條款中，故意容許或使用意義模糊的文字或責任不易明確界定的條文。輕率簽署事後藉故不認帳或反悔。	合約執行時造成爭議，工程品質無法掌控，工程執行困難。
(29)虛報、謊報問題	以不實的資料申報，或謊報損失來逃避責任。	造成國庫損失，社會不公平。
(30)據實申報問題	應當據實陳述某一個事件之發展過程或經費用途，但對自己或工作團隊極不利時，是否據實申報的兩難問題。	為了保障自己，多一事不如少一事，最後往往產生同流合污，不了了之。
(31)據實陳述問題	為了本身的利益或朋友同事情懷，對他人不符合倫理或不合法的業務行為，不向其權責單位陳述該項資訊，讓權責單位無法採取行動。	危害社會大眾生命、財產安全。

工程倫理道德問題	狀　況	引起之危害
(32)惡性倒閉問題	以惡意方式讓公司倒閉，將損失轉嫁他人。	造成社會不公平。
(33)執照租借問題	由非營造業或資格不符者，向工程廠商租借牌照參與工程投標。容許別人租借用證照或代為簽署本人並未實質參與監督和指導之工程文件。	得標後因無工程實際經驗，需再層層轉包，最後實際承作施工者，在利潤微薄下造成工程品質不良。任由工人以不當施工方法施作，損及工程安全與品質。
(34)銀行超貸問題	和銀行承辦人員勾結，以低價值房地產，卻高估價格方式向銀行申貸謀取不當利益。	造成銀行損失、金融不安定、社會不公平。
(35)政治力介入	為了政黨利益或為反對而反對，干涉工程進行。	未以全民利益考量，民眾利益受損。
(36)金錢價值觀	金錢價值觀念薄弱、好逸惡勞，小錢不賺，大錢賺不了。	無法量入為出，開源節流造成財務困難。
(37)個人誠信問題	不講信用，只顧個人私利不顧他人想法，自私自利。	人與人間無法互信，做人做事不講道義。
(38)履約爭議	合約條文訂定不明確或不完備，執行時產生責任不明之爭議。	影響工程進度、品質，造成業主、承包商雙方的爭執。
(39)專業技師分工的衝突	不同專業技師對工作權範圍、內容有不同的意見、互相排擠。	工作權爭奪結果，造成民眾反感、社會不安定。

五、工程倫理與職業倫理道德的探討

　　本書之主要內容包括：未來十年內工程人員可能面臨之主要工程倫理與職業道德問題，加入 WTO 對工程相關之工程倫理與職業道德問題之影響，工程倫理、職業道德有關之工程缺失案例及其相關性，工程倫理與職業道德課程之設計等四大部分，以下分別針對各項問題討論說明如下：

（一）在未來十年內工程人員面臨之主要工程倫理與職業道德問題

有工程安全問題、工程品質問題、民代施壓問題、工程污染問題、黑道介入問題、利益團體施壓問題、綁標問題、執照租（借）問題、履約爭議問題、對職業之忠誠問題、圍標問題、對雇主之忠誠問題、智慧財產權問題、搶標問題、專業技師分工的衝突、合約及文件簽署問題等十六項，此十六項應為課程的主要內容。

（二）加入WTO後對工程倫理與職業道德問題將更嚴重者

有智慧財產權問題、合約及文件簽署問題及履約爭議問題三項，主要是加入 WTO 後國外廠商進入本國工程市場，或我國廠商到國外承包工程，市場開放、資訊公開，在施工法或使用器材涉及專利、智慧財產權問題之爭議將會增加，在合約文件簽署方面因為文字、國情的不同，可能在解釋上認知不同，加上不同文化背景，或者在國籍、族群、文化強弱勢歧視作祟下，合約及文件簽署問題增加，導致履約爭議比目前嚴重。

（三）加入WTO後對工程倫理與職業道德問題可望減低的問題

有工程品質問題、工程污染問題、工程安全問題、圍標問題、因循苟且問題等五項，主要是加入 WTO 後，國外優良廠商進入本國工程市場引進先進的技術可提升我國工程品質水準，由於先進的技術、工法及施工機械，對工程污染及安全問題會有正面的影響。由於國外廠商進入國內工程市場使圍標增加困難，且國外廠商要進入國內競爭，勢必要有優越的財力、技術及管理能力才能和國內廠商一較長短，競爭結果可改善國內廠商因循苟且的陋習。

（四）工程倫理與職業道德關係密切之缺失案件

經諮詢委員勾選，半數以上認為有下列各項。

1. 一般性偷工減料

九二一地震後，審計部於 2000 年抽樣調查大專院校、高中（職）、國中及國小等各級學校興建中 80 件校舍工程建築結構施工情形，發現有結構體構

件尺寸或配筋不符者，計有 64 件（約占 80%）；換言之，有八成左右之學校校舍工程，結構體施工過程，存有材料檢驗取樣數量不足、結構體構件尺寸不符、結構體構件配筋不符等施工缺失。（審計部，2000）

　　顯示工程缺失承包廠商方面占極大比例，工程品質的好壞取決於承包廠商敬業與否，然而這僅是對當年較具規模且有公務機關監造之公共工程所做之統計，對於一般民間工程因無公務機關監造，在利益掛帥下，工程缺失情形可想而知。對造成一般性偷工減料和工程倫理與職業道德有關因素，有半數以上諮詢委員認為和工程品質、對職業之忠誠、搶標、圍標、民代施壓、工程安全、黑道介入有關。

2. 輻射鋼筋屋

　　輻射傷害對人體健康的影響深遠卻又不可預測，因它沒有明顯的病症，但卻可能經由遺傳而禍及子女，更可怕的是鋼筋受污染與否除非使用儀器偵測，否則根本無法查覺，因此，工程人員建造工程時，務必本著良知，防止使用受輻射污染之鋼筋，避免不知情的第三者受害，政府工程主管單位也一再提醒要求檢測鋼筋，明定對施工前之鋼鐵建材及施工中建築物，實施進口鋼筋抽驗、原料及產品偵檢、工地定期輻射偵檢。對造成輻射鋼筋屋和工程倫理與職業道德有關因素，絕大多數諮詢委員認為和工程安全、工程品質、對職業之忠誠以及工程污染有關。

3. 海砂屋

　　使用含有氯離子的砂石料做為建材，使氯離子、濕氣、硫酸根離子、氧氣等侵入混凝土內，破壞了鋼筋之鈍化保護膜，進而造成鋼筋腐蝕。由於鋼筋銹蝕、膨脹造成混凝土保護層剝落，影響建物壽命，因此在工地混凝土氯離子檢驗，發現有超出正常值時，一定要退貨，工程人員亦應本職業道德，發現有不合格材料應不惜損失，捨棄不用。對造成海砂屋和工程倫理與職業道德有關因素，半數以上諮詢委員認為和工程品質、對職業之忠誠、工程安全、工程污染及搶標問題有關。

4. 地震災害屋

　　地震造成結構體損壞，營造廠商為避免拆除重建損失太大，不顧住戶安全，僅對建物略做修補。正統作法應請公正之合格鑑定單位做安全鑑定再依正規修補方式補強，而不是不顧職業道德的僅做表面的修復。對造成地震災害屋和工程倫理與職業道德有關因素，半數以上諮詢委員認為和工程品質，對職業之忠誠、工程安全、搶標問題及專業技師分工的衝突有關。

5. 重大火災屋未補強續用

　　火災發生後，結構表面之混凝土爆裂，鋼筋延展性、強度均已受損，但業主或承建廠商未做深入探討，為求暫時的節省費用，而不顧大眾的權益，僅對受損部分修復。有些諮詢委員認為重大火災屋未補強續用屬管理問題，本研究認為未補強續用確屬管理問題，但站在民眾的角度來看也是道德問題，因為重大火災屋應拆除重建或補強續用的認定是專業技術問題，不管是業主或工程人員除應尊重專業之外，更應注重職業道德。對造成重大火災屋未補強續用和工程倫理與職業道德有關因素，半數以上諮詢委員認為和對職業之忠誠、工程安全、工程品質和利益團體施壓有關。

（五）「工程倫理與職業道德」課程

　　諮詢委員一致認為應該開設，並在高年級（二技：一至二年級，四技與大學：三至四年級）講授，且應屬必修課程，主要原因為高年級已對專業課程有基本概念，又即將踏入社會，講授「工程倫理與職業道德」較易引起學生興趣與共鳴，強化學生就業後之倫理道德觀念，對學生幫助較大。

（六）「工程與職業道德」課程內容

　　所有諮詢委員一致認為應包括：基本倫理與道德概要、職場倫理與道德、工程師一般倫理與職業道德、營建工程專業倫理與道德、相關法律（含判例回顧）等內容。理論講授與案例研討視授課項目不同，而有不同比率之搭配。基本倫理與道德概要主要以理論講授為主，職場倫理與道德以理論講授和案例研究分析兩個方式搭配，工程師一般倫理與職業道德必須採理論講授、案例研究

分析及兩難問題角色扮演三種方式搭配講授，讓課程能和現實工程環境配合，在課堂上以生動活潑的方式，提高學生的興趣。

工程專業倫理與道德授課方式則採案例研究分析、兩難問題角色扮演為主，讓學生感受現實的工程環境的複雜與險惡，工程所面對的限制條件，變數之多，且問題又充滿曖昧，非經研究分析、思考掙扎、深思熟慮，無法獲得滿意的解答，所面對的也常是兩害相權取其輕的一種結果，面對問題時應如何抉擇就必須靠智慧了。

（七）「工程倫理與職業道德」課程教學順序

有百分之九十的諮詢委員認同課程依序為基本倫理與道德概要、職場倫理與道德、工程師一般倫理與職業道德、營建工程專業倫理與道德。因此在課程編撰上將依本順序及諮詢委員建議之配重比率、授課方式安排內容。

六、教材編撰探討

工程倫理與職業道德教材編撰，從下列三方向做探討：(一) 本課程宜列為專業課程或通識課程？(二) 所編撰教材要以融入式教學使用或單一課程教學使用？(三) 產官學界對授課方式的看法。以下就上述三方向提出探討：

（一）本課程宜列為專業課程或通識課程？

這個問題的答案其實取決於我們對於專業教育的看法，如果我們認定專業教育僅限於專業知識及技術的傳授，那麼專業倫理課程只得併入通識課程的領域。如果我們承認專業倫理教育是專業教育不可或缺的一環，其重要性不亞於專業知識及技術的傳授，那麼，專業倫理課程建請併入專業課程的領域，甚至應該成為必修課程。

「專業倫理教育」與「一般倫理教育」有密切之關係。專業倫理教育乃以一般倫理教育為基礎，前者為後者之衍生應用。因此，一般倫理教育的許多原則亦為專業倫理教育遵守，而一般倫理教育所遭遇的種種困難亦屬專業倫理教

育可能面對的問題。專業倫理教育的理想目標當然是希望整個社會經由一般道德教育而成為一個有道德教養的社會，我們也希望經由專業倫理教育，使所有專業領域成員都能夠成為具有良好專業道德教養的社會群體。

一個有良好專業道德教養的專業人士應該具備下述條件（沈清松，1996）：

1. 具有良好的一般道德教養，除了有比較成熟的道德認知發展，也已養成了道德實踐的習慣。

2. 對於自身專業領域曾經涉及的倫理議題有相當的認識。

3. 對於自身專業領域較常涉及的一般倫理原則有相當的認識。

4. 在專業方面具有相關的知識，足以認清事實，做出正確的事實判斷。

5. 能夠將一般倫理原則應用到自身專業領域涉及的倫理議題上，或有助於闡明問題，或有助於解決問題。

在前面提到的五個條件中，第一個條件比較不屬於大學教育的責任。第四個條件在專業方面要具有相關的知識，這是專業科系教學的主要職責。雖然專業倫理課程可以站在輔助的地位，補充這些知識，但是它們主要應該由其他專業課程提供。第四條件對專業倫理教育之成功乃屬必要條件，因為對於一件事產生不同的道德判斷或行動，可能是由於依據的道德原則、道德理論不同，亦可能是由於依據不同的事實信念，這些事實信念可能是關於科學的，也可能是關於宗教的、歷史的、形上學的；例如，臺北的木柵捷運是否應該通車，原本產生很多爭議。正反意見在道德原則上未必有異，但對事實之認知則不同，亦即，都強調安全，但對樑柱的安全性有不同之評估。

大學專業倫理教育雖然可以對第一個及第四個條件有所助益，但這些並不是它的主要責任。另外的三個條件則是其基本職責，也是大家期望大學教育來完成的。如何在大學的專業倫理課程中，使學生能夠具備其他三個條件，成為一個有良好專業道德教養的專業人士，亦即：對於自身專業領域曾經涉及的倫理議題、較常涉及的一般倫理原則有相當的認識，並且能夠將一般倫理原則應用到自身專業領域涉及的倫理議題上。為了達到此一目標，課程內容建議具備下述要件（朱建民，1996）。

1. **倫理理論**：在此不必詳細列舉各種理論，只需要說明倫理理論的兩大類型，亦即，結果主義（又稱目的論）及非結果主義（又稱義務論）這兩大類

型。歷來對於道德對錯的理論，基本上就是這兩種思考方向的對立。簡言之，結果主義依據行為結果的好壞來判定行為本身的對錯；非結果主義則不以結果好壞為判準。

2. 倫理原則：倫理理論在邏輯架構上是最基層的，但它離具體的道德判斷及道德行動也是最遠的，倫理原則是行動及判斷的指導。簡言之，道德行動或判斷需要靠倫理原則來提供合理的根據，而倫理原則卻要靠倫理理論來佐證。倫理理論及倫理原則提供了所以然的說明，這些理由可以做為個人在審慎行動時的理性根據，也可成為制定公共政策的理論基礎。不同領域的專業倫理涉及倫理原則有不同之偏重，像大眾傳播特別強調獨立自主，醫學則特別強調仁愛，工程就特別強調安全。

3. 以實際案例說明原則：在講解倫理理論時，我們尚可借用哲學界慣用的一些假設情境幫助說明。但是，談到倫理原則時，就需要用到在此專業領域內曾經發生的個案來說明了。案例一方面可以幫助我們以具體的方式掌握抽象原則的確切意義，另一方面也讓我們了解如何將抽象的原則應用於具體的情境中，以實際案例展現道德上的兩難情境。受到郭爾堡道德認知發展學說的影響，國內教育界不少人亦主張在道德教育中採用兩難式問題討論教學法。對大學生來說，這種以理性討論為主的教學法也相當適合。按照郭爾堡的研究，有不少大專學生進入道德認知的第五階段，開始採取相對價值觀，思考法律設立的理性根據及其適用範圍的恰當性。

在兩難問題討論教學中，為了避免灌輸式的道德教學，教師必須事前對課程內容涉及的資料有充分的了解；上課時不要過份強調目標，而應重視學習過程本身；教師也要有相當的道德涵養，要能接納學生的意見，否則一面教學生要理性、寬容，自己卻做了負面示範。為了達到教學的效果，除了上述要件之外，也可以加入一些其他的素材加以輔助。以下謹列出幾項作為本課程的設計參考。

1. 先舉出相關事例，引發同學興趣。在此，除了引用近日新聞報導的熱門事件之外，亦可靈活地運用小說。

2. 以實例說明曾經發生的惡果，引起警惕之心。例如以九二一地震建物倒塌案為例，用文字及圖片、甚至影片、短劇，來說明工程災害對社會大眾所造

成的永久遺憾。

3.以實例、人物專訪說明模範，令人起景仰效法之心。身教重於言教，最好的教育是身教，切身接觸到一些典範人物，對人的影響最大。

4.指點在面臨誘惑及威脅時可以採取的正當途徑，幫助人們做到「富貴不能淫，貧賤不能移，威武不能屈」。

5.蒐集專業倫理的文獻以供閱讀參考。

6.對於專業領域內部現行的法令規章明文規範，以及未形諸文字的做法與默契，加以說明並檢討。

以上由理論層面及現實層面來談專業倫理課程的設計。在此，我們必須自覺到，對學生而言，大學裡面提供的教育只能做為起點或引子。這也就是俗話說的「師父引進門，修行在個人」。專業倫理課程能夠對同學有所啟發，已經算是成功了。這種課程只是替同學開個頭，後面的路走不走得下去，要看他自己是否願意花力氣。

（二）所編撰教材要以融入式教學或單一課程教學使用？

馮道偉教授於民國84年曾研究融入土木工程專業課程的倫理教學設計，將土木工程專業中經常遭遇到的二十四項倫理問題中，選定融入主題五項，本書收集到常見之倫理道德問題三十九項，以工程環境的複雜問題之多，當然不止這些，要將所收集之三十九項問題融入到大學課程內，就有很大的困難，以交通大學土木系四年所修習課程做融入研究，在所列舉的三十九項問題中，能適當融入教學課程的僅有：

1.對職業、雇主、主管忠誠問題，融入管理學中。

2.圍標、搶標、綁標、違建、虛報、謊報，據實申報合約及文件簽署問題融入營建法規中。

3.工程安全及品質問題，涉及規劃、設計、施工等專業技術，融入所有專業課程較為容易，於上課時由技術專業教師講授，把焦點放在各個學科所存在的社會衝擊面，以及各種技術與方法可能帶來的相關影響，使學生警覺到其責任之重大。

4.工程污染問題，可融入化學、土壤力學、環境工程、施工法中。

　　其他倫理道德問題要融入確有困難（如表 1.2 中未打勾者），為了避免遺珠之憾及影響專業技術課程之授講時間，本研究認為開設單一課程講授「工程倫理與職業道德」是很好的構想。以中原大學倫理課程融入教學方式，邀請工程界資深工程師來校演講並與同學座談，正是單一課程講授最好方式之一，因為它對其他專業技術課程干擾最少。至於在教材編撰方面，必須要有系統的、完整而深入的探討相關課題，並且要有足夠的份量構成一門課程，這是本書的目標，面對當前社會環境，工程有必要研究發展本身的倫理道德課題之課程，以提升工程從業人員倫理道德觀念。

表 1.2　倫理課題融入土木工程專業課程分析

課程＼問題	工程材料學	物理（含實驗）	測量（含實習）	應用力學	化學	材料力學	土壤力學（基礎）	工程地質學	環境工程	流體力學	結構學	都市及區域計畫	水文學（水利工程）	鋼筋混凝土學	土木施工法	鋼結構（設計）	房屋結構設計	橋梁工程	營建法規	工程經濟學	管理學
(1)對職業之忠誠問題																					˅
(2)對雇主之忠誠問題																					˅
(3)對主管之忠誠問題																					˅
(4)因循苟且問題																					˅
(5)兼差問題																					
(6)人情壓力問題																					
(7)黑道介入問題																					
(8)民代施壓問題																					

問題 ＼ 課程	工程材料學	物理（含實驗）	測量（含實習）	應用力學	化學	材料力學	土壤力學（基礎）	工程地質學	環境工程	流體力學	結構學	都市及區域計畫	水文學（水利工程）	鋼筋混凝土學	土木施工法	鋼結構（設計）	房屋結構設計	橋梁工程	營建法規	工程經濟學	管理學
(9)利益團體施壓問題																					
(10)公物私用問題																					
(11)一般贈與餽贈問題																					
(12)回扣之收受問題																					
(13)不法檢舉問題																					
(14)圍標問題																			✓		
(15)搶標問題																			✓		
(16)綁標問題																			✓		
(17)利益輸送問題																					
(18)貪瀆問題																					
(19)群己利益衝突問題																					
(20)爭功諉過問題																					
(21)歧視問題																					
(22)違建問題																				✓	
(23)工程安全問題	✓	✓	✓	✓	✓	✓	✓	✓			✓		✓	✓	✓	✓	✓	✓	✓		

課程 / 問題	工程材料學	物理(含實驗)	測量(含實習)	應用力學	化學	材料力學	土壤力學(基礎)	工程地質學	環境工程	流體力學	結構學	都市及區域計畫	水文學(水利工程)	鋼筋混凝土學	土木施工法	鋼結構(設計)	房屋結構設計	橋梁工程	營建法規	工程經濟學	管理學
(24)工程品質問題	✓	✓	✓	✓	✓	✓	✓	✓	✓	✓	✓	✓	✓	✓	✓	✓	✓	✓	✓		
(25)工程污染問題			✓			✓		✓						✓							
(26)機密或底價洩露問題																					
(27)智慧財產權問題																					
(28)合約及文件簽署問題																			✓		
(29)虛報、謊報問題																			✓		
(30)據實申報問題																			✓		
(31)據實陳述問題																			✓		
(32)惡性倒閉問題																					
(33)執照租(借)牌問題																					
(34)銀行超貸問題																					

課程／問題	工程材料學	物理（含實驗）	測量（含實習）	應用力學	化學	材料力學	土壤力學（基礎）	工程地質學	環境工程	流體力學	結構學	都市及區域計畫	水文學（水利工程）	鋼筋混凝土學	土木施工法	鋼結構（設計）	房屋結構設計	橋梁工程	營建法規	工程經濟學	管理學
(35)政治力介入																					
(36)金錢價值觀																					
(37)個人誠信問題																					
(38)履約爭議																					
(39)專業技師分工的衝突																					

（三）產官學界對教學意見之探討

　　於本研究問卷中，我們曾就：工程相關科系是否應該開設「工程倫理與職業道德」的課程，向十位諮詢委員提出徵詢，在第一次問卷中有九位認為應該、一位認為不應該（沒必要），第二次問卷時原認為不應該開設的，想法改變並認同大家意見，一致達成應該開設「工程倫理與職業道德」課程的共識。在所開設的課程應屬必修或選修的問題，第二次問卷時十位諮詢委員均一致認為應屬必修課程。欲將工程倫理道德問題融入大學課程內，從表 1.2 得知有甚多問題無法找到適當的切入點，會造成遺珠之憾，如將之列入單一課程較為完整且具有彈性，更能符合各界期望。

七、授課方式探討

　　工程倫理的教學，對於有關倫理課題以及守則與規範，均有必要對其意義及理由加以解釋說明，然而這些說明常常淪於生澀枯燥、索然無味，被聯想為上公民課程，認為它只教人一些淺而易見的規條，告訴學生一些簡單的「應該做」與「不應該做」、「可以做」與「不可以做」類型的規條，不易引起學生的興趣，遑論共鳴與回應。其實，如果工程倫理與道德問題，可以簡單又清楚的解答，那就不值得在大學用寶貴的時間來研究學習了。

　　就工程科系學生而言，在工程專業本質上應以發現問題、解決問題為導向，問題導向的工程教學方式常是比較有效（葉先揚，1997），而且在工程倫理教學上牽涉到理念層面尤其多，其問題又充滿曖昧、動機衝突與不一致性，其解決方法必須靠研究，甚至掙扎、深思熟慮。由於一般學生都喜歡教師大量引用問題案例加以說明，因此找出現階段工程經常遭遇之倫理道德問題，利用相關文獻、新聞個案、社論、評價以支援工程倫理的教學與研究，使教學既生動又有趣，並可讓教學和現有工程環境融合，避免與現實脫節。

　　「工程倫理與職業道德」授課方式可採單一課程教學及融入式教學二種方式：

（一）融入式教學

　　就是將一些極待教導給學生的觀念或技能，經過化整為零的過程，結合相關的議題，融入相關的課程之中，經由滲透的方式傳輸教導給學生，達到教育於無形的目的。融入式教學不是一個全新的概念，在韓越「師說」所引出的「師者，所以傳道授業解惑也」的教育使命之下，我們早已經不知不覺的把生活教育帶進專業課程的教學過程中了。例如在其他大學鬧出檢舉考試作弊案的時候，在上課時談談誠實的重要性。又例如在林肯大郡廣受社會注意的時候，在結構課程、設計課程、都市規劃或法律課程，甚至其他課程中深入討論這個個案的緣起與癥結問題，不只是順理成章，也是一個不可錯失的機會教育。

　　關於融入式教學的概念，在美國大多以「XYZ Across Curriculum」的語

詞呈現,例如交互溝通課程(Communication Across Curriculum),就是在一些相關的課程,加入書面寫作的作業和口頭報告的機會。讓學生有機會磨練加強溝通表達的能力。又如倫理融入課程(Ethics Across Curriculum),就是在相關課程中討論社會責任與專業倫理課題,在無形中加深職業道德意識,提升道德辨識與抉擇能力(葉先揚,1998)。

這些都是融入式教學的絕佳例證。近年來,美國工程科技評鑑委員會(Accreditation Board for Engineering and Technology,簡稱 ABET)對各大學工學院評鑑,對工程倫理教育的查核,固然要看有沒有相關的課程,他們更重視各校用什麼方式把工程倫理融入到專業課程之中,ABET 的做法,不只表示融入式教學是可行的,也表示融入式教學是教學過程中極為重要的一環。

問題是融入式教學在教材上無法將多數倫理問題完整的融入專業課程中,在授課方式上須考慮專業課程教師之專長、倫理課程教學意願、可能遭遇之困擾及對專業課程上課時數進度之干擾。

(二)單一課程教學

工程師所面對的工程環境不只是限制條件特別多,其他變數亦不少。因此,工程倫理的課程,不建議停留在規條化的層次,尤其這是一個大學階段的課程,更建議將教學目標定位在教導學生如何從錯綜複雜的狀況中分析出一些基本準則。工程倫理課程可以講授的內涵包括很多,基本的倫理學概念以及對法律規定和倫理規範分際的認識,學習者對其工程師的社會角色之認知和素養要求的了解等均屬必要,他不只應該深入知道自己所從事的專業對社會和環境的影響與責任,而別人的工程專業對社會和環境的影響與衝擊,事實上對其工作與責任亦同樣有幫助。此外,智慧財產權、品質責任、工業安全、數據處理等等,對所有的工程專業而言,是共同的切身課題。

由於講授「工程倫理」,必需兼備倫理學和工程科學的素養,兼具這兩種素養的人本來就不多,何況在這資訊爆炸的今日,隔行如隔山,利用倫理和工程專長人員組合的團隊,透過適當的教材和教法,如錄影帶教學、個案分析與討論等方式,一樣可以把這門課程教好,即使在缺少倫理專長的開授情況下,單單工程專長的教導,只要能把焦點放在各個學門所存在的社會衝擊面,以及

各種技術與方法可能帶來的相關影響，就足以使未來工程師警覺到其責任，並了解到其所面臨的限制條件有哪些？以及擁有哪些選擇替代方案了。

因此，開授單一必修課程較能解決融入式教學的不足及對專業課程之干擾，在授課教師方面：

1. 可由一位教師主持，在探討不同主題時再邀請數位專家學者或工程界有豐富實務經驗的工程師聯合講授，以演講、研討會或觀摩等方式教學，更能吸引學生的興趣，並達到工程倫理教育目標。

2. 由一位教師依據教材全程授課，上課時可由教師主導個案解析、討論，也可由學生主導以主角扮演話劇或辯論方式，訓練學生全方位的思考能力與表達能力。

3. 以上述第1、2項混合方式講授，讓課程更生動活潑以提高學生學習興趣。

八、課程大綱

依據前述內容，本書課程大綱排列如下：

（一）基本倫理與職業道德概要

1. 倫理與道德的意義。
2. 倫理道德教育理論。

（二）職場倫理與道德

1. 探討工程師對業主、雇主責任問題。
2. 探討工程師對同僚責任問題。
3. 案例分析、兩難問題之抉擇。

（三）工程師一般倫理與職業道德

1. 介紹倫理道德守則：
   (1) 中國工程師信條。

(2) 中國工程師信條實行細則。

(3) 採購人員倫理準則。

(4) 介紹美國工程科技評鑑委員會工程師的倫理守則。

(5) 介紹美國工程師專業發展評議會工程師信條。

(6) 介紹美國國家專業工程師學會倫理守則。

2. 工程師對社會，環境的責任問題。

3. 案例分析、兩難問題之執擇。

（四）工程專業倫理與職業道德

1. 工程師對專業的責任問題（工程安全、品質）。

2. 案例分析：

原因分析、造成危害、檢驗方法、安全評估、防範措施。

(1) 一般性偷工減料。

(2) 輻射鋼筋屋。

(3) 海砂屋。

(4) 地震災害屋。

(5) 重大火災屋未補強續用。

（五）相關法律課程與相關判例回顧

遵守法令是最低的道德標準，因此除介紹相關法律課程外，並列舉最近發生之相關判例，讓學生感受工程環境的複雜與險惡，以避免誤觸法網。

九、成效驗證

為了了解學生上「工程倫理與職業道德」課程之成效，本書採：（一）課前及課後問卷方式對成效做比較分析；（二）請產官學界對授課教材做評鑑；（三）請產官學界對教學成效評鑑。

（一）課前及課後問卷方式對成效做比較分析

學生在未學習「工程倫理與職業道德」課程之前，可能對工程倫理與職業道德完全不了解。學生在學習「工程倫理與職業道德」課程之後，可能對工程倫理與職業道德有某種程度的了解。但是不了解或了解的程度有多深實在有必要進行探討，以便作教學成效的驗證。因此以課前及課後問卷（如表 1.3）方式，對學習成效作比較分析，實在有其必要性。分析的方法可以運用各種電腦套裝軟體，例如 SPSS 電腦程式，使用柯 — 史單一檢定（Kolmogorov-Smirnov one sample test），統計前後測的平均值、標準偏差值、絕對值、正值、負值、漸近顯著性值等，以了解教育成效及是否有需要改進的措施？其中漸近顯著性 < 0.05 者，代表學生的意見有一致性且達到顯著水準，但是一致性的意見可能傾向正面或負面的態度，因此這時候就要從正值與負值來判斷了。正值的絕對值大於負值的絕對值表示學生的意見比較傾向正面的態度；反之，負值的絕對值大於正值的絕對值表示學生的意見比較傾向負面的態度。最後漸近顯著性 < 0.05 者即代表學生的意見已達一致的共識。以課前及課後平均數來看學生對於修習倫理課程的收獲是否為正面且肯定的？

表 1.3　課前及課後問卷調查

項次	問題項目	非常同意	同意	普通	不同意	非常不同意
1	我知道為何要修習本課程					
2	我知道何謂工程倫理					
3	我知道何謂職業道德					
4	我知道違反工程倫理的實際案例					
5	本課程對於專業工程技術可相輔相成					
6	學習本課程對就業後有幫助					
7	遵守職業道德比追求利潤更重要					
8	遵守倫理與道德是工程師之基本責任					

項次	問題項目	非常同意	同意	普通	不同意	非常不同意
9	本課程內容非常有意義					
10	我對本課程授課方式滿意					
11	老師對本課程成績的評量方法適當					
12	本課程宜一學期每週三小時，三學分					
13	本課程宜一學期每週二小時，二學分					
14	本課程宜一學期每週二小時，一學分					
15	本課程宜一學期每週一小時，一學分					
16	我認為本課程應該必修					
17	我認為本課程應該選修					
18	我認為本課程有必要推廣至社會大眾					
19	對本課程之建議：					

　　朝陽科技大學理工學院 95 學年度第二學期第一次由鄭家齊教授主持開授選修課程「工程倫理講座」，每週均由院內各系安排一位校內或校外的老師演講。課程前後由作者提供問卷（表 1.3）作調查，並使用柯－史單一檢定分析，分析結果顯示如下（表 1.4）。最後漸近顯著性 <0.05 者即代表學生的意見已達一致的共識。下表灰色部分為課前或課後的絕對值等於正值，即正值絕對值大於負值絕對值，而課前或課後漸近顯著性灰色的部分為大於 0.05。以課前及課後平均數來看學生對於選修「工程倫理」的收獲是正面且肯定的！本課程若一學期每週一小時，一學分未達共識，則學生認為一小時，一學分可能不適合。

表 1.4 選修「工程倫理」課前課後問卷分析結果

項次	課前個數	課後個數	課前平均數	課後平均數	課前標準差	課後標準差	課前絕對值	課後絕對值	課前正值	課後正值	課前負值	課後負值	課前漸近顯著性	課後漸近顯著性
1	42	32	3.8333	4.13	0.6955	0.49	0.3333	0.4375	0.3333	0.3125	-0.1667	-0.4375	0.0002	0.0000
2	42	32	3.3095	4.19	0.6435	0.47	0.3095	0.4688	0.3095	0.2813	-0.2619	-0.4688	0.0006	0.0000
3	42	32	3.7857	4.41	0.7169	0.50	0.3810	0.5938	0.3810	0.5938	-0.1667	-0.4063	0.0000	0.0000
4	42	32	2.9524	4.06	0.8540	0.56	0.3810	0.3750	0.0476	0.3125	-0.3810	-0.3750	0.0000	0.0002
5	42	32	4.0000	4.03	0.5410	0.54	0.3571	0.3750	0.3571	0.3438	-0.3571	-0.3750	0.0000	0.0002
6	42	32	4.0476	4.25	0.6968	0.57	0.5000	0.4375	0.0952	0.1875	-0.5000	-0.4375	0.0000	0.0000
7	42	32	4.0476	4.19	0.8540	0.59	0.4762	0.4063	0.0714	0.2188	-0.4762	-0.4063	0.0000	0.0001
8	42	32	4.3333	4.47	0.7213	0.51	0.5714	0.5313	0.0238	0.5313	-0.5714	-0.4688	0.0000	0.0000
9	42	32	4.0714	4.22	0.6769	0.71	0.3095	0.3750	0.2381	0.1563	-0.3095	-0.3750	0.0006	0.0002
10	42	32	3.8571	4.03	0.6833	0.74	0.3333	0.2813	0.3333	0.2500	-0.1905	-0.2813	0.0002	0.0127
11	42	32	3.7619	4.03	0.6555	0.47	0.3810	0.4063	0.3810	0.3750	-0.1429	-0.4063	0.0000	0.0001
12	42	32	3.2381	2.97	1.2651	1.06	0.2381	0.2813	0.1190	0.2813	-0.2381	-0.1875	0.0171	0.0127
13	42	32	3.9286	4.31	1.0682	0.90	0.4524	0.5313	0.0476	0.0625	-0.4524	-0.5313	0.0000	0.0000
14	42	32	2.5952	2.50	1.0373	0.98	0.3810	0.4063	0.3810	0.4063	-0.1190	-0.0625	0.0000	0.0001
15	42	32	3.0952	2.94	1.3217	0.98	0.1905	0.2188	0.1667	0.2188	-0.1905	-0.2188	0.0949	0.0935
16	42	32	3.5714	3.91	1.0156	0.96	0.4048	0.4688	0.0595	0.0313	-0.4048	-0.4688	0.0000	0.0000
17	42	32	3.3333	3.13	1.0969	0.98	0.3095	0.3125	0.1071	0.2188	-0.3095	-0.3125	0.0006	0.0039
18	42	32	4.1667	4.34	0.7297	0.75	0.3571	0.5729	0.1905	0.0313	-0.3571	-0.5729	0.0000	0.0000

朝陽科技大學理工學院 96 學年度第二學期由作者金文森開授「工程倫理講座」，課程內容主要參考本教材施行教學，學期中邀請江政憲副處長作一次專題演講。選修人數 45 人，課程前後均作問卷調查（表 1.3）者有 31 人，然後採用 T-test 分析結果顯示如下。

1. 我知道為何要修習本課程

人數	教學前		教學後		t值	顯著性p
	平均值	標準差	平均值	標準差		
31	3.97	0.75	4.5	0.57	-3.98	0.000

前後測之相依樣本 t 檢定分析的結果得 p = 0.000 < 0.05，達顯著水準，顯示學生對於「我知道為何要修習本課程」在教學前與教學後有共識，這也表示學生在經過教學後比教學前更了解學習本課程的重要性。

2. 我知道何謂工程倫理

人數	教學前		教學後		t值	顯著性p
	平均值	標準差	平均值	標準差		
31	3.74	0.86	4.48	0.57	-4.62	0.000

前後測之相依樣本 t 檢定分析的結果得 p = 0.000 < 0.05，達顯著水準，顯示學生對於「我知道何謂工程倫理」在教學前與教學後有共識，這也表示學生在經過教學後比教學前更明白本課程內容。

3. 我知道何謂職業道德

人數	教學前		教學後		t值	顯著性p
	平均值	標準差	平均值	標準差		
31	4.06	0.77	4.58	0.56	-3.10	0.004

前後測之相依樣本 t 檢定分析的結果得 p = 0.004 < 0.05，達顯著水準，顯示學生對於「我知道何謂職業道德」在教學前與教學後有共識，這也表示學

生在經過教學後更明瞭何謂職業道德。

4. 我知道違反工程倫理的實際案例

人數	教學前		教學後		t值	顯著性p
	平均值	標準差	平均值	標準差		
31	3.16	0.82	4.61	0.56	-7.62	0.000

　　前後測之相依樣本 t 檢定分析的結果得 p = 0.000 < 0.05，達顯著水準，顯示學生對於「我知道違反工程倫理的實際案例」在教學前與教學後有顯著共識，這也表示學生在經過教學後已學習違反工程倫理的實際案例。

5. 本課程對於專業工程技術可相輔相成

人數	教學前		教學後		t值	顯著性p
	平均值	標準差	平均值	標準差		
31	3.90	0.87	4.48	0.57	-3.81	0.000

　　前後測之相依樣本 t 檢定分析的結果得 p = 0.000 < 0.05，達顯著水準，顯示學生對於「本課程對於專業工程技術可相輔相成」在教學前與教學後有共識，這也表示學生在經過教學後比教學前更覺得學習本課程對專業工程技術有所幫助。

6. 學習本課程對就業後有幫助

人數	教學前		教學後		t值	顯著性p
	平均值	標準差	平均值	標準差		
31	4.16	0.64	4.61	0.50	-3.72	0.001

　　前後測之相依樣本 t 檢定分析的結果得 p = 0.001 < 0.05，達顯著水準，顯示學生對於「學習本課程對就業後有幫助」在教學前與教學後有共識，這也表示學生在經過教學後比教學前更覺得學習本課程對未來就業後有幫助。

7. 遵守職業道德比追求利潤更重要

人數	教學前		教學後		t值	顯著性p
	平均值	標準差	平均值	標準差		
31	4.32	0.70	4.70	0.46	-2.69	0.012

前後測之相依樣本 t 檢定分析的結果得 p = 0.012 < 0.05，達顯著水準，顯示學生對於「遵守職業道德比追求利潤更重要」在教學前與教學後有共識，這也表示學生在經過教學後比教學前更覺得職業道德比追求利潤更重要。

8. 遵守倫理與道德是工程師之基本責任

人數	教學前		教學後		t值	顯著性p
	平均值	標準差	平均值	標準差		
31	4.58	0.50	4.71	0.46	-1.28	0.211

前後測之相依樣本 t 檢定分析的結果得 p = 0.211 > 0.05，未達顯著水準，顯示學生對於「遵守倫理與道德是工程師之基本責任」在教學前與教學後無顯著差異。教學後平均值稍微升高，學生原本已認同此議題。

9. 本課程內容非常有意義

人數	教學前		教學後		t值	顯著性p
	平均值	標準差	平均值	標準差		
31	4.13	0.67	4.61	0.62	-3.32	0.002

前後測之相依樣本 t 檢定分析的結果得 p = 0.002 < 0.05，達顯著水準，顯示學生對於「本課程內容非常有意義」在教學前與教學後有了共識，這也表示學生在經過教學後比教學前更覺得學習本課程非常有意義。

10. 我對本課程授課方式滿意

人數	教學前		教學後		t值	顯著性p
	平均值	標準差	平均值	標準差		
31	3.97	0.87	4.55	0.62	-4.00	0.000

前後測之相依樣本 t 檢定分析的結果得 p = 0.000 < 0.05，達顯著水準，顯示學生對於「我對本課程授課方式滿意」在教學前與教學後有共識，這也表示學生在經過教學後比教學前更同意本課程授課方式。

11. 老師對本課程成績的評量方法適當

人數	教學前		教學後		t值	顯著性p
	平均值	標準差	平均值	標準差		
31	4.06	0.77	4.45	0.62	-3.01	0.005

前後測之相依樣本 t 檢定分析的結果得 p = 0.005 < 0.05，達顯著水準，顯示學生對於「老師對本課程成績的評量方法適當」在教學前與教學後有共識，這也表示學生在經過教學後比教學前更覺得本課程成績的評量方法適當。

12. 本課程宜一學期每週三小時，三學分

人數	教學前		教學後		t值	顯著性p
	平均值	標準差	平均值	標準差		
31	3.39	1.26	3.64	1.17	-0.97	0.340

前後測之相依樣本 t 檢定分析的結果得 p = 0.340 > 0.05，未達顯著水準，顯示學生對於「本課程宜一學期每週三小時，三學分」在教學前與教學後無顯著差異，以平均值來看教學後學生認同之趨勢較高。

13. 本課程宜一學期每週二小時，二學分

人數	教學前		教學後		t值	顯著性p
	平均值	標準差	平均值	標準差		
31	3.84	1.16	4.13	1.09	-1.33	0.194

　　前後測之相依樣本 t 檢定分析的結果得 p = 0.194 > 0.05，未達顯著水準，顯示學生對於「本課程宜一學期每週二小時，二學分」在教學前與教學後無顯著差異，以平均值來看教學後學生認同之趨勢較高。

14. 本課程宜一學期每週二小時，一學分

人數	教學前		教學後		t值	顯著性p
	平均值	標準差	平均值	標準差		
31	2.48	0.96	1.77	0.84	3.92	0.000

　　前後測之相依樣本 t 檢定分析的結果得 p = 0.000 < 0.05，達顯著水準，顯示學生對於「本課程宜一學期每週二小時，一學分」在教學前與教學後有共識。平均值降低可知學生不認同本課程安排為一學期每週二小時，一學分。

15. 本課程宜一學期每週一小時，一學分

人數	教學前		教學後		t值	顯著性p
	平均值	標準差	平均值	標準差		
31	2.65	0.98	2.55	1.23	0.41	0.678

　　前後測之相依樣本 t 檢定分析的結果得 p = 0.678 > 0.05，未達顯著水準，顯示學生對於「本課程宜一學期每週一小時，一學分」在教學前後無共識，教學後學生認同平均值降低，所以本課程不宜一學期每週一小時，一學分。

16. 我認為本課程應該必修

人數	教學前		教學後		t值	顯著性p
	平均值	標準差	平均值	標準差		
31	3.45	1.03	4.42	0.81	-4.99	0.000

　　前後測之相依樣本 t 檢定分析的結果得 $p = 0.000 < 0.05$，達顯著水準，顯示學生對於本課程應該必修有顯著之共識，教學後平均值大幅提升。

17. 我認為本課程應該選修

人數	教學前		教學後		t值	顯著性p
	平均值	標準差	平均值	標準差		
31	3.42	1.06	2.84	1.21	2.09	0.045

　　前後測之相依樣本 t 檢定分析的結果得 $p = 0.045 < 0.05$，已達顯著水準，顯示學生不認同「本課程應該選修」。

18. 我認為本課程有必要推廣至社會大眾

人數	教學前		教學後		t值	顯著性p
	平均值	標準差	平均值	標準差		
31	4.19	0.79	4.68	0.54	-3.72	0.001

　　前後測之相依樣本 t 檢定分析的結果得 $p = 0.001 < 0.05$，達顯著水準，教學後平均值提升顯示學生認為本課程有必要推廣至社會大眾。

（二）請產官學界對授課教材做評鑑

　　除了本書籍之外，教師也可以增加其他相關的輔助教材以及案例，教課方式、授課時數、學生對本課程的建議等等，可以請產官學界對授課內容做評鑑（如表 1.5），如此可以了解企業機構、政府機構、學術機構對本課程的改進卓見。

表 1.5 對教材內容、授課方式、授課時數、和工程環境是否能契合做問卷調查

項次	問 題 項 目	非常同意	同意	普通	不同意	非常不同意
1	教材使學生更清楚了解工程倫理與職業道德的重要					
2	教材使學生更成熟解決工程倫理與職業道德問題					
3	本課程內容符合工程需求					
4	我對本課程教課方式滿意					
5	我對本課程一學期每週二小時授課時數滿意					
6	本課程對於專業工程技術可相輔相成					
7	本課程應可以改善現今工程界的弊病					
8	本課程有必要繼續推廣至現今工程界的回流教育					
9	對本課程的建議:					

（三）請產官學界對教學成效評鑑

　　請產官學界對有修習「工程倫理與職業道德」課程的畢業生，就業後處理倫理道德問題的方式及表現、敬業精神做成效驗證，並與未修習「工程倫理與職業道德」課程的畢業生做比較分析，以了解本課程的教學成效。惟本項評鑑需假一段時日才能比較其差異。

習題

(1) 你認為有需要學習工程倫理嗎？

(2) 你認為工程倫理的良好教學方式有哪些？

(3) 你認為如何驗證工程倫理的學習成效？

Chapter *2*

基本倫理與職業道德概要

　　20 世紀 60 年代開始，世界舞台上出現了一系列事件和社會問題，諸如民眾抗議、越南戰爭、水門事件、石油危機、通貨膨脹、社會失業等。這些問題引發了當時嚴重的社會不滿、道德頹廢和信任危機等現象。面對困境，許多國家都採取了以提升公務道德為核心的道德重建措施。1975 年，西歐、日本和北美學者提出了一份關於治理危機的報告，報告對於信任危機的闡述迄今仍備受關注。在人們反思的諸多問題當中，比較突出的就是公眾對於公共機構信任程度的急劇下降。

　　譬如在美國，1958 年有 73% 的公眾信任聯邦政府，而 1994 年卻下降到 15%。針對道德頹廢和信任危機現象，各國紛紛採取措施。把握倫理文化變遷方向，及時引導公眾的社會倫理價值，日益重視倫理道德建設問題。尤其注重提高公共服務機構倫理道德水準。日韓也在這個大背景中制定**公務員倫理法**。國外有哪些經驗值得我們去學習借鏡呢？在此我們將引用一些參考資料進行探討，希望了解國外優良且先進的研究成果，作為我國發展的參照依據。（中國選舉與治理，2008）

　　為推動廉政革新，行政院於民國 97 年 6 月 26 日函頒「公務員廉政倫理規範」，並自同年 8 月 1 日生效。行政院要求各機關（構）利用集會等活動，舉辦相關演講、座談或研習，以強化宣導，另在行政院人事行政局全球資訊網最新消息（http://www.cpa.gov.tw）業與法務部全球資訊網之公務員廉政倫理規範專區（http://www.moj.gov.tw）連結，提供相關資料供各機關（構）參考，並協助公務員了解規範內容。

　　中國人民大學公共管理學院行政學所楊波博士表示，公務員倫理，就是公務員職業道德，就是行使公共權力、管理公共事務、提供公共服務應該遵循的道德規範、行為準則。公務員倫理法所指的公務員倫理實際上已經遠遠超越了道德本身這個層次，延伸到道德法制化、預防腐敗、懲治公務員不當行為等方面。儘管人們對於道德立法尚未完全達成共識，它正在逐漸推廣並日益引起積極的作用。美國的職業道德立法居於領先地位。早在 1829 年，美國郵政管理局局長就頒布了美國第一部倫理法典。1978 年，美國國會通過了《**政府道德法案**》。到 1999 年，美國已經有 30 多個州頒布了道德法規。英、德、澳等許多發達國家都先後頒布了類似的道德法典。

中國五千年傳統文化的「倫理」是從「君臣、父子、夫婦、兄弟（長幼）、朋友」所謂「五倫」開始。「五倫」出自《孟子‧滕文公上》：「父子有親、君臣有義、夫婦有別、長幼有序、朋友有信。」如今世界各先進國家的各行各業均積極地全力提倡倫理教育，並投入倫理研究。

一、倫理與道德的意義

何謂倫理、道德與法律？「道德」是個人行為及思想的規範。「倫理」是群體所共同認定之行為思想準則。「法律」是道德與倫理之基本要求與最低標準。道德或倫理需要依靠個人與團體的自律。法律與規範是藉由他律，例如法院等政府機關來管制個人或團體的行為。專業倫理為國際普遍重視課題，對於國家整體發展、環境維護與提升國家競爭力息息相關。

一般人常把「倫理」與「道德」混用，泛指個人或群體合乎行為規範和善惡評價之行為，「倫理」和「道德」在意義上雖然有些相似，但亦有別。在西方哲學，自德國哲學家康德（Kant）以後，德國觀念論的哲學家便將「倫理」和「道德」予以區分。例如謝林（Schelling）就曾指出，「道德」只是針對個人之規範要求，而且只要求個人達到人格的完美，但「倫理」則是針對社會規範的要求，並且要求全體社會遵行規範，藉以保障每一個人之人格。黑格爾（Hegel）亦謂「道德」涉及個人的主觀意志，「倫理」則指體現於家庭、社會、國家中的客觀意志。大體說來，「道德」關涉個人，而倫理則是涉及社會群體（沈清松，1996）。

在中國哲學裡，「道德」通常是指一個人實現其人性時的歷程和成果，其中雖會涉及人倫關係，但總以道德主體本身為核心。至於「倫理」一詞則強調社會關係和群體規範的意味較濃。從中國哲學的觀點看來，「道德」也是涉及個人，而倫理則是涉及群體。像儒家所言「誠意、正心、修身」屬於道德；至於「齊家、治國、平天下」則屬於倫理。兩者雖密切相關，但層次有別。

從以上的說明，我們可以得到一個結論：「道德」以個人作為行為的主體，以自由和有自覺的方式提升其人性的歷程與結果；而「倫理」則以許多人

作為共同主體，關涉到在社會與歷史中互動的關係與規範。

　　因此「專業道德」強調專業人員個人以自由和自覺的方式，遵守專業的行為規範，藉以提升其人性向善的歷程與結果；至於「專業倫理」強調某專業團體的成員彼此之間或與社會其他團體及其成員互動時，遵守專業的行為規範，藉以維持並發展彼此關係。因此在談到「工程倫理」時，其用意比較強調工程人員彼此之間或與團體及社會其他成員互動時，應遵守工程專業的行為規範，藉以維持並發展彼此的關係，例如：營造廠與業主（公、私機構）、營造廠商與民眾客戶、營造廠商與下包廠商與材料供應商、勞工、銀行業間之關係，至於「工程職業道德」其用意比較強調工程專業人員個人以自由和自覺的方式，遵守工程專業的行為規範，例如：工程人員本身在執行業務時應特別遵循的理法，所表現的公道行為應具有高尚廉潔品德之內含與意義。

二、倫理道德教育理論

　　我們常談的倫理教育分一般倫理教育與專業倫理教育。一般倫理教育施教對象是所有要成為這個社會成員的人，施教內容則為適用於所有人的一般規範。專業倫理教育施教對象是那些準備從事某一專業的人，施教內容偏重在適用於此一專業領域的特殊規範（朱建民，1996）。

　　在一個變動緩慢的社會中，原有的道德體系可以維持比較長期的穩定狀態。這種社會容易一元化，並採取絕對主義的道德觀；亦即，它相信它所接受的這套道德體系是最好的、唯一正確的，而且可以「放諸四海而皆準，行諸百世而不惑」。因此，對一元化的社會來說，道德教育的目標在於使下一代接受這套傳統的價值系統並養成遵守既定規範的習慣。在道德教育的實施過程中，也易於偏向灌輸、強制的方式。

　　在變動急劇的社會中，舊有道德體系經常面臨嚴重的挑戰，新的規範不斷浮現。這種社會容易多元化，並採取相對主義的道德觀；亦即，它相信它目前所接受的這套道德體系是由人們在其與環境互動的過程中發展出來的，當環境改變時，道德體系亦必須隨之修改。因此，沒有一套適合所有時代、所有環

境而永恆不變的道德體系。道德教育的目標不是要下一代接受這一代的道德規範，而是要培養下一代的道德判斷能力及實踐能力。因為，下一代面臨的環境不同於這一代，他們必須有能力發展出新的規範。此處的教育方式自然偏向啟發、互動的形態。

必須藉著他律來維持的道德教育，事實上已經違反了道德的本質。因為，自律是道德的本質，也是道德之異於法律的地方。在教育過程中，可以且有必要使用他律做為一時的手段，但是仍須以自律為最終目的。此外，強迫灌輸制式規範的做法在多元、自由的社會中也很難實行。因此，現代學者對這種說教式的道德教育一般都不抱好感。

現代學者期望的有道德教養的社會成員，不是一個記住標準答案、依循既定規範的人，而是有能力理性地進行道德判斷的人。個人內在的道德能力需要靠適當的環境讓它發展出來；道德教育要像園丁培育花草一般，他的任務不是在製造花，而是提供種子生長開花的環境及條件。因此美國教育學家郭爾堡（Lawrence Kohlberg）的「道德認知發展理論」成為目前最受學者肯定的道德教育理論（沈六，1994）。

郭爾堡認為個人道德認知發展分為三個層次，每一層次有兩階段，故共有六階段。首先是道德成規前層次：第一階段以懲罰及服從為導向，第二階段以自我利益為導向。其次是道德成規層次：第三階段以人際關係和諧為導向，第四階段以守法為導向。最後是自律層次：第五階段能依社會契約的角度對法律做彈性的運用或修改，第六階段則以普遍的倫理原則為導向。

雖然每個人在道德認知發展的進程上快慢有別，但是相同的年齡層在發展階段上也有類似之處。根據郭爾堡的研究，低年級的小學生多處於第一階段，最怕違抗師長；高年級的小學生多處於第二階段，關心何者對自己有利、使自己快樂；國中及高一學生多進入第三階段，關心團體同儕關係；有部分高二及高三學生進入第四階段，開始由法律的觀點考慮道德問題；有不少大專學生進入第五階段，開始採取相對價值觀，思考法律設立的理性根據及其適用範圍的恰當性。

道德發展是循著上述六個階段前進，不會躐等，但也不可能停滯不前。處於某一階段者可能會被高階段的想法吸引，卻不會被更低階段的想法吸引。依

此，支持認知發展論的教育學家認為，道德教育的目的不在勉強學生接受外來的模式，而在於促進其道德認知與判斷能力向著更高的階段發展。道德認知衝突越多，道德發展越有可能。因此，在教學方法上，側重道德兩難困境問題的討論教學法。注重道德習慣的養成，也是道德教育的重要部分。德性有知識的層面，也有習慣的層面。知而不行的人不是有德之人，充分知悉勇敢、正義、虔誠、慎思等意義，且在必要時，能適時實踐者才是有德之人。因此，知識教育和習慣教育兩者相輔相成始能真正發揮道德教育的成果。

近幾年來，由於有心人士的積極推動，臺灣社會中已經有越來越多的人體認到推動專業倫理教育對於當前臺灣社會的迫切性。這是由於現代社會的變遷，促成了社會結構的改變，因而造成人與人互動模式的改變，也就是倫理關係之改變。其中最明顯的現象是社會的理性化與分工化，造成專業倫理的突出。

Vesilind 曾對 Duke 大學土木系畢業生做調查，統計工程人員對第一份工作的反應，認為管理技巧的重要性逐漸增加，且其需求遠比專業來得重要（Vesilind, 1991），印證工程倫理與職業道德之重要性實不低於工程之專業技術（金文森，1999），要減少工程缺失，實應從提升工程人員倫理道德方向著手才能獲得根本的成效。專業倫理規範必須有專業知識和技術做為依據。若無專業知識和技術為憑，行動時恐會魯莽從事，甚至傷及所要對待的生命或社會。專業倫理教育可分兩種方式進行，一方面可以用融入式教學法，將工程倫理的概念以化整為零的方式，適時地融入在工程課程中，使得倫理觀念深植於工程師內心，亦可以藉分析專業案例達到融會貫通、舉一反三的成效。另一方面可以專業倫理學方式進行，討論倫理價值、規範、評析各種倫理學理論，在此也可以討論各種倫理案例與實踐情境（Koehn, 1991）。

從專業倫理學角度來看，個人或團體對於倫理道德立場和價值的決定，通常都不自覺的假定了某種倫理學理論取向。專業倫理教育有必要對這些理論加以討論，專業人員才能更有自覺地了解、實踐或改善其立場和價值觀。

大體而言，我們可從各種倫理學中歸納出兩種主要形態的倫理學（朱建民，1996）：一種是「目的論的倫理學」，主張倫理行為是為了追求某些目的，不管是追求利益、幸福、人生全面的實現或德行的完成，都是根據目的來決定

的倫理行為，此種主張稱之為「目的論的倫理學」；另外一種形態的倫理學是「義務論的倫理學」認為倫理行為不應該追求任何目的，而應該為義務而義務，這樣才能顯示出倫理道德的高貴與尊嚴，純粹是遵守倫理道德義務的行為。

　　在現存種種目的論之倫理學裡，有二種是最有影響力的：其一是「效益論」；另外一種是「德行論」。以下就效益論、義務論與德行論三種倫理學加以檢討，藉以評價它們與專業倫理教育的關係，分析其優缺點，以確立專業倫理教育的需要，指明怎樣的倫理學才是今天最應該在教育與社會上來推動與加強的。

（一）效益論倫理學

　　效益論的倫理學，認為區別一件事情的善惡依據，在於一個行為是不是能夠達到最大的效益。一個行為能達到最大的效益時就是善的，不能達到最大效益就比較不善，所以善惡是根據所達到的效益而定的。「最大效益」按照效益論的說法，是「最大多數人的最大快樂」。「最大多數人的最大快樂」其實就是效益的最大化、充量化。效益論者所追求的「快樂」，其實就是「效益」，換言之，就是最大多數人獲得最大的效益。效益論者假定了大部分的人都是追求快樂的事情，而避免痛苦的東西，簡單的說，就是趨樂避苦。因此一件事做出來能達到最大的效益，而且大多數人也都能夠獲利，這就是一件善事。

　　在工商業社會裡，許多人的倫理思想就是趨向於追求效益，比如生意能做到最好，賺最多的錢，就是善的；政策的決定能最有效、得到最大的效益，就是善的。在現代社會裡，效益論其實是一個被普遍接受的倫理思想。

　　在工程倫理裡面，工程設計與執行對於設計的完善、製造的安全、品質的注重、資源的節約、創新的發展，和對公共福祉的重視等等，其最後的理論基礎，大體上皆是效益論，因為其所追求的目的，無非是效益最大化或「最大多數人的最大快樂」。

　　不過，效益論最大的問題在於：往往最大的效益很可能是違反正義的。例如財團與官員結合炒熱地皮，部分的人會在這勾結中獲益──得到最大效益，但這是違反正義的。因為金、權的結合所能達到的效益雖然是非常高的，但同

時就會有另一批人因此相對地被剝奪了權益，例如使物價提高，社會消費型態改變，造成其他人相對的貧窮化。所以，追求最大效益的後果是有可能違反道德或倫理的。

另外，為了追求最大的效益，就要不斷地算計，這樣才可能在政策或投資上達到最大的效益。現代社會最大的困境是虛無主義，而效益論既然以追求效益為唯一的目的，心中又常在盤算效益，為此效益論只會加強這種虛無主義的傾向，解決不了問題。因為人所追求的若只是效益，所得到的效益只不過是些表面的東西，如存款上的數字，沒辦法提供人們心靈上值得奉獻的理由。雖然企業獲益，業務推展了，但沒有理想，沒有卓越感，倫理關係搞不好，也沒做什麼好事，所以心靈上還是不滿意。因此效益論無助於我們人類走出虛無主義的黑暗，反而助長了虛無主義的風氣。

效益論為了面對第一個問題──效益與正義可能違背的情形──所以做了一些調整，為此在當代的倫理思想裡出現了所謂的「規則的效益論」，主張在追求最大的效益時必須遵守規則，如果某些可獲得最大效益的行為與某些道德規則（如正義）相牴觸時，就不可以做。比如金、權結合雖可造成投資報酬率的最大化，可以得到最高效益，但此效益本身違背正義，因此就不可以做了。

「規則的效益論」對效益論本身做了改革，但它本身產生的問題是：首先，規則本身常會相衝突，例如保護個人隱私的規則會與追求真實、公平、公開的原則相衝突，此時究竟應何去何從？其次，當規則與效益衝突時，「規則的效益論」本身到底應如何主張？如果不論什麼事都以規則為優先，遵守義務而放棄效益，如此以遵守規則、義務為要，就變成義務論了；若是放棄規則而追求效益，如此一來又變成原來的效益論了。「規則的效益論」的基本問題在於有很多的世俗效益基本上就是會與規則相反的。我們所處的現代社會正是如此，其中最大的世俗效益往往就是違背道德正義的。因此「規則的效益論」對原有效益論所能做的改正有限，它在面對規則與規則，或規則與效益兩相衝突時，不是變成原來的效益論，就是強調規則而放棄效益，成為義務論。目前有許多的商業倫理的課本都教授「規則的效益論」，其實它仍是有許多的矛盾存在。

（二）義務論倫理學

由於效益論的專業倫理教育有上述的缺點，以義務論倫理學為本的專業倫理教育便顯示其優點與重要性。因為一方面義務論倫理學對於專業倫理所應遵守的規範，皆予以明確的規定，比較容易學習。例如各種守則、公約（像是工程師守則），皆可在學會或專業團體中經由討論、建立共識，訂定完整規範，並透過活潑的教學法，例如融入式教學、個案教學、情境教學…… 等等，讓學生認知並習得這些規範。以工程倫理為例，諸如「不收取回扣、佣金」、「應妥善處理廢棄物」、「應注重生態保育、環境保護」、「應守職業秘密」、「應注意公共安全」、「不可偷工減料」、「應注意公眾的健康」、…… 等等。這些都是出自義務論的要求。

另一方面，義務論倫理學也比較能兼顧道德的尊嚴。因為義務論要求不可以為任何目的而守義務，卻應該為義務而義務。而且義務論倫理學強調人應自律地遵守義務，而不是經由外力強迫才遵守義務。

在西洋哲學裡義務論可以追溯到康德。康德認為為追求利益的行為就不是道德的，相反的，應該為道德義務本身而做的行為才是道德的。道德義務不是條件性的，而是絕對的。康德在個人道德領域重視義務，而在國家的領域則提出「法治」的概念。他認為人在個人領域應該遵守道德義務，而在國家的領域則應該遵守法治。所以義務論包含兩個層面：一是道德的義務，一是法律的義務。義務論一直在現代社會延伸、發展，因為它能配合現代化與規範建立需要。義務論在教育中也發揮作用，如從小教育生活公約與生活規範，爾後逐漸重視法治的教育，這些都是屬於義務論的教育。

有些學者認為儒家的思想是一種強調意志自律的倫理學，至於西方的基督宗教，則是他律的倫理思想，因為他們認為像十誡的頒佈是由外在於人類意志的上帝來頒定律則的。但是，我們必須指出，無論是講自律或是他律，都是從義務論的倫理學出發的見解。今天臺灣正在積極推行法治，而且在倫理教育上強調倫理規範，告訴學生什麼是應該與不應該做的等等，在專業倫理教育方面也強調義務論倫理學。這樣的一個義務論的倫理教育究竟足不足夠？誠然，在現代社會裡的確必須強調法治、強調倫理義務，如此一來，專業規範才能逐

漸的建立。但從另一個角度來看，現代的社會正處於虛無主義、規範解構的狀況，處此困局，人心基本上追求的是自由、愛與創造，而不是規範與義務本身的尊嚴。

所以，我們若只是一味強調規範、強調義務，便無法與現代社會追求之自我實現和自由創造配合起來。在這種情況下一直強調義務，不僅人心無法接受，而且會將人人皆推向無德的一邊。強調道德義務或法律義務雖然是為了建立社會的秩序，有其正面的價值。但若只有義務，它最後的結果就是把國民推向沒有美德的一邊，人們雖然遵守法治，但基本上是缺德的。處於二十一世紀的人，所追求的基本上是自由、愛與創造，我們要在自由、愛與創造裡形成秩序，而不是義務形成的秩序，何況純由義務形成的秩序是沒有人會喜愛的。從這裡就可以顯出義務論的困難，它沒有辦法對應這個新時代。

義務論所產生的困難不僅在臺灣，在大陸、歐美也是如此。所以從 80 年代開始，倫理思想有了很大的轉變，就是對義務論做了很多的檢討與批評。無論是國家的政策或是在教育上推動效益論、規則效益論或是義務論方面的倫理思想，都產生了很多的弊病。這是因為人們把過去良好的傳統忘了，如西方自亞里斯多德、多瑪斯以降的德行倫理學，或是中國在孔、孟思想裡的德行倫理學。

（三）德行論倫理學

德行論倫理學重視人天生俱有良好的發揮能力，而且在發揮自我的過程中也注重良好關係的實現。在教育上，它重視倫理的判斷，知道在什麼樣的情況下判斷是非，並且培養美德的好習慣，而不只是遵守義務。道德判斷的訓練遠勝於義務的學習，良好習慣的培養遠勝強調自律。亞里斯多德認為倫理的最後目的是在追求幸福，所謂『幸福』就是本有的能力、本性的能力得到全面展開。換言之，人若沒有達到自我實現、本性能力無法全面展開，就談不上幸福。幸福不只是快樂，而且是一種持久的快樂，儒家雖然講究道德義務，但它的目的是讓人本有的善性展開，並使良好的關係能得到實現。

基本上，德行可以歸結為兩點：一、每個人本有好能力的卓越化；二、人與人、人與自然關係的和諧化。就專業倫理而言，專業人員也可以透過專業工

作中專業理想的實現，達到個人能力的卓越，與良好關係的圓滿。例如，在各專業工作中，專業人員重視「職業忠誠」、「專業榮譽」、「專業尊嚴」、「增進專業能力」、「不斷追求創新」……等等，達到個人能力的卓越化。也可經由實踐「公平、公正」、「尊重他人」、「關懷他人」、「支持專業組織」、「誠心與他人合作」、「鼓勵下屬、教導後進」、「維護企業文化」……等等，達至關係的和諧化或良好關係的圓滿。

德行倫理教育重視道德判斷能力，也就是亞里斯多德所謂「實踐智慧」的養成。要學生知道在什麼樣的情況下如何判斷是非，重點是在培養判斷能力，能判斷是非善惡，以追求能力卓越與關係和諧。也因此，專業倫理教育應多重視案例學習和情境認知，鼓勵學生多交談與溝通，藉以培養其透過溝通以形成判斷的能力和習慣。

三、綜合評論

郭爾堡認為個人道德認知發展分為三個層次、六個階段。以目前工程業經營型態之發展大致和郭爾堡的認知發展論相符，例如第一層道德成規前層次，第一階段：一切以賺錢為目的，不顧倫理道德、偷工減料，因此要靠監造人員緊迫盯人的方式訂定許多規範，要求承商服從，否則就要受懲罰，如拆除重作、不予計價甚至移送法辦。第二階段：業者為了自我利益會盡量按圖施工，避免偷工減料被處罰，但在心態上仍以服從業主意見為主，不求有功但求無過。在第二層道德成規層次，第三階段：以人際關係和諧為導向，在工作態度上能省則省、該做就做，和業主建立良好的關係，期待能再次得到業主施恩，繼續有工程做。第四階段：以守法為導向，工作態度上偏向遵守法規，不做偷工減料的行為，消極的不犯法，被動的守法。最後在第三層自律層次時會有永續經營的理念，第五階段：會為了追求良好的商譽，用社會的角度做自我要求，追求高品質的施工、創造佳績。在第六階段：經營理念有高度的倫理道德標準，以回饋社會的態度經營事業，自動自發的守法精神，積極的追求企業文化的圓滿。

有一個真實的故事，有些農夫不敢吃自己種的蔬菜，因為他曉得他種的蔬菜不乾淨，有農藥污染，甚至用來灌溉的水源也已受污染。但他卻吃別人種的蔬菜，因為眼不見為淨。在工程環境中也有很多同樣情況，不肖業者認為所蓋的房子不是他要住的，所以在設計思考上、施工工作態度上就比較不用心講究。

在第二層次開始有道德認知的衝突、兩難問題的抉擇困境，有追求效益、義務、德行判斷衝突的議題。本書嘗試彙集、提供一些倫理、道德的議題和案例，加以說明、討論，並希望藉此拋磚引玉、引起後起之秀共鳴。在社會上我們當然希望每一個工程從業人員除具有高超的專門技術之外，同時具備有高水準的倫理道德教養。尤其在急劇變動的社會環境，我們需要依靠他們的專門技術，更需要他們有一顆「善良」的心——有倫理道德修養的人。讓國內工程業能縮短發展的時程，及早進入第六階段以高水準的倫理道德經營事業，使工程環境朝向安穩的、健康的、有理想的方向邁進。

雖然我們認同倫理教育從效益論出發，進化為義務論，再昇華到德行論，但我們要強調：教科書無法對工程環境中發生的倫理問題，做完整且具體的描述及應該怎樣處理或如何將問題狀況解決作制式的解答。工程倫理教育應超越單純的教育科目，重點在使學生如何觀察工程環境的倫理問題，或在遭遇重大事故災害時，不只是怨嘆倫理道德的低落，而是能透過道德的內涵研究如何有效的處理問題，並且能實踐其道德責任。因為我們希望的不是通曉倫理學的技術者，而是具有倫理道德理念的技術者。

習題

(1) 假設工程人員在承辦道路新建工程規劃時，因他們較一般民眾早知悉道路會在何時開闢，因此在規劃前鳩集志同道合之親友聚資低價購買道路鄰近之土地，俟道路開闢後高價轉售牟取暴利，就效益論來說，當然是賺錢最好的方法，請就效益論、義務論、德行論說明其行為是否違反倫理規範？

(2) 某甲材料試驗室為了爭取業績，向營造廠商示意該試驗室可配合廠商需求，在試驗報告動手腳。另乙材料試驗室負責人因秉持道德良心，堅持不

作假報告。營造廠商因怕試體試驗不合格時造成困擾，認為將試體送到甲材料試驗室較保險，因此甲生意鼎盛，相對乙材料試驗室就顯得門可羅雀。請就以下之身分說明你會如何做？

①甲材料試驗室負責人②乙材料試驗室負責人③營造廠商負責人④業主代表（監工人員）。你會用什麼方式爭取客戶？

(3) 甲工地主任受僱於某營造廠，老闆為了追求利潤，要求甲全力鑽趕縮短工期，不顧合約品保規定，未按規定期限提早拆模、未按標準規定施工、有偷工減料之嫌疑，因老闆對甲工地主任實在很好，待遇也不錯，甲工地主任不願放棄該工作，如果你是甲，你應如何做？

(4) 倫理與道德的意義為何？

(5) 倫理道德教育理論有哪些？

Chapter *3*

職場倫理與道德

在倫理議題上，很多問題有定解，但也有很多是不容易有解答的，有些是人們知道也相信的，但也有些是不定數的。各行各業對人類福祉的考量也各異，例如：醫生考量的是健康；律師考量的是法律的公正性；工程師考量製造出安全而有用的物品。不同專業有不同限制，沒有單一準則足以應用到所行業，一般而言，考量係始自常識，進而對某一行業的特性，作適當的調整，最後發展出該行業的守則。因環境上的差異、生活上的不同，導致在適用標準上亦有所不同。

在歐、美先進國家，各種不同的職業團體或專業團體大多定有明確的「倫理準則」，詳細規定其團體成員在執行其職業或專業而與他人互動時，必須遵守的行為準則。這種「倫理準則」的目的是為了維繫同業間的社會秩序、建立專業形象，並發揮自主與自律的精神，其具體內容，自然是隨各種不同的職業或專業而有所不同，但其基本精神卻是一致的。

倫理學通常將建基於人性之上的「倫理自然律」分為三層：第一層的倫理自然律為可自明的道德律則，不必藉反省也可以為人所認知，例如：「諸惡莫作，眾善奉行」。第二層的倫理自然律是由第一層直接演繹出來的，也具備自明的特性，例如：「對朋友要忠實，不可欺騙」。第三層的倫理自然律是以第一層為基礎，加上客觀的認識論，經過邏輯推演而成的，這種倫理自然律的性質並不是自明的，它往往必須經過審慎嚴密的思考和研究，才能看出其性質，例如：「職業倫理」。它是某種職業或專業的從業人員以第一層的倫理自然律為基礎，根據本行的專業知識，經過邏輯推演而成的。（黃光國，1996）

一、各行業職場倫理與道德

（一）倫理性消費

英國「倫理消費」近年來成為公平貿易的主流，過去十年公平貿易在英國快速成長，英國「公平貿易基金會」功不可沒。為「保障第三世界生產者好價格」（Guarantees a Better Deal for Third-World Producers），公平貿易基金

會要求各地商家加入提供公平貿易產品的行列。公平貿易的精神是，消費者多付一點點錢，以保障價格購買第三世界生產者的產品，消費者不是花錢養肥中間商及跨國大企業，而是讓錢直接進入第三世界生產者的口袋。這種訴諸「倫理」的公平交易產品已經成逐漸為英國人最愛的消費型態。根據英國《衛報》的報導，過去十年，公平交易產品以每年 40% 到 90% 的成長率快速成長，**倫理消費**（Ethical Consumption）已經逐漸成為英國社會的主流。2003 年英國標示公平貿易產品的消費額突破一億元。

成功地讓越來越多消費者選擇公平貿易的推手是「**公平貿易基金會**」。1994 年，英國五個關注全球不平等發展的慈善機構，以一筆小額基金聯手草創這個組織。事實上，公平貿易產品之所以能在英國越來越受支持，靠的是無數認同公平貿易理念的社會運動團體與各式社會機構的參與。由教會跟慈善機構主導的公平貿易基金會，在加入大學、學校跟救世軍（Salvation Army）、青年旅館、工會等等各式組織的力量後，網絡遍及各地，許多消費者因而有機會接觸這些產品、認同這些產品背後的理念。

目前，英國是僅次於**瑞士**，全世界第二大公平貿易產品的市場，美國跟**歐洲**的市場也急速向前衝，2003 年市場成長率高達 30%，銷售額突破四億英鎊。1995 年，在針對其消費者進行市場調查後，Co-op 成為英國第一家銷售公平貿易產品的連鎖合作商店。加入這場倫理消費運動，讓 Co-op 不但賺到聲譽也賺到錢。十年下來，「公平貿易」產品的銷售業績，體現英國倫理消費運動的成長。但事實上，推廣公平貿易產品只是英國倫理消費運動的一環。而倫理消費運動訴求的，常不只是第三世界的貧窮問題，同時也廣泛地關注生態環境、勞動與人權問題。這波運動告訴消費者，任何更符合公平正義的產品，我們支持它，反之，抵制它！

80 年代，全球最大的環保團體之一「**地球之友**」，其最成功的一役，莫過於成功地抵制乃至勸服全球八大氣霧劑（aerosol）製造商，逐步淘汰使用氟氯碳化物（CFCs）。另一波運動，則成功地迫使「可口可樂」放棄一個將摧毀貝里斯三千公頃熱帶雨林的計畫。90 年代至今，結合對生態環境、勞工、人權等問題的關心，一股「**倫理消費**」的呼聲在西方越來越大。

英國《衛報》分析這股趨勢指出，倫理消費者傾向購買不傷害環境與社

會的產品。他們也許只買放養家禽的蛋（free-range egg）、購買在地農民的產品以降低運輸的能源消耗，他們也可能採取積極行動，主動發掘那些靠剝削童工、破壞生態而獲利的產品，並進一步採取抵制行動。倫理消費運動的活力表現在兩方面，一邊積極教育消費者，一邊運用消費者的集體力量向企業施壓。而支撐這一連串消費者抵制行動、改變消費者意識的，是一些將資訊透明化並兼具監督作用的消費者雜誌或相關非營利組織出版的報告書。透過追溯「產品背後的生產世界」，消費者有機會了解自己每天消費的商品的「生態足跡」（environmental footprint），覺醒到每個日常生物用品，背後可能帶有一連串的生態與社會衝擊。

在英國，像是以曼撒斯特為本部的「**倫理消費者研究協會**」就定期出版《**倫理消費雜誌**》，建議消費者什麼產品該買、什麼不該買。而通常被建議購買的商品類別包括：有機產品、公平交易產品、節能燈泡、來自再生能源的電力、回收紙等等。而「**公司評論**」的研究者，則定期研究超過 80 份刊物、摘要企業活動成為易讀的概要，每月更新資訊。目前，這個組織的研究者已經建立全球三萬個公司的摘要。（邱花妹，2007）

（二）倫理性投資

倫理性投資也成為消費者的重要武器。英國「**倫理投資協會**」以「**獨立金融顧問**」的角色，提出倫理投資的標準，建議消費者購買倫理性金融商品或投資倫理企業。透過「正面表列」與「負面表列」，消費者以購買力或金融投資支持倫理性產品，同時，「抵制」不符生態與社會倫理的產品。許多知名跨國企業都曾遭「負面表列」，出現在倫理消費者的抵制名單上。

像美國油品公司 ESSO 至今仍是綠色和平組織、地球之友等團體的黑名單。ESSO 被控破壞全球對改善氣候變遷所做的努力。無獨有偶，荷蘭皇家殼牌石油公司，也因為在尼日三角洲開採造成生態破壞，以及支持奈及利亞高壓政權打壓當地人權運動，而遭到倫理消費者抵制。英國倫理消費者信誓旦旦地說：「抵制殼牌的行動將繼續下去，直到奈及利亞歐格尼（Ogoni）地區的人民，得以公平地分享來自汲取石油的利潤，並得到較好的環境。」

2002 年 9 月，英國最大援助團體「**牛津飢荒救濟委員會**」（Oxfam）的報

告痛批，全球四大咖啡銷售商雀巢、Procter & Gamble 、Sara Lee 及 Kraft，造成兩千五百萬農夫赤貧、無法得到合理利潤。雀巢隨後同意將從「管理供應端」進行改善。曾經遭倫理消費者批評使用「由童工、有害殺蟲劑及低於生活所需的薪資種出來的咖啡」的星巴克咖啡連鎖店為了向消費者示好，則立刻跟進出售「公平貿易」咖啡豆（邱花妹，2007）。企業花更多心思在妝點他們的綠色形象，就像殼牌石油，一邊在英國捐錢給社區做環境活動，打造企業的環保形象，一邊卻在尼日剝削當地的生態環境與住民。我們不能允許像星巴克這樣的跨國企業引進一些公平貿易的咖啡豆來妝點門面，而更要去質問他的整個採購流程是否壓榨農民。

（三）商業經濟

歐洲摩納哥皇家大學是歐洲知名大學（簡稱 IUM），創立於 1986 年，座落於摩納哥公國（The Principality of Monaco）。摩納哥公國位於法國南部，是全球首要經濟重鎮之一，並被評為全世界最安全的居住環境。該校目前提供商學院課程為主，並授予學士、碩士與博士學位課程，得天獨厚的地理位置與經濟環境，讓該校的商學院課程具備了歐洲的嚴謹學術與美國的實際理論。該校榮獲《The Economists》雜誌的「全球前 100 大企業管理課程評鑑」中在「學生多元化」項目是全球排名第 1 首位，同一評鑑中其「教育經驗」項目全球排名 61；「畢業後的就業機率」全球排名 75；「師資」更是全球排名第 77 名；「課程總評鑑」第 93 名，該校優越的評級超越多所美國知名企業管理學院。該校高階企管博士班課程中有**應用商業之倫理道德研究**（Applied Business Ethics）。此課程鼓勵學生考慮面對現代商業公司的倫理挑戰，強調現有商務重要倫理議題的社會責任。議題包括社會與政治哲學、專業倫理、人權，以及有關法律的倫理和道德議題，例如基因工程和國際企業。學生用案例學習最佳實用的倫理認知，老師教導世俗的倫理兩難理解與挑戰。（International University of Monaco, 2007）

國際經濟倫理協會受香港國際教賢學院（簡稱教賢學院）的支持成立。教賢學院是個倡導和弘揚基本人文價值的組織，曾於 2004 年 2 月在香港舉辦以「重建信心」為題的經濟倫理會議，該會議由香港電訊盈科、瑞士四旬期運動

及瑞士聯邦外交部贊助。香港機場管理局和利豐集團主席馮國經博士在該會議揭幕禮表示，他以營商者的立場，認為若要讓倫理道德行之有效，便要使它成為公司機構文化的完整部分。倫理道德之道一旦成為組織文化的完整部分後，便能預防問題的產生和解決已發生的問題。其後，教賢學院理事會主席狄恆神父承諾跟進會議的建議，經倫會因此而於 2004 年 12 月成立。同時，羅世范博士亦訂立在中國大陸、香港、澳門和臺灣推廣經濟倫理的發展計畫。

羅世范博士於瑞士蘇黎世出生。他曾在歐洲慕尼黑、巴黎和羅馬等地攻讀哲學、經濟、社會、及倫理學，並於 1991 年在奧地利因斯布魯克大學取得**經濟倫理博士學位**。92 至 98 年間在蘇黎世大學的管理及經濟學院教授**經濟倫理**。1998 年前往北京，先後在人民大學、北京大學、北京理工大學、北京對外經貿大學和中國中央黨校任教**國際經濟倫理**。他現任北京東方大學副校長。羅博士是蘇黎世大學經濟系經驗研究院及蘇黎世經濟、管理和文學研究中心的永久客座研究員，亦在亞洲及法國各商學院擔任客座教授。他的研究焦點放在發展**亞洲經濟倫理**，尤其是在中國。他聯同北京大學出版社主理翻譯一系列**經濟倫理**課本為中文，並於 2004 年出版《終極贏家的 18 項倫理修煉》一書。羅博士是在香港成立的國際經濟倫理協會主席，且是設於北京的**國際經濟倫理研究中心**的秘書長兼副主任。羅博士精通六種語言：德、中、英、西班牙、法、和意大利文，他亦有廣泛的跨文化經驗。（羅世范，2007）

企業實不應以追求最大利益為唯一的目標，而是應以公平、正當且合乎道德的方式來賺取合理的利潤，並應維持與內、外利害關係人群之間的倫理關係。其與內、外利害關係人間所觸及的倫理問題，可分為「內部」企業倫理，例如對幹部、員工，及「外部」企業倫理，例如對消費者、供應商、社會等相關團體。若再加以細分，則其範圍還可分為「個人工作倫理」，例如貪污賄賂、挪用公款等；「公司政策倫理」，例如工作安全、環境保護等；「管理功能倫理」，例如採購舞弊、會計偽作假帳不實等。

1. 美國安隆公司破產事件

安隆公司是美國的德克薩斯州休士頓市的能源類公司。在 2001 年宣告破產之前，安隆擁有約 21,000 名僱員，是世界上最大的電力、天然氣以及電訊

公司之一，2000 年披露的營業額達 1010 億美元之多。公司連續六年被《財富》雜誌評選為「美國最具創新精神的公司」，然而真正使安隆公司在全世界聲名大噪的，卻是這個擁有上千億資產的公司，於 2002 年在短短幾周內破產，究其原因乃是持續多年精心策劃、甚至制度化、系統化的財務造假醜聞。安隆歐洲分公司於 2001 年 11 月 30 日申請破產，美國本部於兩日後同樣申請破產保護。後來公司的留守人員主要在進行資產清理、執行破產程序，以及應對法律訴訟。從那時起，「安隆公司」已經成為公司欺詐以及墮落的代表象徵。

2005 年 12 月 28 日，安隆公司前首席會計師 Richard Causey 向法庭認罪，承認犯有證券欺詐罪。他被判 7 年監禁，並處罰金 125 萬美元。美國法院於 2006 年 1 月對安隆公司創始人、前董事長肯尼斯·雷伊和前首席執行官傑弗里·史基林為在公司醜聞中的作為進行審判。起訴書長達 65 頁，涉及 53 項指控，包括騙貸、財務造假、證券欺詐、電郵詐欺、策劃並參與洗錢、內部違規交易等等。（維基百科，安隆公司，2008）

2. 中國 ×× 公司重整事件

而我國也有類似美國安隆公司的翻版案例，話說 ×× 企業集團成立於 1959 年，起源於「中國 ×× 鋼架股份有限公司」，由王 ×× 先生創立。嗣後因該公司業務不斷擴充，發展成為多角經營的企業，於 1970 年 6 月更名為「中國 ×× 股份有限公司」。旗下有水泥、鋁門窗、金屬帷幕牆、紡織四個製造工廠及營建工程、百貨商場、國際觀光飯店等三個部門，共計七個企業部門，為多角化經營之企業集團，總資產逾新台幣 4787 億元。

2006 年 12 月 29 日，由於 ×× 企業集團旗艦企業「中國 ×× 股份有限公司」及「×× 食品化纖股份有限公司」的巨額虧損及負債，因而向臺北地方法院聲請企業重整，並於 2007 年 1 月 4 日公布此一消息，結果引發旗下 ×× 商業銀行爆發擠兌，政府下令接管 ×× 商業銀行，檢調單位亦著手進行調查，進而發現該集團涉嫌大規模違法掏空及超貸，是為「×× 案」。前董事長王 ×× 在聲請重整後 2007 年 1 月 5 日隨即潛逃，目前因涉嫌掏空集團資產，而被中華民國政府列為通緝犯。（維基百科，×× 企業集團，2008）

（四）醫療護理

　　醫學倫理學是指在醫療過程中與醫病相關的道德價值判斷議題及制約醫學行為使之和諧的法則。醫學倫理學是應用倫理學一部分，醫學倫理學就是倫理學中與醫學相關者，倫理提供人際關係中所共同遵循的規範，醫學倫理就是特定在人際關係中的醫病行為，在醫療過程中與醫病有關的道德價值判斷議題及所有制約醫學行為的規範與原則都是醫學倫理學的範疇。醫學倫理學四大原則為 Tom L. Beauchamp 及 James F. Childress 於 1979 年在美國所提出，之後經《Journal of Medical Ethics》主編 Raanan Gillon 積極推廣於歐洲。這四項原則分別是尊重自主原則（The Principle of Respect for Autonomy）、不傷害原則（The Principle of Nonmaleficence）、利益病患原則（The Principle of Beneficence）及公平正義原則（The Principle of Justice）。

　　醫師之義務分為對病患之義務及對社會國家之義務，為維護病人權益，醫師必須遵守義務，這些義務都已明文規定於相關法律當中（詳見醫師法與醫療法），包括：(1) 應病人招請之義務、(2) 盡診療上應注意之義務、(3) 告知實情之義務、(4) 保守診療秘密之義務、(5) 開具診斷證明書之義務、(6) 親自診療之義務、(7) 製作及保存病歷之義務、(8) 不可亂登醫療廣告之義務、(9) 正確使用劇毒藥品之義務、(10) 合理收費之義務。另外醫師對社會國家也必須遵守以下義務：(1) 報告及防治法定傳染病之義務、(2) 接受委託鑑定及作證之義務、(3) 協助辦理公共衛生及社會服務有關事項之義務。（中國醫藥大學附設醫院醫學倫理網站，2007）

　　澳門鏡湖護理學院尹一橋院長勉勵同學們珍惜機遇，努力學習，將來回饋社會。在人才培養及提升綜合實力方面，一個常提及的就是提高文化和制度的影響力與滲透力，在提升物質文明的同時鑄造人的精神文明。這種理念與學院的教學宗旨是吻合的。澳門鏡湖護理學院在培養一個及格的護士過程中，使他能明瞭人之所以為人的意義。在課程理念中不僅提倡建立科學思維，更倡導發揚「仁愛精神」，提倡倫理、講仁愛關懷，建立個人價值觀，對社會和人類健康作出貢獻。（澳門鏡湖護理學院，2006）

邱小妹人球事件

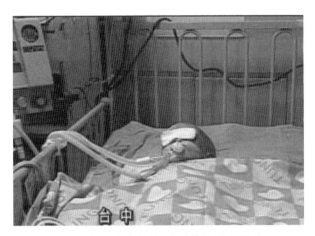

圖 3-1　邱小妹人球事件住院急救

　　2005 年 1 月 10 日凌晨，邱姓女童因父親酒後亂性對女兒痛打，造成全身多處受傷及頭部重創。經由善心人士報警，於凌晨 1：55 由消防隊員緊急送至臺北市立聯合醫院仁愛院區急救。仁愛院區檢查後顯示女童有硬腦膜下腔出血，以電話通知神經外科總醫師，總醫師未到急診室，僅以電話了解病情後，因考量當時院區並無適當加護病房，手術後醫療照顧恐有困難而建議轉院。經第一次聯絡臺北市緊急應變指揮中心（EOC）表示因正協助署立臺北醫院轉出一名重症病患，故請仁愛院區同步查詢所有臺北市急救責任醫院。仁愛院區急診同仁隨即分別聯絡大臺北地區約 19 家責任醫院加護病房，但這些醫院均表示沒有病床。（臺北市政府公務人員訓練中心，2008）

　　約凌晨 03：30 左右第二次聯絡 EOC 請求協助。EOC 聯絡中興院區等 19 家醫院，除基隆長庚醫院及臺北榮總醫院未接通外，均表示沒有床位。約凌晨 5：00 左右臺中梧棲童綜合醫院，表示願意接收病患。邱姓女童才從臺北市仁愛院區轉送至臺中童綜合醫院（清晨 7：30 送達）（圖 3-1）。立即進行開腦手術，但血塊已嚴重壓迫腦幹神經，腦幹功能衰竭。臺北市 EOC 責任醫院有二十三家，事發當天凌晨扣除仁愛院區，EOC 僅電話聯繫十二家醫院，另有

十家責任醫院並未聯繫，即直接聯繫外縣市醫院，捨近求遠延誤搶救時機。

　　在仁愛醫院爆發邱小妹人球事件後，更引發各界不少爭論及探討，責罵的聲浪不斷，很多人認為臺灣醫病關係的不良，醫療問題的層出不窮，都與我們缺乏醫學倫理的教育有關。醫師並非聖人，我們不應要求他們背負超高的道德標準，但在面對救人的工作，醫護人員應是以病患的最佳治療為出發點！「人球」新聞突然成為最值得關懷的醫療議題，而且各類病患都有可能成為人球。尤其是緊急重症病患更為容易成為「人球」。最近「邱小妹妹」的事件，官方及媒體焦點都聚焦在醫護人員的疏失、怠慢、缺乏醫德等，忽略了背後最重要的結構因素健保制度（自由電子報，2008）。更忽略了父女之間應有的人倫慈愛與關懷。

（五）生物科技

　　生物科技不當的研發應用值得我們深慮憂心，例如基因生殖技術已衝擊到人倫親子的關係，而複製人類的研發更是看法分歧，許多國家官方雖都採禁止態度，但民間卻仍有不同聲音出現。自從基因工程的研究取得重大突破後，包括羊牛等動物先後被成功複製。複製人類已成指日可待的科技，但此舉引起廣泛的爭議。反對人士認為，複製人是不道德的，因家庭的倫理關係將完全毀滅。有些科學家認為複製人類可能造成大量的畸形嬰兒。因為製造世界首隻複製羊「多莉」的科學家威爾麥特指出，他嘗試了二百七十七次，才成功複製成功，其他的失敗產品均變成畸形的動物。

　　大部分科學家認為修改基因技術不符合倫理，因此建議禁止。許多國家禁止從事複製人的實驗，例如美國不可資助任何改造遺傳基因的實驗，日本也修法禁止複製人的研究。英國雖通過及修訂《人類受精及胚胎法》，准許涉及複製人類胚胎的研究，但仍禁止任何以繁殖為目的的研究。

　　贊成複製人這項技術的人認為，複製的技術可提供病患適合的器官，使例如長期飽受洗腎之苦或血癌纏身的病患治療重生，複製人這項技術也可幫助不孕的夫妻獲得小孩。贊成者認為可複製一些著名的科學家、音樂家、運動家、電影明星等有傑出貢獻的人，給予這些複製的小孩良好的環境，培養他們的專才以發揮特殊的能力，並造福人類。但也有專家學者反對，例如曾任中華超心

理學研究會副理事長的成和平醫師，成醫師表示複製人會衍生道德、倫理、畸形、種族、貧富、品種、信仰及靈魂等八項問題，值得我們深思探討。（成和平醫師，2008）

　　德國波昂大學（http://www.uni-bonn.d）於 1994 年成立學術與倫理研究所，該研究所即受德國教研部（BMBF）之委託，設立德國生物學術倫理諮詢中心（http://www.drze.de/）。該中心的任務，在於整合國內外有關信息、生醫倫理領域及該議題所及法律、社會與自然科學等文件著作的蒐集、建檔及處理。此外，資料庫 BEKIS（http://wob.drze.de/Wob/de），讓讀者可以藉此快速掌握生物倫理領域的相關研究群體、研究計畫、研究成果等資料。而最值得推薦的則是該所所作的網際資源（http://www.drze.de/links），由此可以輕易地連結到美、日、歐洲、澳大利亞等國的類似研究機構，及國際上的協約規定、規範建議及立法草案等。在 2000 年 3 月 24 日德國聯邦議會（http://www.bundestag.de），特別成立現代醫學法律與倫理調查委員會，探討現代醫學所發生的嚴重倫理與法律問題，並提出倫理與法律評估建議，廣納社會大眾的觀點及對於未來法律規範的立法工作。（楊君仁，2007）

（六）傳播媒體

　　依據維基百科的說明，**日本映畫倫理管理委員會**（えいりんかんりいいんかい），簡稱「映倫」。是針對所有公開放映的日本電影、媒體進行審查之機構。所有日本電影在上映之前，都要經過該機關檢閱分級後方可上演。第二次世界大戰結束後，日本的電影開始了前所未有的黃金自由時期，日本的電影工業便從戰後重新快速起步。然自 1960 年以後，受到電視與海外進口影片的衝擊影響，使得日本本土的電影產業陷入了泥潭。雖然自 1970 年代以後，日本電影憑藉恐怖片、情色片、卡通動畫的新式題材重現復甦的景象。但隨即衍生的社會問題：如性暴力、性犯罪率和暴力犯罪率的提高，使得日本政府更重視對於未成年人的保護，並加強電影等傳媒內容的審查。日本映畫倫理管理委員會（Administration Commission of Motion Picture Code of Ethics），是日本電影審查的權威機構。但有趣的是：這個機關並非政府公法人，而是一個類似利益團體的公益法人組織。

1949 年，在實施「映畫倫理規程」後，初期「映倫」隸屬於日本影像製作者聯盟（政府承認的公益法人，其模式很像美國電影協會（MAPP）的自律審查型態）。1957 年之後改組獨立。獨立後的映倫吸收了電影界以外的人士參加影片的審查，主要任務是審查電影腳本、影片，除了故事片外，紀錄片、新聞片、廣告片均在審查之列。並主張「以電影界以外的客觀公正的眼睛去審查電影」。雖然映倫和美國的電影審查的演進皆是源自電影業的自律規範，但與美國 MAPP 評級審查的不同，在於日本所有的影片必須經過「映倫」的審查之後方可上映。審查過的影片標有「映倫」字樣與編號，未經審查的影片不得在「日本全國演出、以及放映環境衛生同業工會聯合會」所屬影院放映。日本現行媒體倫理審查組織：大多由日本業者以外之民間公正人士或學者所組成，然也有由業者自律組成例如：日本錄影帶倫理協會、全日本錄影帶倫理審查會、日本影像軟體販賣倫理機構。（維基百科，映畫倫理管理委員會，2007）

（七）政府機關

在亞洲，韓國於 1981 年頒布了 **《韓國公職人員道德法》**，其後根據形勢發展曾多次修訂。新加坡、印度等許多亞洲國家也都有了明確的行政道德法規。中國社會科學院日本研究所編審、《日本學刊》主編韓鐵英先生表示，日本公務員立法與其公務員制度的建立同時起步。日本 **《國家公務員倫理法》** 1999 年制定、2000 年實施，隨後又制定了更具體的 **《國家公務員倫理規程》**。它規定要在人事院設置「國家公務員倫理審查會」，在內閣所屬各部門設置「倫理監督官」，並賦予其較大的權限。這些法規擴大了法律管制範圍，對公務員的政治紀律要求更加具體細緻。

韓鐵英先生表示，本來日本主要是用《刑法》和《國家公務員法》來懲處國家公職人員腐敗行為的。但在 20 世紀 80 年代後期特別是進入 90 年代以後，高級公務員的貪污受賄醜聞不斷被曝光，激起了國民的極大憤慨，隨之產生了制定專項法律的強烈要求。儒教文化國家，親情和裙帶關係更重，在立法上對親屬的約束也更多一些。特別是韓國公職人員倫理法，大多數項目除申報本人的情況外，還須申報其配偶及直系親屬的有關財產收支情況。**《韓國公職人員倫理法》** 對此規定得非常具體。韓國立法的細節性規定較多，很詳實，甚至到

了瑣碎的地步，但事實証明，好操作、好執行。

日本是個比較強調「法治」的國家。當然，它也會出現有法不依、執法不嚴的情況。但從總體上說，法律的執行情況還是比較好，國民的法治意識也比較強。近來，安倍內閣的閣員一個接一個地因腐敗醜聞下台，也証明了這一點。在保證法律執行方面，日本在法律配套方面值得借鑒，如在《國家公務員倫理法》出版前後，還制定了《行政程序法》和《信息（政務）公開法》，有力地保證和促進了《國家公務員倫理法》的實施。（中國選舉與治理，2008）

《國家公務員倫理法》是對《國家公務員法》的補充，這部法令對公務員違反職業倫理的九種行為及其懲戒處分措施做了非常詳實具體的規定。關於特別職務公務員在倫理方面制定的法律包括《政治倫理確定國會議員資產等公開的法律》、《政黨協助完成法》、《禁止利用依據確立的政治倫理名義從事股票交易》、《處罰利用公職而獲得盈利的斡旋行為的法律》等。

（八）國防軍隊

2007 年日本防衛省爆出前防衛省次官守屋武昌收受軍火商賄賂的大醜聞。為了革除防衛省高級官員利用權位貪污牟利的陋習，防衛省製作一系列教學錄影帶，讓全體自衛隊員重新學習倫理課。日本防衛省最新製作的教學錄影帶，「不好意思，來晚了！」畫面中出現防衛省官員帶著下屬接受業者招待，盛情招待痛快暢飲後，再遞上高額禮券。劇情從接受高爾夫球招待，收受承包商紅包，到威脅部下保密。內容影射的其實是前次官守屋武昌接受軍火承包商宴請的過程，希望透過道德倫理重新教育，拯救自衛隊官員的腐敗行為。並且提醒士官兵若有疑問，就要請示諮詢監督人員。要求自衛隊隊員一定要秉持正義的信念，勇敢做正確的事。同時人人發一本「自衛隊倫理守則」！違反規範者就會有嚴厲處分。自衛隊前長官勾結軍火商收賄醜聞，重創日本政府形象，這次訂出行為守則和道德規範，希望醜聞不要再發生。（臺南市消防局，2007）

南京大屠殺，是第二次世界大戰爆發前兩年，侵略中國的日本軍隊於1937 年 12 月 13 日攻陷中華民國首都南京之後，在南京城內及其郊區進行大規模的屠殺、強姦婦女以及縱火搶掠等殘暴行動，此舉是嚴重違反人類倫理道

德的罪行。根據遠東國際軍事法庭的調查，日軍攻占南京後 6 個星期之內殺害手無寸鐵的平民和戰俘在 20 萬人以上，日軍攻占南京後一個月內強姦婦女約 2 萬起以上，南京城內的三分之一面積被日軍縱火燒毀。

南京軍事法庭提出遇難者總人數在 30 萬人以上，這個數字被雕刻在侵華日軍南京大屠殺遇難同胞紀念館的石壁上。而在日本的民眾對南京大屠殺的認識卻存在著不同的情緒及觀點。尤其是保守派，認為南京大屠殺被誇大、甚至是憑空捏造的反日外交工具。（維基百科，南京大屠殺，2008）

猶太人大屠殺是德國納粹軍隊在第二次世界大戰中的種族清算，也是第二次世界大戰中全世界最多人熟悉的暴行之一，在這次大屠殺中，約 600 萬猶太人被屠殺。1942 年起德國軍隊採用了氰化氫來有效地殺死大量的猶太人。猶太人先被德軍挑選，可以做苦工的男人會被送到集中營，而其他的猶太人被送到有毒氣室的集中營。猶太人誤以為他們是被送到淋浴室，但是進到淋浴室的時候，他們才知道淋浴室的蓮蓬頭只會放出毒氣。軍隊的設立是用來保衛國家及人民，而不是用來屠殺本國及他國的人民。軍隊若不遵守倫理道德，那麼這個世界將永無和平安寧之日，這個世界將變成人間地獄（維基百科，猶太人大屠殺，2008）。

（九）環境保護

1. 臺中市筏子溪廢塑膠污染事件

臺中市筏子溪東海橋上游某公司，原先從國外進口塑膠原料加工再製造其他產品。因筏子溪整治徵收其租用的土地後，於 2005 年底發生火災，將塑膠原料與廠房燃燒殆盡，遺留大量燒過的塑膠廢料，現場廢棄物包括各種強酸、強鹼等化學物質、還有燃燒後會產生戴奧辛的 PVC 塑膠顆粒，所產生的污染嚴重，火燒三個多月後，現場仍可聞到各種臭味。（圖 3-2）

二、三月份是各地農民春耕引水灌溉時節，污染廠址以下，有多條引筏子溪水灌溉的渠道，臺中市各環保社團知道事態嚴重，開始關心此議題，在缺乏資訊的限制下，先採取體制內向環保局陳情報案的方式，環保局給的資訊是 2006 年 2 月 20 日廠商將會負責清運。

圖 3-2　現場遺留大量塑膠燃燒後的廢棄物

　　直到 2 月 28 日，再次現場勘察，發現廠商僅移除還有經濟價值的貨櫃屋，所有廢棄物絲毫未清理，現場負責河川整治的工人表示他們在現場施工時，不只皮膚接觸到場址的飛塵之後，產生了紅癢現象；開挖了其他河段之後，本應該是土壤的河道，卻填滿許多塑膠與建築廢棄物。（臺灣生態學會電子報，2008）

　　3 月 3 日許多環保社團成員再到場現勘，終於發現原來某公司非常了解相關法律。火災過後，環保局因該公司不願清除廢棄物開出罰單時，該公司即根據廢棄物清運法第二條「一般廢棄物，火災或其他災害發生，經所有人拋棄遺留現場者，由建築物所有人或管理人清除，若無力清除者，由執行機關清除」。該公司於是聲明無力清除，現場所有的廢棄物變成河川局與環保局互相推卸的燙手山芋。

　　在 3 月 3 日到場的市議員詢問之下，環保局承認一月分就有採樣，但是並未分析是否具有毒性？如果沒有毒性，那些廢棄物就屬於一般廢棄物，可以聲請拋棄，於是清運的責任就會屬於第三河川局，如果分析具有毒性，就不屬一般廢棄物，不適用廢清法第二條，必須由環保局負責處理。（臺灣生態學會行動通知，2008）

2. RCA 污染事件

　　三十多年前臺灣經濟快速起飛時，美國家電品牌**臺灣美國無線電公司**（以下稱 RCA）於 1960 年至臺灣設廠，主要生產電視及電器產品，1986 年桃園廠

被併入美國奇異公司（以下稱 GE），以生產電視機之電腦選台器為主，1988年桃園廠再被法國湯姆笙公司（以下稱 Thomson）併購，1992年停產關廠，期間雇用員工高達二、三萬人，並多次被臺灣政府評定為外銷模範工廠。

民國 89 年 6 月，中央警察大學犯罪防治研究所孟維德博士論文記載：「當初湯姆笙公司向奇異買下 RCA 工廠時（民國 77 年），曾經和奇異公司在合約中明訂只買工廠，不買污染，顯然那時雙方早已知道廠房的土地已有污染。後來到了民國 78 至 79 年間，湯姆笙公司委託美國貝泰公司（Bechtel Co.）和 ADL（Arthur D. Little）公司在桃園 RCA 廠鑽了十一口深井，抽取土壤和地下水檢驗，ADL 公司的初步檢驗報告大概是在民國 80 年左右被提出，結果顯示土壤和地下水裡含有非常高溶度的揮發性有機物。

當時，這個檢驗結果引起湯姆笙公司的震驚，據說曾在新加坡的亞洲總部開會研商，並且考慮在民國 80 年底，民國 81 年初來台舉行記者會，公布污染情況和改善措施，甚至還曾模擬記者會的問答，後來因為顧慮附近居民和公司員工二十幾年來長期飲用地下水，可能引發抗爭和索賠，變數過大，再加上臺灣土地昂貴，公司即將關廠，後來便決定密而不宣不做改善，賣掉土地，將所鑽的井全部封起來。（財團法人民間司法改革基金會，2008）

孟維德前述博士論文記載：根據該案專案調查小組一成員（環保專家）表示，RCA 當年就是用這兩種溶劑（三氯乙烯及四氯乙烯）當作清潔劑，來清除生產過程中的髒東西。但是沒有處理好或根本沒有處理。聽說他們剛開始是直接傾倒在場區，後來因為數量越來越多於是挖洞掩埋。如果這些使用過的有機溶劑要回收，工廠就要花錢買設備，就會增加成本。若直接傾倒入地下，省錢又省事。日積月累，這些溶劑漸漸滲透到地下水裡，污染地下水。

行政院環保署「臺灣美國無線電公司（RCA）場址地下水污染調查專案」小組第八次會議所附報告記載一號及三號水井東側附近，土壤揮發性有機物測得最高濃度 1000mg/Kg，土壤中之揮發性有機物在已擴散至棲止地下水處。

經我國環保署調查研究，發現 RCA 廠多年來直接傾倒有機溶劑，造成廠址的土壤及水源破壞，連距離廠區兩公里遠的地下水都含有過量的三氯乙烯、四氯乙烯，超出飲用水標準的 1000 倍！已離職多年的員工更陸續傳出逾千人罹患肝癌、肺癌、大腸癌、胃癌、骨癌、鼻咽癌、淋巴癌、乳癌、腫瘤等各類

癌症，專家指出，RCA員工的罹癌率為一般人的20～100倍。

　　RCA公司在環保署的壓力下曾於1996年進行桃園廠區土地及水源的污染調查，且花費二億多台幣進行土壤整治；但是，罹癌員工仍逐年增加，每年都有人因癌症過世，卻至今未得到任何職災補償（圖3-3）。1998年RCA職業性癌症員工自救會正式成立，現有會員資料中就有1059人罹患癌症，216人癌症死亡，102人罹患各式腫瘤，而他們到目前為止都沒有獲得任何的賠償（圖3-4）。

圖3-3　RCA受害員工血淚申訴祈求救助

圖3-4　RCA受害員工列隊陳情痛苦的經歷

　　1975～1991 年期間，勞委會曾進行 8 次檢查，RCA 竟有 8 次違反安全衛生法規，違規內容包括排氣不良、未告知員工有機溶劑的危害、未標示有機溶劑類別、未作特殊健康檢查等，政府卻也未曾勒令 RCA 停工改善。

　　環保署專案小組函文內政部於污染未清除前暫停該廠址之土地用途變更作業，同時要求 RCA 及其母公司（奇異、湯姆笙）負起整治及改善責任。環保署於 1996 年 8 月核定污染清理工作計劃與整治基準，RCA 等公司並於 1996 年 10 月依環保署審閱同意之計畫正式執行整治工作。1998 年 5 月環保署舉行污染整治之審查會議，整治結果是土壤部分可以符合標準，但是地下水部分則無法清除污染，地下水整治失敗。RCA 公司及其母公司至此不願再負責地下水之整治。

　　1998 年 5 月 RCA 自救會成立。受限於舉證的困難度，公權力無法為 RCA 勞工討回公道。2000 年底，RCA 向經濟部提出減資計畫，新聞傳出後，自救會與社運團體警覺，一旦 RCA 撤出在台資金，求償將會更為困難。一路陪同 RCA 員工抗爭的工作傷害受害人協會，轉而向臺北律師公會、台權會、司改會求助，希望找到有公害訴訟經驗以及了解美國法律的律師，協助員工訴訟。2001 年 5 月，各方人馬聚集，80 人的龐大義務律師團成立，一面進行蒐證，了解員工當年的工作情形，以證實員工確實暴露於有毒環境中，以及確認個別員工的罹病狀況和嚴重程度，一面蒐集 RCA 在台資產資料，計算求償金額。

　　當務之急就是扣住 RCA 在台資金，否則一旦資金逃逸海外，就算日後打贏官司也很難獲得賠償。然而，執行「假扣押」必須先繳交擔保金給法院，通常法院會要求以債權人債權金額的三分之一做為擔保。也就是說，若以 RCA 在台資產 24 億元來計算，在提出訴訟之前，就得先籌出 8 億元保證金，對這群弱勢的受害員工來說，簡直是天文數字。因此，律師團又花了一年時間，腦力激盪、遍尋法條，尋求假扣押執行的解套方法。律師團召集人林永頌與司改會執行長王時思幾度拜訪勞委會，希望勞委會依照「勞工訴訟補助要點：如勞工無資力支付訴訟費用，且有勝訴之望者，得協助其取得訴訟救助保證書」，出具書面證明以代替保證金。

　　經歷重重困難，2002 年 7 月，律師團向臺北法院聲請假扣押 RCA 在台資

金，並查詢資金流向，經濟部投審會卻以「機密」為由拒絕提供；律師團轉向國稅局調閱資料，竟發現 RCA 於 2000 年度的利息所得只剩 33 萬元，換算成本金只有一千多萬，懷疑 RCA 早已遭掏空。既然錢已流出、可能得不到賠償，自救會決定解除對律師團的訴訟委任，轉而請求國際社運團體協助，進行輿論聲討與國際訴訟，但到美國繞了一圈後，美國律師研判這起官司至少要耗時 5 至 10 年才會有結果，承接意願不大。此時身心俱疲的自救會幹部也重新改選，一切又回到原點（臺灣美國無線電公司，RCA 工人的網路日誌，2008）。

（十）食品餐飲

1. 黑心食品

　　黑心食品一般而言是指原材料對人體有害，製作過程不合格，只以大量生產謀取暴利的商品；或以非法原料製成的食品。回顧韓戰時期，中國大陸有資本家和幹部勾結為志願軍提供黑心產品，包括黑心食品和黑心藥品。雖然世界各國都有不肖商人昧著良心製造生產黑心商品，但由於比例上的顯著差異，以及報章媒體的忠實報導，目前中國製造已成為黑心產品代表名詞，且其層出不窮的黑心產品也引起了全球各先進國家抵制的趨勢，尤其在歐美國家甚至出現「非中國製造」的標籤，來提升產品形象及安全性。2008 年，北京奧運美國運動選手代表團因為擔心遭受中國黑心食品污染而自備食物、廚師及廚具，此舉為奧運史上頭一遭的預防食品毒害的措施。（維基百科，黑心食品，2008）

　　尚待驗證的中國黑心食品包括：

　　(1) 皮鞋煉奶——以爛皮鞋、破皮帶經化學程式提煉出人造蛋白，作為牛奶原料，人造蛋白中含有一種叫「六價鉻」的物質，長期服用會損害人的神經系統，嚴重的還會導致重金屬中毒。

　　(2) 有毒大閘蟹——養殖過程中大量使用氯黴素、土黴素、乙醇、痢特靈、諾氟沙星、恩諾沙星、病毒靈、多西黴素、己烯雌酚等藥物。

　　(3) 硫磺饅頭——以化工原料硫磺燻麵粉，讓麵糰發得更大、蒸出來得饅頭更雪白。

(4) **假酒**──以工業用甲醇製造，可引致失明、肝病、甚至死亡。

(5) **大便臭豆腐**──將豆腐以糞水、餿水以及有毒化工染料硫酸亞鐵泡製，以加速臭豆腐之發酵變臭及上色。

(6) **瘦肉精**──豬肉豬隻飼養時飼料添加過量瘦肉精，使得殘餘量不合標準。

(7) **黑心椰果**──以雙氧水漂白。

(8) **有毒包子**──日本檢驗出中國製冷凍包子含有高濃度的「達馬松」，同公司生產的冷凍蔬菜卷則含有超出安全標準值 4 倍的有機磷劇毒農藥「福瑞松」。

以下為已驗證過的著名中國黑心食品項目列表（表 3-1），表 3-2 為臺灣的黑心食品。

表 3.1　中國黑心食品

事件發生或曝光時間	黑心食品名稱	簡介
2003年～2004年	大頭奶粉	因為食用劣質奶粉導致嬰幼兒致病、致死相關事件。詳見「阜陽劣質奶粉事件」。
2004年	頭髮醬油	2004年1月5日，湖北省荊州市一家調味品工廠用「氨基酸液」加氫氧化鈉、鹽酸、紅糖、色素等原料製作醬油。而湖北省另一家專門生產「氨基酸液」的公司所採用的原料是各種富含蛋白質的廢物，主要有人的毛髮，醫用棉等。原料不經任何處理直接進行酸解，還原成氨基酸。
2005年8月～2006年7月	「工業鹽」假冒「食用鹽」	2005年8月至2006年7月間，徐××將780噸工業鹽，重新包裝成假食鹽，以低於食用鹽的市價六成的價格銷售，非法牟取暴利。工業鹽多含亞硝酸鹽類，食用後會出現慢性中毒徵狀；如果長期食用，可致人於死。
2008年	毒奶粉事件	河北石家莊三鹿集團生產的三鹿牌嬰幼兒配方奶粉，被驗出含有三聚氰胺，導致在甘肅、江蘇等多個省市出現多名嬰兒得腎結石的事件。詳見「三鹿奶粉污染事件」。

表 3.2　臺灣黑心食品

年份	黑心食品名稱	簡介
1979年	多氯聯苯米糠油	臺中縣私立惠明學校爆發多氯聯苯米糠油中毒事件。
1980年代中期	飼料用奶粉冒充嬰幼兒奶粉	S95奶粉最早產於1979年，為臺灣藥商郝xx自美國進口飼料奶粉，不法加工製作之高單價嬰幼兒專用奶粉。以不符合人類食品規格的飼料加工，填充維生素與醣類製作奶粉，全名為金牛牌S95高單位營養奶粉，其S95名稱是模仿臺灣市場占有率極高的美國惠氏S26奶粉。
2004年	壯陽藥咖啡	臺灣某演藝人員代言的「火鳥咖啡」，被檢驗出違法添加壯陽西藥犀利士（Tadalafil）成分，已涉偽禁藥刑事案件。
2005年	病死豬肉粽、清潔劑梅酒	病死豬肉製成肉粽、進口清潔劑提煉酒精釀造梅子酒。
2005年	黑心麵條	市場抽樣調查，衛生單位檢驗出不合格麵製食品。
2005年	加工滷蛋	臺北市衛生局稽查員到濱江市場一家滷蛋加工廠查驗發現該廠使用成分不明的黑水浸泡滷蛋，並要求業者在一週之內須改善。
2006年	孔雀石綠風暴	香港媒體報導來自臺灣的石斑魚檢出孔雀石綠，漁業署抽檢36件石斑魚樣品，發現有14件不合格，從代謝物中檢出還原型孔雀石綠殘留，引發全民關切。
2007年	假鱈魚	臺灣有民眾吃了來自大賣場號稱「鱈魚」的油魚後，腸胃發生不適，肛門排出油份。經調查後發現，賣場所稱「圓鱈」、「鱈魚（油魚）」的標示，乃魚目混珠之用。
2008年3月	毒茼蒿	臺灣某產地不明的毒茼蒿，被檢驗出含4種不能用在葉菜類的劇毒農藥殘留，其中最毒的是芬普尼和雙特松，會導致癌症和引發身體抽搐，超市已全面下架此批毒茼蒿，但毒茼蒿已被消費者吃下肚。

2. 雲林縣虎尾鎮鎘米事件

　　雲林縣虎尾鎮虎尾溪位於南邊流向西南，2001 年 9 月發現鎘米污染，地點就位在虎尾鎮的西北方廉使國小附近農地，這裡唯一一家可能製造污染的工

廠「xx 色料廠」就位在廉使國小的斜對面，據當地居民陳訴此間色料工廠已經在此地營運二十幾年了，早期排水溝還沒蓋時每天排放惡臭的污染廢水及黃色的空氣污染物。（李秀容，2008）

監察委員黃煌雄、黃勤鎮兩人曾經抵達雲林縣調查虎尾鎮鎘米污染事件，在聽取簡報及現場實勘後表示，鎘米污染事件引發社會關切，關係全民的生命安全，而此調查主要在了解整個事件的發生經過、處理情形及後續措施。至於有關單位是否有不正當的缺失，待日後再進行約談。黃煌雄委員則要求農業局應對稻米流向對社會大眾做最明確的交待，雲林縣府也再次強調，鎘米已由縣府在林姓地主家中查獲，確實數目為 154.5 公斤，確定絕對沒有流入市面，請消費者放心。

監委黃煌雄、黃勤鎮調查虎尾鎘米污染案件，首先聽取農委會、環保署及縣府環保局、農業局簡報，黃勤鎮委員在聽取簡報後提出幾項疑問，第一、污染地區究竟是兩處農田或三處？第二、農委會在 6 月 15 日檢測結果出爐，為什麼到 7 月 5 日才通知環保局？第三、為什麼沒有立即辦理休耕？第四、稻米流向先前查報無法追查，為什麼事後又得以查出稻米流向？第五、污染源的追查方向為何？是否只有設定在 xx 色料工廠，這些問題都請各有關單位詳具書面報告送查。

黃煌雄委員指出，整個鎘米事件因為牽涉到人民的生命財產安全，因此對社會大眾清楚的交待鎘米流向才是最為重要，至於為何整個事件經過八十二天才處理結束，有關單位是否有缺失情形，日後會進行約談調查。（雲林縣政府，2008）

習題

(1) 試述各行業的職場倫理與道德

(2) 你認為各行業違反倫理最嚴重的事件有哪些？

(3) 除了本章所述各行業違反倫理的案例，請再舉出其他案例說明。

3. 臺灣黑心油的食安風暴

回顧臺灣歷史 1979 年米糠油（多氯聯苯）中毒事件，黑心食品存在至今

已有 35 年之久。食品工業與化學、機械、營建工程有密切關係，在營建工程中只有人可以喝的水，才可以灌入混凝土中興建房屋橋梁，若水不潔淨，房屋橋梁無法持久使用，且將加速敗壞。同樣道理，給豬、牛、羊、雞、鴨、鵝的飼料，必須是人可以吃的食物，否則有毒或不健康的飼料會造成牲畜中毒或生病，然後人再把有毒性的肉品、油脂及鮮乳吃下去，造成人體慢性中毒或生病。這就是歧視動物虐待人類。因此我們反對把人不能吃的食物拿去餵牲畜。臺灣自從 1979 年起有紀錄的食品安全違法案件就不斷的爆發，「所謂殺頭生意有人做，賠錢生意沒人做」，難道臺灣非法奸商都不怕死嗎？食品用回收劣質材料及非法工業用或農業用材料混充摻入人體食用材料中，既可大幅降低節省成本，又可按照物價上漲的價格，大量製造銷售賺取不義之財。

　　某企業自澳洲進口牛油，後來澳洲農業部補充出口證明文件載明「工業使用（Industry Use）」是指「產業用」，非「工業用（Industrial Use）」，且經加工後可供人食用。為何澳洲農業部不直接寫「人類使用（Human Use）」？工業（Industry）就是工業，工業的（Industrial）也是也工業，前者是名詞，後者是形容詞，都是指工業。而且要如何加工才可供人類食用？澳洲農業部為了賺錢，為了維護其廠商利益，涉嫌用英文混淆視聽，而且臺灣衛生福利部也未派專家學者赴澳洲考察及檢驗牛油製造過程，就認為我國政府官員英文能力不好，誤會自澳洲進口工業用牛油，可見衛福部並未善盡行政責任。

　　2014 年 10 月 21 日臺北市市長候選人連勝文先生發表「不要挑戰我連勝文的決心」，他推出食安政見，他語氣堅決地強調：「誰想黑心，就要當心，千萬不要挑戰我連勝文的決心！」「對付食安問題，我當市長，親自召開食安督導會議，黑心廠商十年內不准上架，罰到他怕，關到他倒」。他也喊出：「如果你檢舉抓到不法，最高罰金兩億，一半是你的」。連先生政見內容正確，但是請問當時臺北市郝龍斌市長，為何在市長任內不比照連先生的政見解決食安問題？為何要等到連先生當選臺北市市長才要解決食安問題？這是否表示當時郝市長未替市民解除食安問題？馬總統在電視新聞說明黑心油事件是發生在民進黨執政期間，發現在國民黨執政期間。但若從 35 年前的米糠油中毒事件來看，黑心食品並非發生在民進黨執政期間。

　　雖然廠商可以肆無忌憚地違法生產製造有毒或不健康食品，難道臺灣是無

政府狀態嗎？不是！臺灣確實是有一個號稱自由、民主、法治的政府存在，可是臺灣的相關法規不夠周延、罰則太輕、執法不嚴，民眾檢舉不處理，檢察官違法不起訴，法官關說及違法判決。中央及地方衛生機構檢驗稽查食品衛生的制度、儀器設備都有問題，且警察局、廉政署、調查局的防範及肅貪清查功能不彰，所以食品安全的違法案件就不斷的爆發。臺灣政府是臺灣最大的企業，應該最需要善盡社會責任。

習題

(1) 試說明要如何解決臺灣的食安問題。

(2) 試說明如何防止黑心廠商製造黑心食品。

(3) 試說明臺灣的政府要如何改革杜絕黑心食品。

4. 罹患癌症人數逐年增加

　　從衛生福利部統計處公告國人主要死因死亡率趨勢圖（圖 3-5）來看，每十萬人口死亡率從民國 75 年至 100 年的趨勢，主要死因最嚴重的項目是惡性腫瘤，俗稱癌症。以主要癌症死亡率趨勢圖（圖 3-6）來看，肝癌及肺癌的死亡率最高，其次有腸癌等項目。

　　癌症主要與食品衛生及環境污染有關，因臺灣近 30 多年來黑心食品越來越多，導致國人因癌症而死亡的人數也越來越多，尤其是喜歡吃油炸食品的人，因黑心油品氾濫充斥使得油炸食品的衛生隱藏毒害。依法而言，衛生福利部即原衛生署改為行政院一級單位，並未徹底解決黑心食品問題。

　　當時已是民國 103 年，衛生福利部統計處的資料只作到民國 100 年，至少落後兩年，由此可知行政效率低劣。衛生福利部已統計這麼多人慢性中毒罹患癌症，還袖手旁觀不加以防範改善。不抓黑心食品，反而一再增加民眾健保費及補充保費，真是變本加厲、本末倒置，建請黑心食品廠商繳交所有違法暴利作為全民健保基金。

每十萬人口
死亡率

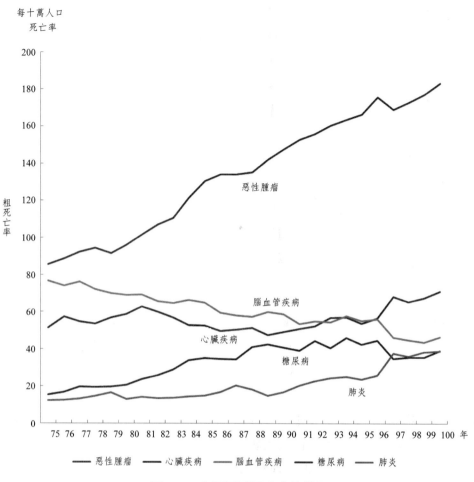

圖 3-5　主要死因死亡率趨勢圖

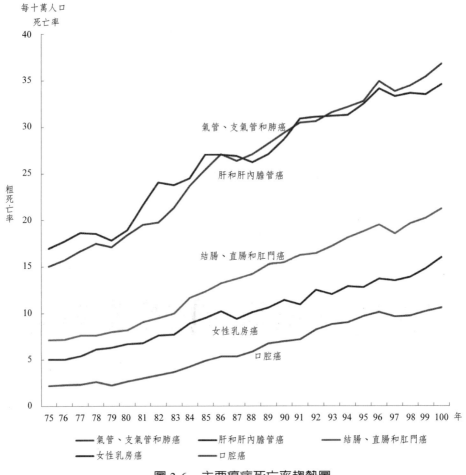

每十萬人口
死亡率

圖 3-6　主要癌症死亡率趨勢圖

習題

(1) 試說明衛生福利部的行政責任。

(2) 試說明為何健保費不夠用，還要增加二代健保費？

(3) 試說明為何罹患癌症人數逐年增加？

Chapter *4*

工程師一般倫理與職業道德

美國國家科學基金會（National Science Foundation，簡稱 NSF）國家研究委員會（The National Research Council, NRC）組織委員會就「工程」的定義為：「企業上的、政府的、學術性的、或個人的努力中，應用數學或自然科學的知識在研究、開發、設計、生產、系統工程、或技術操作上，以達到創造使用為目的之系統、產品、製程、或有技術特質及內涵之服務。」因此，「工程師」就是於土木、水利、機械、化學、電機、材料、航空、資訊等工程，研究、規畫、設計、製造、施工、管理、維修、拆除、重建的專業人員。（張介耀，2004）

美國大學於 1970 年代中期開授倫理課程，推動工程倫理教育，但美國自 1947 年就開始發展倫理教育，並由各專業團體分別訂定倫理準則。從此美國各行各業均投入倫理規範的研究，而工學院各系所例如土木、機械、電機、化工、資訊等均有相對應的社群組織或學會，也各自研訂工程倫規範準則。美國各學術機構例如**國家工程倫理學會**（NIEE）也出版有關倫理教育的論文期刊，經常舉辦研究倫理問題的相關研討會。有些機構例如專業工程師全國性學會（National Society of Professional Engineers）和**工程倫理全國性學會**（The National Institute for Engineering Ethics）還製作倫理教育的電影片，以真人劇情導演倫理相關的議題。美國也設立許多倫理相關的網站，例如**美國線上倫理中心網站**（Online Ethics Center），以進行大眾教育。美國**工程技術認證（評議）委員會**（Accreditation Board for Engineering and Technology，簡稱 ABET）要求各大學工學院在工程課程上應強調專業技術和倫理的重要。

美國多所大學（含 MIT、Stanford、UC 等名校）很早就通過工程及科技教育認證。我國自 93 學年度開始陸續已有 28 所大學，88 個系所通過中華工程教育學會的「工程及科技教育認證」，其中有 9 個系所為土木或營建工程系（中華工程教育學會通過認證單位，2007）。通過工程及科技教育認證的系所，其教育目標及學生核心能力都包含教育學生認識工程倫理和社會責任等訴求。可見工程倫理在國內或國際上皆受到相當的重視。

美國有許多大學開設工程倫理的課程，而且出版一些工程倫理的英文教科書。並且有一些學者長期投入工程倫理的研究，又將研究成果發表在 SSCI 等學術期刊上。美國也有許多大學教授投入研究並撰寫書籍（詳見參考文獻表

單），而且書商也支持出版倫理相關書籍提供教學使用。**美國國家科學基金會**等研究管理機構，也大量資助研究倫理相關的研究計畫。

例如美國德州農工大學（Texas A&M University）機械工程系的教授 Dr. Michael J. Rabins 接受美國 NSF 的計畫，研究「倫理案例介紹融入大學部工科必修課程（Introducing Ethics Case Studies Into Required Undergraduate Engineering Courses）」；又例如美國西密西根大學（Western Michigan University）的社會倫理研究中心（Center for the Study of Ethics in Society）在 1992 年發表美國 NSF 資助的工程倫理案例報告（Engineering Ethics Case Report），共計 33 個案例及評論。又例如 1995 年美國 NSF 資助數值的倫理案例研究（Numerical Ethics Case Studies），同年 8 月 14 日至 18 日，美國 NSF 資助研討會以研究工程倫理和職業道德現存的和新發生的案例所伴隨的工程疑難問題。

反觀我國有開設工程倫理課程的大學並不是很多，從各校網頁可知有臺灣大學、成功大學、清華大學、交通大學、中原大學工學院、義守大學電子工程系、雲林科技大學營建工程系、高雄海洋科技大學、朝陽科技大學工學院等有開設工程倫理課程。

教育部於中華民國 96 年 2 月 14 日以台高通字第 0960021903 號發函所有公私立大專校院（含技職、師範、體育校院），主旨為建立工程倫理良善文化，建請各校考量將工程倫理納入課程規劃，以提升我國整體工程環境品質及工程人員之專業素養。可是開設工程倫理的大學並未完全普及，因此需要再加廣泛宣導。

參考汪群從教授、陸續教授於民國 96 年 4 月 30 日在行政院公共工程委員會工程倫理講師訓練班的演講「工程倫理概述——守則及解說」內容，其內文有各國工程倫理規範比較（*汪群從，2007*）。以此表深入分析可知，包括美國、日本、德國、新加坡、香港、中華民國等國家或地區均投入倫理規範的研究與制訂。行政院於 97 年 6 月 26 日函頒中華民國「公務員廉政倫理規範」，97 年 8 月 1 日生效，積極推動廉政革新。有些國家例如日本、新加坡注重個人的倫理表現，有的國家例如德國非常重視專業倫理的規範。有些國家的社群團體例如日本建設顧問協會、香港 HKIE、中華臺北 APEC 及土木技師公會比

較注重業主與客戶的倫理關係。可是相對而言，各國比較不重視自然環境及健康議題。

　　本章主要探討工程師在工作環境所面臨之一般倫理與道德的議題，焦點在工程師在工作環境所面臨的道德問題，試著顯示這些議題對社會的重要性和對環境永續發展的必要性。目的在激勵工程師對工程周圍環境的道德爭議，能深思加以明辨是非，並對未來工作有所啟發。在探討工程師一般倫理與職業道德之前，首先對國內外倫理道德守則作介紹。

一、工程倫理守則

　　中國工程師學會為遵守總理恢復固有道德之遺訓，於 1933 年武漢三屆年會通過信守規條六條，於 1941 年為了加入國家民族之觀念，在貴陽十屆年會通過修正為八條，1976 年於臺北四十屆理監事會通過第二次修訂，1995 年 11 月 24 日第三次修訂中國工程師信條。信條的精神在追求及落實工程對社會、專業、業雇主及同僚的責任，做個有專業氣質（素養）的工程師。

　　我國採購人員倫理準則係依政府採購法第一百十二條規定訂定，並自 1999 年 5 月 27 日施行。主要在規範採購人員應廉潔自持，重視榮譽、言詞謹慎，行為端莊。應致力於公平、公開之採購程序，提升採購效率與功能，確保採購品質並促使採購制度健全發展。採購人員應依據法令，本於良知，公正執行職務，不為及不受任何請託或關說，務求認事用法允妥，以昭公信。

　　美國幾個主要學會的聯合組織工程師職業發展協會（Engineers Council for Professional Development，簡稱 ECPD），在 1947 年首次提出「倫理規範」（Canons of Ethics）。該文件於 1963 年經過修訂成為「專業工程倫理基本原則」與「倫理規範」。許多工程師學會採納了其中的一些守則（Code），作為各自學會的倫理守則（Code of Ethics）。聯合一些學會的參與及努力，ECPD 在 1974 年繼續發展出一個新的工程師倫理規則，包含三個部分：基本準則（Fundamental Principles）、基本規範（Fundamental Canons）以及實行細則（Suggested guidelines for interpretations）。其主要用意是希望各學會能

採納基本準則及基本規範，再根據各學會的特性配合實行細則發展出各個學會未來的倫理規則（胡黃德，1991）。

美國全國專業工程師學會（National Society of Professional Engineers，簡稱 NSPE）則自行訂定其自己的守則。NSPE 則在 1976 年建議將專業素養（professionalism）納入工程師的課程中。茲將國內外重要且值得參考的工程倫理守則或信條介紹如下：

（一）中國工程師信條

1. 工程師對社會的責任：

(1)守法奉獻——恪遵法令規章，保障公共安全，增進民眾福祉。

(2)尊重自然——維護生態平衡，珍惜天然資源，保存文化資產。

2. 工程師對專業的責任：

(1)敬業守份——發揮專業知能，嚴守職業本份，做好工程實務。

(2)創新精進——吸收科技新知，致力求精求進，提升產品品質。

3. 工程師對業雇主的責任：

(1)真誠服務——竭盡才能智慧，提供最佳服務，達成工作目標。

(2)互信互利——建立相互信任，營造雙贏共識，創造工程佳績。

4. 工程師對同僚的責任：

(1)分工合作——貫徹專長分工，注重協調合作，增進作業效率。

(2)承先啟後——矢志自勵互勉，傳承技術經驗，培養後進人才。

（二）中國工程師信條實行細則

1. 工程師對社會的責任

(1)守法奉獻——恪遵法令規章，保障公共安全，增進民眾福祉。

　　①遵守法令規章，不圖非法利益，以完善之工作成果，服務社會。

　　②涉及契約權利及義務責任等問題時，應請法律專業人士提供協助。

③尊重智慧財產權，不抄襲，不竊用；謹守本分，不從事不當利益之業務。

④工程招標作業應公正、公開、透明化，採用公平契約，堅守業務立場，杜絕違法情事。

⑤規劃、設計及執行生產計畫，應以增進民眾福祉及確保公共安全為首要責任。

⑥落實安全衛生檢查，預防公共危害事件，保障社會大眾安全。

(2) 尊重自然——維護生態平衡，珍惜天然資源，保存文化資產。

①保護自然環境，充實環保有關知識及實務經驗，不從事危害生態平衡的產業。

②規劃產業時應做好環境影響評估，優先採用環保器材物質，減少廢棄物對環境之污染。

③愛惜自然資源，審慎開發森林、礦產及海洋資源，維護地球自然生態與景觀。

④運用科技智慧，提高能源使用效率，減少天然資源之浪費，落實資源回收與再生利用。

⑤重視水文循環規律，謹慎開發水資源，維護水源、水質、水量潔淨充沛，永續使用。

⑥利用先進科技，保存文化資產，與工程需求有所衝突時，應儘可能降低對文化資產的衝擊。

2. 工程師對專業的責任

(1) 敬業守分——發揮專業知能，嚴守職業本分，做好工程實務。

①相互尊重彼此的專業立場，結合不同的專業技術，共同追求工作佳績。

②承辦專業範圍內所能勝任的工作，不製造問題，不做虛假之事，不圖不當利益。

③凡需親自簽署的工程圖說或文件應確實辦理或督導、審核，以示負責。

④不斷學習專業知識，研究改進生產技術與製程，以提高生產效率。

⑤謹守職責本分，勇於解決問題，不因個人情緒、得失，將問題複雜化。

⑥工程與產業之規劃、設計、執行應確實遵守相關規定及職業規範，堅守專業立場，負起成敗責任。

(2) 創新精進——吸收科技新知，致力求精求進，提升產品品質。

①配合時代潮流，改進生產管理技術，提升產品品質，建立優良形象。

②不斷吸取新知，相互觀摩學習，交換技術經驗，做好工程管理，掌握生產期程。

③適時建議修訂不合時宜之法令規章，以適應社會進步、產業發展及營運需要。

④重視研究發展，開發新產品，追求低成本高效率，維持技術領先，強化競爭力。

⑤運用現代管理策略，結合產業技術與創新理念，提升產品品質及生產效率。

⑥建立健全的品保制度，做好製程品管，保存檢驗紀錄，以利檢討改進。

3. 工程師對業雇主的責任

(1) 真誠服務——竭盡才能智慧，提供最佳服務，達成工作目標。

①竭盡才能智慧，熱誠服務，並以保證品質、提高業績為己任。

②遵守契約條款規定，提供專業技術服務，避免與業雇主發生影響信譽及品質之糾紛。

③充分了解業雇主之計畫需求，明白說明法令規章之限制，以專業所長提供技術服務。

④彼此相互尊重，開誠佈公，交換業務改進意見，共同提升生產力，達成目標。

⑤不斷檢討改進缺失，引進新式、高效率之生產技術及管理制度，以提高生產效率。

⑥不向材料、設備供應商、包商、代理商或相關利益團體，獲取金錢等不當利益。

(2) 互信互利——建立相互信任，營造雙贏共識，創造工程佳績。

①服務契約明訂工作範圍及權利義務，並以專業技術及敬業精神履行契約責任。

②與業雇主誠信相待，公私分明，不投機，不懈怠，共同追求雙贏的目標。

③定期向業雇主提報工作執行情形，明確提出實際進度、面臨之問題及建議解決方案。

④體認與業雇主為事業共同體，以整體利益為優先，共創營運佳績。

⑤應本專業技術及職業良心盡力工作，不接受有業務來往者之不正當招待與餽贈。

⑥堅持正派經營，不出借牌照、執照，不轉包，不做假帳，不填不實報表。

4. 工程師對同僚的責任

(1) 分工合作——貫徹專長分工，注重協調合作，增進作業績效。

①力行企業化管理，明確權責劃分及專長分工，不斷追蹤考核，以提升工作效率。

②主動積極服務，密切協調合作，整合系統界面，相互交換經驗，共同解決問題。

③虛心檢討工作得失，坦承接受批評指教，改進缺點，發揮所長，共創業務佳績。

④不偏激獨行，不堅持己見，不同流合污，吸取成功的經驗，記取失敗的教訓。

⑤相互協調提攜，不爭功諉過，不打擊同僚，以業務績效來贏得聲譽與尊嚴。

⑥尊重同僚之經驗與專業能力，分享其成就與榮耀，不妒忌他人，不詆毀別人來成就自己。

(2) 承先啟後——矢志自立互勉，傳承技術經驗，培養後進人才。

　　①經常自我檢討改進，不分年齡、性別、及職務高低，相互切磋學習。

　　②潔身自愛，以身作則，尊重他人，提攜後進，謹守職業道德與倫理。

　　③培養後進優秀人才，重視技術經驗傳承，盡心相授，共同提升工程師的素質。

　　④從工作中不斷學習，記錄執行過程與經驗，撰寫心得報告，留傳後進研習。

　　⑤注重技術指導，理論與實務並重，主動發掘問題，共謀解決之道。

　　⑥確實履行工程師信條及實行細則，提升工程師形象，維護工程師團體的榮譽。

（三）採購人員倫理準則

　　辦理政府採購法第四條、第五條、第三十九條或第六十三條第二項規定事項之廠商人員，於辦理該等事項時，準用本準則之規定。

第一條　本準則依政府採購法（以下簡稱本法）第一百十二條規定訂定之。

第二條　本準則所稱採購人員，指機關辦理本法採購事項之人員。

第三條　採購人員應致力於公平、公開之採購程序，提升採購效率與功能，確保採購品質，並促使採購制度健全發展。

第四條　採購人員應依據法令，本於良知，公正執行職務，不為及不受任何請託或關說。

第五條　採購人員辦理採購應努力發現真實，對機關及廠商之權利均應注意維護。對機關及廠商有利及不利之情形均應仔細查察，務求認事用法允妥，以昭公信。

第六條　採購人員應廉潔自持，重視榮譽、言詞謹慎，行為端莊。

第七條　採購人員不得有下列行為：

　　一、利用職務關係對廠商要求、期約或收受賄賂、回扣、餽贈、優惠交易或其他不正利益。

　　二、接受與職務有關廠商之食、宿、交通、娛樂、旅遊、冶遊或其他類似情形之免費或優惠招待。

三、不依法令規定辦理採購。

四、妨礙採購效率。

五、浪費國家資源。

六、未公正辦理採購。

七、洩漏應保守秘密之採購資訊。

八、利用機關場所營私或公器私用。

九、利用職務關係募款或從事商業活動。

十、利用職務所獲非公開資訊圖私人不正利益。

十一、於機關任職期間同時為廠商所僱用。

十二、於公務場所張貼或懸掛廠商廣告物。

十三、利用職務關係媒介親友至廠商處所任職。

十四、利用職務關係與廠商有借貸或非經公開交易之投資關係。

十五、要求廠商提供與採購無關之服務。

十六、為廠商請託或關說。

十七、意圖為私人不正利益而高估預算、底價或應付契約價金或為不
　　　當之規劃、設計、招標、審標、決標、履約管理或驗收。

十八、藉婚喪喜慶機會向廠商索取金錢或財物。

十九、從事足以影響採購人員尊嚴，或使一般人認其有不能公正執行
　　　職務之事務或活動。

二十、其他經主管機關認定者。

第八條　採購人員不接受與職務或利益有關廠商之下列餽贈或招待，反不符合
社會禮儀或習俗者，得予接受，不受前條之限制。但以非主動求取，
且係偶發之情形為限。

一、價值在新臺幣五百元以下之廣告物、促銷品、紀念品、禮物、折
　　扣或服務。

二、價值在新臺幣五百元以下之飲食招待。

三、公開舉行且邀請一般人參加之餐會。

四、其他經主管機關認定者。

前項第一款，價值逾新臺幣五百元，退還有困難者，得於獲贈或知悉

獲贈日起七日內付費收受、歸公或轉贈慈善機關。餽贈或招待係基於家庭或私人情誼所為者，不適用前二項規定。

第九條　採購人員不接受與職務有關廠商之下列招待，反有礙業務執行者，得予接受，不受第七條之限制。

　　　　一、於無適當食宿場所之地辦理採購業務，由廠商於其場所提供與一般工作人員同等之食宿。

　　　　二、於交通不便之地辦理採購業務，須使用廠商提供之交通工具。

　　　　三、廠商因公務目的於正當場所開會並附餐飲，邀請機關派員參加。

　　　　四、其他經主管機關認定者。

　　　　前項第一款及第二款，契約規定應由廠商提供者，從其規定；契約未規定者，廠商得向機關請求支付其提供食宿或交通工具所生之必要費用。

第十條　採購人員發現有違反政府採購法令之情事時，應即採取改正措施或以書面向有關單位陳述意見。

第十一條　機關首長或其指定人員或政風人員應隨時注意採購人員之操守，對於有違反本準則之虞者，應即採取必要之導正或防範措施。

第十二條　機關發現採購有違反本準則之情事者，應審酌其情狀，並給予申辯機會後，迅速採取下列必要之處置：

　　　　一、依公務員服務法、公務員懲戒法、公務考績法及其他相關規定處置。其觸犯刑事法令者，應移送司法機關處理。

　　　　二、調離與採購有關之職務。

　　　　三、施予與採購有關之訓練。

　　　　採購人員違反本準則，其情節重大者，機關於作成前項處置前，應先將其調離與採購有關之職務。機關未依前二項規定處置或處置不當者，主管機關得通知該機關或其上級機關另為適當之處置。

第十三條　採購人員有違反本準則之行為，其主管知情不予處置者，應視情節輕重，依法懲處。

第十四條　採購人員操守堅正或致力提升採購效能著有貢獻者，其主管得列舉事實，陳報獎勵。

第十五條　本準則自中華民國88年5月27日施行。

（四）公務員廉政倫理規範

1. 我國行政院（以下簡稱本院）為使所屬公務員執行職務，廉潔自持、公正無私及依法行政，並提升政府之清廉形象，特訂定本規範。

2. 本規範用詞，定義如下：

   (1) 公務員：指適用公務員服務法之人員。

   (2) 與其職務有利害關係：指個人、法人、團體或其他單位與本機關（構）或其所屬機關（構）間，具有下列情形之一者：

   ①業務往來、指揮監督或費用補（獎）助等關係。

   ②正在尋求、進行或已訂立承攬、買賣或其他契約關係。

   ③其他因本機關（構）業務之決定、執行或不執行，將遭受有利或不利之影響。

   (3) 正常社交禮俗標準：指一般人社交往來，市價不超過新臺幣三千元者。但同一年度來自同一來源受贈財物以新臺幣一萬元為限。

   (4) 公務禮儀：指基於公務需要，在國內（外）訪問、接待外賓、推動業務及溝通協調時，依禮貌、慣例或習俗所為之活動。

   (5) 請託關說：指其內容涉及本機關（構）或所屬機關（構）業務具體事項之決定、執行或不執行，且因該事項之決定、執行或不執行致有違法或不當而影響特定權利義務之虞。

3. 公務員應依法公正執行職務，以公共利益為依歸，不得假借職務上之權力、方法、機會圖本人或第三人不正之利益。

4. 公務員不得要求、期約或收受與其職務有利害關係者餽贈財物。但有下列情形之一，且係偶發而無影響特定權利義務之虞時，得受贈之：

   (1) 屬公務禮儀。

   (2) 長官之獎勵、救助或慰問。

   (3) 受贈之財物市價在新臺幣五百元以下；或對本機關（構）內多數人為餽贈，其市價總額在新臺幣一千元以下。

   (4) 因訂婚、結婚、生育、喬遷、就職、陞遷異動、退休、辭職、離職及本

人、配偶或直系親屬之傷病、死亡受贈之財物，其市價不超過正常社交禮俗標準。

5. 公務員遇有受贈財物情事，應依下列程序處理：

(1) 與其職務有利害關係者所為之餽贈，除前點但書規定之情形外，應予拒絕或退還，並簽報其長官及知會政風機構；無法退還時，應於受贈之日起三日內，交政風機構處理。

(2) 除親屬或經常交往朋友外，與其無職務上利害關係者所為之餽贈，市價超過正常社交禮俗標準時，應於受贈之日起三日內，簽報其長官，必要時並知會政風機構。

各機關（構）之政風機構應視受贈財物之性質及價值，提出付費收受、歸公、轉贈慈善機構或其他適當建議，簽報機關首長核定後執行。

6. 下列情形推定為公務員之受贈財物：

(1) 以公務員配偶、直系血親、同財共居家屬之名義收受者。

(2) 藉由第三人收受後轉交公務員本人或前款之人者。

7. 公務員不得參加與其職務有利害關係者之飲宴應酬。但有下列情形之一者，不在此限：

(1) 因公務禮儀確有必要參加。

(2) 因民俗節慶公開舉辦之活動且邀請一般人參加。

(3) 屬長官對屬員之獎勵、慰勞。

(4) 因訂婚、結婚、生育、喬遷、就職、陞遷異動、退休、辭職、離職等所舉辦之活動，而未超過正常社交禮俗標準。公務員受邀之飲宴應酬，雖與其無職務上利害關係，而與其身分、職務顯不相宜者，仍應避免。

8. 公務員於視察、調查、出差或參加會議等活動時，不得在茶點及執行公務確有必要之簡便食宿、交通以外接受相關機關（構）飲宴或其他應酬活動。

9. 公務員遇有第七點第一項第一款或第二款情形，應簽報長官核准並知會政風機構後始得參加。

10. 公務員遇有請託關說時，應於三日內簽報其長官並知會政風機構。

11. 各機關（構）之政風機構受理受贈財物、飲宴應酬、請託關說或其他涉及廉政倫理事件之知會或通知後，應即登錄建檔。

12. 公務員除依法令規定外，不得兼任其他公職或業務。

13. 公務員出席演講、座談、研習及評審（選）等活動，支領鐘點費每小時不得超過新臺幣五千元。公務員參加前項活動，另有支領稿費者，每千字不得超過新臺幣二千元。公務員參加第一項活動，如屬與其職務有利害關係者籌辦或邀請，應先簽報其長官核准及知會政風機構登錄後始得前往。

14. 本規範所定應知會政風機構並簽報其長官之規定，於機關（構）首長，應逕行通知政風機構。

15. 公務員應儘量避免金錢借貸、邀集或參與合會、擔任財物或身分之保證人。如確有必要者，應知會政風機構。機關（構）首長及單位主管應加強對屬員之品德操守考核，發現有財務異常、生活違常者，應立即反應及處理。

16. 各機關（構）之政風機構應指派專人，負責本規範之解釋、個案說明及提供其他廉政倫理諮詢服務。受理諮詢業務，如有疑義得送請上一級政風機構處理。前項所稱上一級政風機構，指受理諮詢機關（構）直屬之上一級機關政風機構，其無上級機關者，由該機關（構）執行本規範所規定上級機關之職權。前項所稱無上級機關者，指本院所屬各一級機關。

17. 本規範所定應由政風機構處理之事項，於未設政風機構者，由兼辦政風業務人員或其首長指定之人員處理。

18. 公務員違反本規範經查證屬實者，依相關規定懲處；其涉及刑事責任者，移送司法機關辦理。

19. 各機關（構）得視需要，對本規範所定之各項標準及其他廉政倫理事項，訂定更嚴格之規範。

20. 本院以外其他中央及地方機關（構），得準用本規範之規定。

（五）美國工程科技評鑑委員會工程師的倫理守則

美國工程科技評鑑委員會（Accreditation Board for Engineering and Technology，簡稱 ABET），所研訂的工程師倫理守則如下：

1. 基本準則

工程師需遵守下列準則，以維護、提升工程專業之誠信、聲譽、尊嚴：

(1) 發揮本身的知識、技能，以增進人類福祉。

(2) 必須誠實、公正，並忠心服務大眾、雇主、業主。

(3) 全力提升工程專業能力與工程行業之威信。

(4) 支持本身所學專業學科之工程科技學會團體。

2. 基本規範

(1) 應將公眾安全、健康、福祉視為至高無上，並作為執行任務時服膺的準繩。

(2) 應只在足以勝任的領域中從事工作。

(3) 應以客觀、誠實的態度發表口頭意見、書面資料。

(4) 應在雇主、業主的專業工作上扮演忠實的經紀人、受託人，以免發生衝突情事。

(5) 應以業務績效贏得專業聲譽，不應以不公平的手段跟他人競爭。

(6) 應維護、提升工程專業之誠信、聲譽、尊嚴。

(7) 應在工作生涯中持續增長專業技能，並為工程師同仁提供發展的機會。

3. 實施細則

(1) 應將公眾安全、健康、福祉視為至高無上，並作為執行任務時服膺的準繩。

①應體認大眾生命、安全、健康、福祉是與工程判斷、決策、經驗等運用到的建物、器械、產品、處理程序、設計方法上之多寡程度息息相關。

②不符合公眾安全、健康、福祉，或未達一定工程標準的設計圖、規範書，不應批准，也不應結案。

③如果工程專業見解遭駁回，因此會危及公眾安全、健康、福祉時，應將可能後果報告雇主、業主，或將其情況知會權責單位。

A. 應儘可能提供各類規格標準、測試規則、品管程序資料，俾本人

負責設計及所使用的方法、所獲結果、處理程序等,其安全度、壽命能為公眾所了解。

B.簽署某項設計圖前,應先詳查設計、所獲結果、處理程序是否安全、可靠。

C.注意到某種狀況會危及公眾或健康時,應將情形報告權責單位。

④要是認為某人或公司行號違反本規範中任何規定,應書面呈報權責單位;必要時,應配合提供資訊,協助其了解真相。

A.要是產品、處理方式的安全性、可靠性未經徹底評估,或是該設計在使用上會危及公眾安全,應呈報權責單位。

B.要是產品、處理方式一經變更或修改,從安全、可靠的觀點看來,反而有不良效果時,應制止通過。

⑤應尋求機會服務社區,以提升其安全、健康、福祉。

⑥應改善社區環境,以提升生活品質。

(2)應只在足以勝任的領域中從事工作。

①必須在特定的工程技術領域,受過訓練或具有經驗,才得承擔所指派的任務。

②不得接受超過學識、經驗領域的任務指派,但僅能執行其中足以勝任的各個階段工作;其餘階段應由合格的同業、顧問、員工來執行。

③未受訓練、不具經驗,或非親自監督、管轄的任何工程設計圖面與文件,不應簽署、歸檔。

(3)應以客觀、誠實的態度發表口頭意見、書面資料。

①應致力促使大眾了解工程成果,並應避免其產生誤解。

②處理專業報告、意見陳述、法庭證詞應完全客觀誠實。該等報告、陳述、證詞應包含中肯恰當的資訊。

③在法律、調查單位、其他場合權充專家、技術證人時,所發表的專業見解應有根據,諸如充分了解該事件,具有足夠專業能力,說詞應誠實、準確、合理。

④經利益團體授意、付費之工程事務,不得出面發表意見、評論、爭辯;但經事先公開表明,是代表利益團體,且本人可從中獲得報

　　酬，不在此限。

　　⑤應以莊重、謙虛的態度解說工作與成果，不應為了本身利益，損及專業誠信、榮譽、尊嚴。

(4) 應在雇主、業主的專業工作上，扮演忠實的經紀人、信託人，以免發生衝突情事。

　　①應避免雇主、業主間產生可預見的衝突情事；若有任何業務或利益關係、情事，會影響判斷結果或服務品質者，應儘速通知他們。

　　②可能引起本身與業主、雇主間衝突的任何工作，不應明知故犯。

　　③從事同一專案工作，或從事其附屬工作，不得接受兩個團體以上之報酬，不論是金錢或其他方式，絕不可以；但對相關團體完全公開，而且獲得同意，不在此限。

　　④不應向材料供應商、設備供應商索取酬金、有價證券，包含不收工程設計費等，而指定使用其產品作為供應商的回饋。

　　⑤不應以直接、間接的方式，趁本人職務之便，向業主、雇主交往之承包商、代理商、其他團體索取、接受服務費。

　　⑥對自身或所屬機關或行政部門之委員、顧問、職員時，則不應參與該項工程事務之討論、執行。

　　⑦對本機關之首長、主管、員工，若兼本公司的委員時，則不應爭取、接受政府的專業合約。

　　⑧專案計畫若經認定不會成功，則應告知雇主或業主。

　　⑨執行業務過程中所接觸之資訊，應視為機密；如果私自使用，會危及業主、雇主、大眾權益時，則不應為之。

　　　A. 未經現在或過去之業主、雇主、投標廠商的同意，不應洩漏商業事務、技術程序的機密資料。

　　　B. 本人身為調查小組或委員會的委員時，不應洩漏其機密資料、調查結果。

　　　C. 在使用業主所提供的設計資料時，未經許可不得複製供他人使用。

　　　D. 身兼數家公司職務的工程師，未經所有相關單位的許可，不應涉

足籌設、協調的工作；不應充當主持人，為其他雇主安排相關業務；不應在得知特殊細節後，為該計畫安排進一步的作業。

⑩對所辦之工程專案或合約時，皆應公平、公正對待所有相關單位。

⑪若可能因改進計畫、設計、發明、其他個案紀錄，而需辦明著作權、專利權所屬之時，對於該所有權之歸屬，在工作開始前應完全與他人達成協議。

⑫為自己的決定辯護時，避免歪曲、改變事實真相，應知錯能改，從善如流。

⑬未經通知雇主，不應在本職之外兼差承接專業業務。

⑭不應使用欺騙、誤導的方式，向同業聘用在職工程師。

⑮不應檢討為同一業主服務的其他工程師之業務，除非主事工程師預知其事，或其工作或合約已經終止。

A.受雇於政府、工業界、教育界的工程師，依任務之需要，得受檢討、評估其他工程師之業務。

B.服務於工商界的工程師，得就本身產品供應商相近產品比較其品質。

C.服務於銷售業的工程師，除了所銷售、提供的設備、材料、系統有直接應用者以外，不應在工程上提供諮詢、設計、建議。

(5)應以業務績效贏得專業聲譽，不應以不公平的手段跟他人競爭。

①除了透過職業介紹所之外，不應直接、間接支付或提供佣金、政治獻金、饋贈、其他報酬，以取得工作。

②應拿出證據證明確有能力、資格從事所規定的專業工作，才得磋商該專業的合約，並應公平為之。

③應針對彼此同意的合約項目，研商適當的報酬辦法和賠償比例。必須召開會議，廣徵各團體的看法，以取得相互信任。公眾人員從事工程事務的標準，無論是個人或團體，皆是要求公平、合理的服務費，並非只是為了方便管理而已。若為尋求其他專業人員的服務，亦可運用這些原則。

④於知道有工程師欲另謀高就或已謀得出路時仍不應試圖排擠或取而

代之。

A.在合約的規定下，業主已聘有某工程師從事某項工作，則不應向其請求從事該項工作。

B.業主已聘有某工程師從事某項工作，但尚未完工或尚未付款，則本人不得應聘從事該項工作；除非合約上規定的款項條件頗受爭議，或已由雙方以書面言明終止該項合約。

C.若爭議終止，則接任的工程師在接受該項工作前，應告知遭中止時或牽涉該案的前任工程師。

⑤如果臨時指派的專業任務，會危及專業見解，或係用為促進、爭取工程業務的一種手段，則不應請求、提議、接受之。

⑥對於自己或同事之學歷、專業能力，不應作為偽證，或答應作不實的報導。對於先前所經辦的工程事務，不應報導失實，或誇大所負的責任。為應徵工作而製作的簡冊、資料，對於與雇主、雇員、同事、合夥人的關係、往日成就方面，不應報導失實，誇大專業能力、工作成就。

⑦可以刊登提供專業服務的廣告，以供標明服務性質之用，但僅限於下列各項：

A.得在知名的出版品上，刊登專業服務項目一覽表，但紙張大小須依照規定，且刊登在專供該分類廣告的版面。廣告資料僅限公司名稱、地址、電話號碼、公司商標、各主要負責人姓名、合格的業務承辦範圍等。

B.得刊登所用設備的廠牌、辦公處所、目前施工中之工地所在，但內容僅限公司名稱、地址、電話號碼、工作類別等。

C.若使用小冊子、名片、印有公司名稱的信紙，或引用其他具有服務實績而表示經驗、設施、人員、能力等事例，則在所引工程案例中，不能誇大參與的比例而引起他人誤解，也不能不加鑑別實情就散發他人。

D.刊登於電話簿分類廣告之內容，僅限公司名稱、地址、電話號碼、業務特色，但不應使用醒目、加黑的字體。

⑧得在知名的商業、專業出版品上刊登廣告，只要有事實根據、與工程相關、不誇耀技術、不用自讚之詞，所引用工程案例不能誇大參與的比例。

⑨可撰寫技術性、非技術性文章，但要有事實根據、具有尊嚴，不誇耀技術、不用自讚之詞。該文不應隱含自己在工作上直接貢獻者以外的內容，除非是說明那些是共同工作工程師的貢獻。

⑩得允許本人的名字刊登於商業廣告上，例如由製造商、承包商、材料供應商等刊登，但應以謙虛而有尊嚴的方式、說明在該計畫、產品上所參與度、範疇。所答應的條件，不包括在政府登記有案的專利品。

⑪可以在適當的刊物或其他媒體上，刊登徵聘人員的廣告。但應以莊重的態度，刊登公司名稱、地址、電話號碼、商標、各主要負責人姓名、合格的業務承辦範圍，及實際職缺、所需資格、所享福利等。

⑫不可為了獲得專案服務，而參加設計上之競標，除非規定所提送之設計皆有合理的報酬。

⑬不應有意無意、直接間接企圖傷害工程專業之聲譽、期望、業務，或影響其他工程師的受雇關係，也不應以不實的方法，批評其他工程師的工作。

⑭除非為了公眾、慈善，宗教、非營利機構的顧問性質，否則不應免費承擔、同意從事工程業務。若為該等機構的會員，則得以本身工程學識為這些機構服務。

⑮未獲雇主許可，不應使用其器材設備、供應用品、實驗室、辦公室設備等，做外界私人的工作。

⑯倘有使用免稅、課稅的設施，對於相當的工作所付的費用，不得因係學生身份而比其他員工少給，額外的福利亦應包括在內。

(6)應維護、提升工程專業之誠信、聲譽、尊嚴。

①認為個人、公司涉嫌欺詐不實之業務關係，不得利用本人職銜、公司名號為其說項。

②不應假借非工程人員、公司、合夥人的名義，從事不道德的行為。

(7)應在工作生涯中持續增長專業技能，並為工程師同仁提供發展的機會。

①應鼓勵工程師同仁進修。

②應敦促工程師同仁儘早取得執照。

③應鼓勵工程師同仁參與專業技術學會會議，並在會議中發表論文。

④應支援本身所學專業學科之工程、技術學會。

⑤應該把工程事務上的榮譽，歸給有功人員；另外，也應尊重他人的專業權益。應儘可能個別歸功負責設計、發明、發表或有任何成就的人員。

⑥應致力使工程團體認識工程事務實情，不應傳播不確實、不公平、誇大性的工程事務。

⑦應支持合理報酬的原則，以使參與工程事務的人員獲得報酬。

⑧指派專業工程師任務，應儘量考慮其訓練、經驗等條件，使其能盡力發揮，次要的任務則指派副工程師、技術人員處理。

⑨對於新進工程師，應提供工作性質、雇用條件的完整資訊。錄用後，如有任何變動亦應隨時告知。

（六）美國工程師專業發展協會工程師信條

1. 我是位工程師，在我的專業，我很驕傲，但是不會自以為了不起；我對它負有莊嚴的責任，我會認真地完成。

2. 擔任工程師，我只會參與誠實的事業。我對雇主或委託人服務，我會給他們最好的成績和忠誠。

3. 在需要的時候，我會不保留地提供我的技術和知識為大眾的利益服務。擁有特別的能力，使我覺得有義務利用它來為人類服務；而且我接受它所包含的挑戰。在我內心一直妒忌想要有高名譽，但是如果他在專業內表現的是不值得尊敬的，我不會畏怯去揭發任何人無恥的行為，那是我的責任。

4. 自從石器時代，人類的進步就已經為我的專業所支配。藉由我的專業，可以使用廣大的自然物質。因為它們已經被賦與生命且轉變為實際的科學原理和科技啟示。除了繼承此累積的經驗，我教導我專業內的年青人，以所有的學科和慣例。

5. 我對我的伙伴保證，如同我要求得到他們的保證一樣，我會正直而且公平交易、容忍且尊重，為我們專業的標準和尊嚴獻身；永遠記得以我們特別的技術全心全意地服務人類。

（七）美國國家專業工程師學會倫理守則

工程是一項廣博精深的重要專業。工程師們知道他（她）們的工作對人類生活的品質有直接而重要的衝擊。因此，所提供的工程服務必需誠實、無私、公平與公正，而且必須致力於保護大眾的健康、安全與福祉。工程師們在從事其專業時，必須依據專業行為的標準，代表大眾、客戶、雇主及工程專業，持守最高倫理行為準則。美國國家專業工程師學會（National Society of Professional Engineers，簡稱 NSPE）所研訂的倫理守則如下：

1. 基本準則

工程師在達成其專業任務時必須：

(1) 在執行其專業職務時，將大眾的安全、健康與福祉視為重要的職責。

(2) 只能在其能力所及的範圍內，提供服務。

(3) 只能以客觀而詳實的方式，對公眾發佈聲明。

(4) 以忠誠代理人或受託人的身份，代表各雇主或客戶，執行專業任務。

(5) 避免以不正當手段，爭取專業職務或業務。

2. 實施細則

(1) 工程師在執行其專業職務時，必須將大眾的安全、健康與福祉視為最重要的職責。

①在任何時刻，工程師必須認識他們的首要任務是保護公眾的安全、健康、財產及福祉。在因為公眾的安全、健康、財產或福祉受到危害，且假使他們的專業判斷被否決時，他們必須向他們的雇主或客戶及其他適當的權責機構報告。

②工程師僅批准符合大眾健康、財產及安全福祉標準的工程文件。

③除非法律或本守則所許可的情形下，工程師在其專業範圍內所取得

的事實、數據或資訊，在未得顧客或雇主同意前，不得向外洩露。

④工程師不得將其自身的、或公司的名號用於涉及詐欺或不誠實的商業或專業行為，也不得與他人合夥從事此類不合法的事情。

⑤工程師知道有任何違反本守則的情事時，必須與適當的權責單位配合，提供所需的資訊或協助。

(2) 工程師只能在其能力所及的範圍內，提供服務

①工程師不應在其專業行業外的計畫書或文件上署名，也不應在非本身所督導或控制而製作的計畫書或文件上簽字。

②工程師僅能在其教育或所獲得的經驗範圍內，於特定的技術領域，從事專業任務。

③在各工程階段的文件均為合格工程師所製作簽署的情形下，工程師可以接受任務，協調整個案件，並簽署全部文件。

(3) 工程師對大眾發表聲明必須客觀而詳實。

①工程師所作之專業報告、說明或證詞，必須客觀而詳實。唯有充分了解有關事實，並在能力所及範圍內，工程師才可以對技術問題發表專業意見。

②工程師得在充分了解有關事實，並在能力所及範圍內針對技術性問題向公眾發表專業意見。

③工程師除非事先表明與利益團體之關係，否則不得為利益團體發表有關工程技術方面的聲明、評述或辯詞。

(4) 工程師必須代表各雇主或客戶，以忠誠代理人或受託人的身份，執行專業任務。

①工程師必須對其雇主或客戶，說明其所知的或可能的利益衝突，儘早將可能影響其專業判斷或服務品質的業務往來關係立場，及其他事項，告知雇主或客戶。

②除非完全公開，並經所有關係人所同意，否則工程師不得為同一業務接受不同單位的金錢或其他方式之報酬。

③工程師在為雇主或客戶執行任務時，不可自其包商、代理商或其他相關團體直接或間接地，另外索取或接受不當的酬金或其他有價報

酬。

④工程師不應以政府機構（部門）成員、顧問、或受雇人員身份參與涉及自身或相關團體的業務之公共決策。

⑤工程師不應以其單位有人在政府機構任職而爭取或接受專業合約。

(5) 工程師不得以不正當手段，爭取專業職務或業務。

①工程師不應偽造或使人誤解其本身或其同仁之學術或專業資歷。不可誇大或誤報其過去經歷之工作性質與職責。在應徵工作時，不應誤報有關其雇主、雇員、同仁、合夥事業之資訊，或自身過去的成就，誇大其資歷與工作。

②工程師不應直接或間接地提出、給付、索取或接受任何大額政治獻金，意在影響權責機構授予合同。不得提供任何禮物或其他有價的饋贈以換取工作。除非是對其所屬員工或是商業或促銷機構，他們不得為爭取工作支付佣金、回扣或經紀費。

3. 專業責任

(1) 工程師必須以最高的忠誠標準，導引所有專業關係。

①若證明是錯誤時，工程師應告知其雇主或客戶。

②若一個案件無法成功時，工程師應告知其雇主或客戶。

③工程師不可接受外來的工作，以致妨礙其本身的正常的工作利益。在接受以前，應告知其雇主。

④工程師不可以虛偽或不正當的手段，吸取其他單位的工程師。

⑤工程師不可積極參與罷工、罷工糾察員、或其他集體強迫性活動。

⑥工程師應避免犧牲任何專業尊嚴及忠誠，而促進自己的利益。

(2) 工程師應隨時努力為公眾利益而服務。

①工程師必須在公共事務中尋求建設性服務的機會，並為促進社區之安全、健康與福祉而努力。

②工程師不應在可能會損害健康及福祉或不符合工程標準的計畫或規格上簽署。倘若客戶或雇主堅持他們一定要這樣做，他們應該通知權責單位並自此方案的進一步服務中退出。

③工程師必須努力去加強公眾對工程及其成就的知識與了解，並且保護工程專業免於虛偽陳述與誤解。

(3)工程師必須避免所有能使其專業蒙羞或欺騙公眾的行為或任務。

　　①工程師必須避免使用

　　　A.與事實不符或漏列事實的敘述，以免誤導。

　　　B.敘述以故意或可能導致不正當的期望。

　　　C.敘述中包含未來成功的預測。

　　　D.敘述中包含工程師們的服務品質。

　　　E.敘述包括口號、重複詞句及令人激動的話語或資訊，意圖去吸引客戶。

　　②與 (3) ①中所敘述者相一致，工程師得以藉廣告徵求人才。

　　③與 (3) ①中所敘述者相一致，工程師得為技術性雜誌撰寫文章，但不能竊取他人的聲譽。

(4)工程師在未獲得以前或現在的客戶或雇主同意，不應洩露以前所參與的商業行為或工程職務的機密資料。

　　①工程師在受雇期間，如未得到所屬利益團體的同意，不應參與促銷或協調工作，或為主持人，或在取得特殊的專業知識以從事目前特定的工作。

　　②在未得到所有利益團體的同意前，工程師不應參與或代表對方利益，或從前客戶得到的特殊專業知識以從事目前特定的工作。

(5)工程師不應因利益衝突而影響其專業責任。

　　①工程師不應自物料或設備供應商處，接受財物或其他禮品，包括免費工程設計，而指定使用該商家的產品。

　　②工程師不應直接或間接地自包商或其他與該工程師所負責任的計畫有關的客戶或受僱人員的單位，接受佣金或酬勞。

(6)工程師對參與工作的人員應給予適當而合理的酬勞。

　　①工程師在委派工作時，不能從受雇者或介紹所收受佣金。

　　②在雇用工程人員時，工程師必須按照受雇者的專業資格以及當地的薪資標準。

(7) 工程師不應用批評或不正當的方法，試圖不公平地跟其他工程師爭取有薪給的職位。

　①工程師不應在他們專業判斷被妥協的情況下，要求、提出或接受臨時性的專業佣金。

　②有薪給的工程師只有在薪給不低於當地所公認的標準，始得接受兼職的工作任務。

　③工程師在未獲得同意之前，不應使用雇主所擁有的設備、庫存品、實驗室或辦公室用品以從事外界的私務。

(8) 工程師不應直接或間接，惡毒或虛偽地傷害他人的名譽、工作及職務。也不可不真實地批評其他工程師的工作。工程師若認為他人有不道德或不法的行為就必須把這些資訊報告給適當的權責機構，以採取行動。

　①私人從業的工程師不應審核擁有同一客戶的另一位工程師的工作，除非工程師知曉或該工程師與客戶的關係業已中止。

　②在他們工作需要的情形下，凡政府、工業界或教育界所雇用的工程師有權去審核並評估其他工程師所執行的工作。

　③銷售工程師或工業工程師可為其所代表的產品與其他供應商的產品進行工程方面的比較。

(9) 工程師應對所有專業活動擔負起個人的責任。

　①工程師從事工程工作時，必須遵守政府法令。

　②工程師不應利用與非工程師、公司或合夥人的結合作為藉口，從事不道德的行為，但必須對所有專業活動負起個人的責任。

(10) 工程師應該把工程工作的榮譽，給與那些應該得到榮譽的人，並且認知別人智慧財產權的利益。

　①工程師在可能時，提出那些對設計、發明、著作或其他成就有貢獻的人的姓名，作為表彰。

　②工程師使用客戶所提供的設計，須知道此設計仍是客戶的所有物；在未得客戶同意前，不得複製。

　③為別人工作時，在改進、計劃、設計、發明或其他紀錄相關而涉

及著作權或專利時，工程師必須積極的對其所有權取得同意書。

④單獨為雇主工作時，工程師的設計、資料、紀錄及筆記屬於雇主的所有物。

(11) 工程師應與其他工程人員及學生交換資訊與經驗，以擴長專業績效，並盡力提供其下屬工程師專業發展與陞遷機會。

①工程師應鼓勵所僱用之工程師努力改進其教育。

②工程師應鼓勵所僱用之工程師去參加並在專業及技術性學會提供論文。

③工程師應催促所僱用之工程人員儘速取得執照。

④工程師應儘可能指派一專業工程師能充分利用其訓練與經驗，並將次要的職務授權給專業副工程司或技術人員。

工程師應提供未來的雇員，有關全部的工作條件及此職位的資訊，若僱用後有所更改，也應讓受僱人知道。

（八）綜評比較

比較國內外「專業倫理守則」之內容架構不外乎下列七種倫理關係，並且需要我們共同遵守：

1. **與同業公會之間**：遵守公會的組織章程，明訂公會權利、義務與罰則，維護共同信念。例如，中國工程師信條強調敬業守份——發揮專業知能，嚴守職業本份，做好工程實務。美國工程科技評鑑委員會工程師的倫理守則強調應維護、提升工程專業之誠信、聲譽、尊嚴，支持本身所學專業學科之工程科技學會團體。

2. **與同業之間**：釐清競爭行為——價格、情報、挖角等問題，尊重智慧財產權，預防壟斷。例如，中國工程師信條強調互信互利——建立相互信任，營造雙贏共識，創造工程佳績。美國工程科技評鑑委員會工程師的倫理守則強調應全力提升工程專業能力與工程行業之威信，只在足以勝任的領域中從事工作，並以業務績效贏得專業聲譽，不應以不公平的手段跟他人競爭。

3. **與顧客之間**：商品標示應清楚完整，商品服務的品質及安全有保障。誠實的廣告與促銷活動，保護消費者隱私，重視消費者的申訴，善盡充分告知消

費者的義務。例如,中國工程師信條強調真誠服務——竭盡才能智慧,提供最佳服務,達成工作目標。創新精進——吸收科技新知,致力求精求進,提升產品品質。美國工程科技評鑑委員會工程師的倫理守則強調必須誠實、公正,並忠心服務大眾、雇主、業主。

4.**與合作者(或合作廠商)之間**:考量保密與互惠的問題、貨源供應的問題,預防勾結與壟斷。例如,中國工程師信條強調分工合作——貫徹專長分工,注重協調合作,增進作業效率。美國工程科技評鑑委員會工程師的倫理守則強調應以客觀、誠實的態度發表口頭意見、書面資料。在雇主、業主的專業工作上扮演忠實的經紀人、受託人,以免發生衝突情事。

5.**與員工之間**:保守業務秘密、執行業務的操守規範,工作環境安全的保障,合理待遇與服務制度。例如,中國工程師信條強調承先啟後——矢志自勵互勉,傳承技術經驗,培養後進人才。美國工程科技評鑑委員會工程師的倫理守則強調應在工作生涯中持續增長專業技能,並為工程師同仁提供發展的機會。

6.**與社會大眾之間**:營利行為不危害大眾、不違公序良俗,重視改善社會品質的公益事務(如:維護公德、正義、尊重人……等等)和環境保護工作。例如,中國工程師信條強調守法奉獻、尊重自然,要恪遵法令規章,保障公共安全,增進民眾福祉,維護生態平衡,珍惜天然資源,保存文化資產。美國工程科技評鑑委員會工程師的倫理守則強調應發揮本身的知識、技能,以增進人類福祉,將公眾安全、健康、福祉視為至高無上,並作為執行任務時服膺的準繩。

7.**與政府之間**:遵守相關法令、配合政策,協助修法與立法。防止勾結與賄賂。例如,中國工程師信條強調恪遵法令規章,保障公共安全,增進民眾福祉。美國工程科技評鑑委員會工程師的倫理守則僅規範與社會大眾之間之守則,未特別強調與政府之間應遵守之規範。

二、工程師之一般倫理與職業道德問題

本章介紹工程師之一般倫理與道德的議題,經學者專家勾選工程人員未來

十年內面臨之主要倫理與職業道德有關之問題有：民代施壓、利益團體施壓及
黑道介入、綁標、圍標、搶標等問題。本節試從缺乏倫理道德時可能產生之危
害提出說明，或許可從中找尋因應解決之道。

（一）民代施壓問題

狀況：為獲取不當利益或逃避損失責任，利用民意代表身份對工程單位施加壓
　　　　力，構成決策過程的壓力。

引起之危害：工程安全、品質可能受到影響。恐怕浪費公帑，造成社會不公現
　　　　　　　象，而且公權力受損。

（二）利益團體施壓問題

狀況：為獲取不當利益或逃避責任，利用利益團體的身份，串通工程單位主
　　　　管，構成決策過程的偏頗。

引起之危害：工程安全、品質會受影響。浪費資源，造成不公平的現象，而且
　　　　　　　公信力受損。

（三）黑道介入問題

狀況：為獲取不當利益，利用黑道威脅手段干涉工程正常程序的進行，或向承
　　　　辦人員強迫變更決策過程、結果。

引起之危害：工程安全、品質必受影響。浪費社會資源，造成社會不安問題。
　　　　　　　政府公權力、公信力嚴重受損。

（四）綁標問題

狀況：工程設計時，對設備、材料、工法之規格或廠商資格條件，為圖謀私利
　　　　或外來壓力下故意設限，使僅限少數特定廠商得以參與投標。

引起之危害：造成不公平競爭引發利益輸送，或浪費公帑。

（五）圍標問題

狀況：參與投標之廠商，共同協議投標金額，使事先安排之廠商得以承包，並

　　　　迫使其他未得標廠商分享利益。

引起之危害：得標金額提高，使業主遭受損失。黑道介入包攬工程引發社會問
　　　　　　題。

（六）搶標問題

狀況：參與投標之廠商，以遠低於合理底價之金額競爭得標。

引起之危害：偷工減料，損及工程安全與品質或導致無法如期完成。

　　工程業界遭遇民代施壓、利益團體施壓、黑道介入、綁標、圍標、搶標問
題，在工程生命週期各階段，皆使工程安全、品質受到惡劣的影響，而且浪費
公帑、造成社會不公不義，國家的公權力、公信力受到危害：

　　1. 規劃設計階段：規劃設計所採行方式，攸關施工及營運階段之具體實現
及功能目標之達成，在規劃階段可能產生之危害：

　　(1)抄襲特定廠商現有物料規格，或超量設計需求造成不當限制競爭，導
致發包後發生商業紛爭或變更設計圖利情事。

　　(2)於設計圖說或施工材料規範或招標文件中指定特殊規格、工法、材
料、技術或限定廠商資格條件等，為將來之議價或圍標埋下伏筆，以圖利特定
廠商，獲取不法利益。

　　(3)綁標或洩漏規劃內容、數量計算估價不實，甚至互相勾結、暗藏玄
機，利益輸送。

　　(4)於設計時雖列舉三家以上參考廠牌並加註同等品，但其中二家在價
格、行銷上顯不具有競爭性，甚至三家為相關企業或其中二家已休業，變相指
定某特定廠牌。

　　(5)在設計時，未確實作好實地勘測調查、試驗、評估或故意於設計中
「技術性」遺漏重要工項，而事後再予補辦或變更設計，造成浪費公帑或業主
損失。

　　(6)提供工程預算估價單或洩漏底價予內定廠商。

　　(7)閉門造車，未重視不同領域之界面，導致工程難以整合。

　　2. 預算編列階段：發包預算係依據法定預算，對工程計畫進行細部規劃
設計、設計圖說，再依圖說分析檢算工程數量、分析工程單價、編列工程詳細

表，工程預算內容除包括發包工程費用外，另包括監工管理費用、供給材料費用、試驗費、委託代辦費等發包以外之相關成本費用。缺乏倫理道德可能產生之危害：

(1)資料蒐集及調查不周延，致工程項目或數量不實，造成預算不合理偏高或偏低。

(2)估算引用數據資料、資訊不確實，用心不夠而蕭規曹隨，產生偏差。

(3)預算編列未實際查訪市場成本或確實反映民眾所需，往往承襲慣例，或隨意編列，衍生弊端。

(4)浮編預算，造成採購之設備，財物閒置，甚至許多堪用之設施器材不斷被拆除重作或重新購置，浪費公帑。

3. 發包階段：建立公平、公開、透明化的採購招標作業，遴選優良廠商來執行採購標的物，由最符合招標規範所訂條件之廠商承攬，避免黑道及貪瀆不法以圍標、綁標、低價搶標及特權關說等方式介入，破壞工程秩序，影響發包進度，使優良廠商無法或不願參與競攬，形成「劣幣驅逐良幣」反淘汰現象發生。在發包階段缺乏倫理道德可能產生之危害：

(1)洩漏底價：廠商透過各種管道，多方探求底價，或勾結機關內部人員洩漏底價，以利圍標。

(2)以限制性招標或選擇性招標方式，辦理公告金額以上之採購案，規避上網公告，使消息無法公告周知，失去公開競爭之意義。

(3)化整為零逃避稽核：同一會計年度，利用法律漏洞，化整為零或以時間急迫為由，請求緊急發包或分批辦理，逃避稽核與公告招標。

(4)限制資格不當：藉採購為特殊、巨額，任意限制投標廠商資格，使招標對象、範圍更趨狹隘，甚或僅剩區區數家符合規定，刻意製造投標障礙，使其他廠商難以與特定廠商競爭。

(5)領標名單外洩：企圖圍標廠商利用各種途徑取得領標廠商名單進行圍標，常見方式有三：

①派人把守領標處所各個通道，進行遊說或利誘威逼。

②串通發包機關內部之不肖人員透露領標廠商名稱及地址。

③赴發包機關附近勾結郵局不肖人員提供領標名單或收購領單。

(6)暴力介入工程圍標：由黑道人物出面收購標單，或在標單未投郵前，藉詞各領標廠商開會或聚餐，脅迫填寫「圓仔湯錢」，以出價最高者得標。「圓仔湯錢」由黑道人物抽成，剩餘再均分給參與陪標之廠商，如有不從者，即予恐嚇威脅，而不得不屈從圍標。

三、典型工程倫理學習案例簡介

國外典型工程倫理學習案例（Ethics Case Studies）也很多，但這些案例恐怕與我國國情不完全符合，國人對這些案例可能比較生疏，所以不見得完全適合我國的倫理教育背景，但仍值得我們參考學習。國內外一些典型案例簡介如下：

（一）電視天線塔崩塌事件

美國 1982 年一座電視台的全新天線塔被興建，一位錄像攝影師正在拍攝天線塔吊裝過程。電視天線塔由天線工程公司設計及製造。並找當地一家塔吊公司負責吊裝天線構件。這家公司的塔吊工作人員已經有多年的現場施工經驗。塔有三個支撐腳，支撐腳採用直徑 8 英吋的實心鋼圓桿，高有 1000 英呎，塔構件約重 10,000 磅，每一支構件 40 英呎長。工作人員利用已建好的塔構造，固定垂直升降吊車，再吊升新的構件在已建好的塔構造上方，用螺栓一段一段地接續組裝。構件組裝到 1000 英呎高都沒有發生意外。

直到最後一段構件準備要吊裝在預定的位置時，因為此段構件側邊加裝微波筐架所以與其他構件不同。升降架允許最後一段構件從運輸卡車上水平地吊升，但當天線要旋轉至垂直定位時，微波筐架會抵觸吊升的鋼索。於是裝配工人在升降架上作一個權宜的增設部分，以便最後一段構件可以垂直定位組裝。不幸的是在拍攝天線塔最後一段吊裝過程時，有重要關鍵弄錯了，權宜增設部分的螺栓破壞，以致電視塔崩塌（圖 4-1）。悲劇發生了，幾位裝配工人從 1000 英呎高空摔死。攝錄影機捕捉災難的畫面，經由連續鏡頭，調查者可以發現失敗的源頭和意外發生的原因。這個案例顯示設計工程師確保施工安全的

社會責任有問題。本案例因可能懸而未決的訴訟，所以演員及公司用假名拍成教育影片。（TV Antenna Tower Collapse, 1982）

圖 4-1　電視塔崩塌

（二）雷克武德公司起重機失敗案

美國雷克武德（Lakewood）公司是一個相當大的製造公司，曾設計製造和販售數百件一切都完備的重物貯藏存取系統。此系統包括兩套面對面大型的貯藏掛物架，中間是置於兩支天車大樑上可移動的起重機。1994 年 5 月 23 日一個大型建造車輛工廠——布恰那（Buchanan）公司有一位從業員工在操作起重機時發生事故（圖 4-2），且身受重傷。根據目擊者表示該名重傷員工只吊起 1460 磅的重物，而雷克武德公司公告起重機的負載限制為 2000 磅。事故發生時重傷的員工被扔出 20 英呎遠的地方，清醒時已躺在醫院的病床上。雷克武德公司後來調查此事件並同意修改起重機的原型以確保安全。此案例顯示機械產品安全在工程倫理的重要性。（Lakewood, 1994）

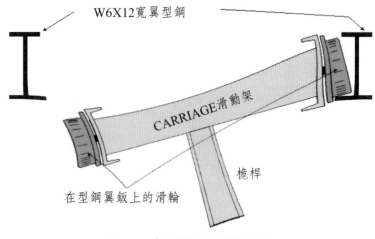

W6X12寬翼型鋼

CARRIAGE滑動架

桄桿

在型鋼翼鈑上的滑輪

圖 4-2　起重機天車脫落事故

（三）凱悅財團大樓通道崩塌事件

1981 年 7 月 17 日美國密蘇里州堪薩斯城的凱悅（Hyatt）飯店大樓在天井中庭大廳舉辦一個錄影舞會。眾多舞會參加者在懸掛的通道上站立和舞蹈。從天花板懸吊而下的桿件支撐第二層與第四層通道樓版的接頭毀損了（圖 4-3）。樓版鋼樑的垂直支撐桿件原先設計是連續貫穿鋼樑，接頭只承受 1 個 P 的載重，如圖 4-3(a) 所示。但實際施工時樓版鋼樑的支撐桿件不連續貫穿鋼樑，也就是支撐桿件向上及向下分段各自連接鋼樑，所以支撐桿件向上連接鋼樑的接頭會承受 2 個 P 的載重，如圖 4-3(b) 所示，因此兩倍 P 的載重已超過原設計接頭的容許承載力。（Wikipedia, Hyatt Regency walkway collapse, 2008）

兩層通道崩塌掉落到擠滿人群的一樓天井中庭大廳（圖 4-4）。第四樓通道崩塌到第二樓的通道上，平移錯開在旁的第三層樓版通道卻保持完好無損壞。這是當時全美國最具毀滅性的結構失敗事件，造成 114 人死亡，超過 200 人受傷。另外還有數百萬美元的損失，數千人受到嚴重地影響。（Hyatt Regency Walkway Collapse, 1981）

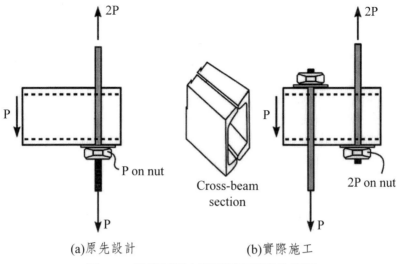

(a)原先設計   (b)實際施工

圖 4-3 凱悅財團大樓樓版支撐桿件接頭

圖 4-4 凱悅財團大樓樓版崩塌

（四）太空梭挑戰號事件

以「太空梭挑戰者（Challenger Shuttle）」的失敗事件為例（維基百科，挑戰者號太空梭，2008），美國當時設計火箭發動機推進器密接 O 型環的 Morton Thiokol 公司工程師 Roger M. Boisjoly 認為太空梭不適合在溫度低於華氏 53 度的情況下發射升空，而 1986 年 1 月 28 日發射的氣溫可能太低，根

據他的判斷，該 O 型環可能無法正常使用，但卻未能溝通說服美國太空總署（National Aeronautics and Space Administration，簡稱 NASA）改變原定計畫，所以當時 NASA 按照期程進行升空計畫，因而造成「挑戰者」太空梭在升空 1 分多鐘後，在世人驚恐目睹的情況下爆炸粉碎，七位優秀太空人瞬間全部身亡，造價十億美元以上的太空梭也煙消雲散（圖 4-5）！

圖 4-5　挑戰者號太空梭及七位優秀太空英雄

　　事後查驗所有的證據、紀錄，在在顯示該 O 型環就是釀成這場悲劇的主因。因為 O 型環未能恰當的安裝使得灼熱的燃料從推進器邊緣洩露出來，引燃外部的燃料箱。O 型環的失敗歸因於固態火箭發動機推進器有缺陷的設計、不足的 O 型環低溫材料試驗、不足的 O 型環接頭密封試驗，以及缺乏與美國太空總署不同管理階層的適當溝通。如果當時該公司的主管敢於承受經費、未來計畫可能遭受取消的壓力，堅持所有設計合乎安全原則的情況下才能發射，遺憾事故就不會發生！這就是工程師在專業判斷上可能遭遇利益與道德衝突的案例。（Challenger Shuttle, 1986）

（五）無水氨管失敗案例

　　自從 1940 年無水氨已被美國農夫在春天及初秋使用作氮的肥料，農夫典型地向合作企業租用必須的設備。一個全國性受到尊重的 XYZ 管線製造公司提供許多管線賣給合作企業作為氮肥料的應用。在 1977 年因競爭對手使

用不銹鋼管，該公司決定將螺縈人造纖維補強的軟管線改為最新引進編號為 AAH#1 的材料，以便比競爭對手更廉價地販售產品。即使軟管作測試也符合當時所有的工業標準，不幸地的是 XYZ 管線製造公司的 AAH#1 強化無水氨軟管仍有缺陷。結果許多使用者證實產品具有極大的破壞性。其中有一件案例軟管爆炸導致一位堪薩斯州農夫法定的失明，而且無法再謀生，只好放棄一輩子唯一的農業經營職業。（Anhydrous Ammonia Hose Failure, 1977）

（六）美國機械工程學會對抗水平公司法律訴訟案

在 1971 年，麥當奈米勒（McDonnell and Miller）工程公司要求美國機械工程學會的鍋爐與壓力管委員會對鍋爐與壓力管的法規作解釋。雖然當初他們沒有公開，麥當奈米勒公司用這項回覆的解釋去質詢且顯示競爭對手水平公司（Hydrolevel Corp.）的鍋爐控制儀器未符合美國機械工程學會的鍋爐與壓力管的法規。美國機械工程學會委員會的主席哈丁（T.R. Hardin）先生和康乃迪克州的哈特福特蒸氣壓力鍋爐檢驗和保險公司的工程師撰寫原始解釋回覆給麥當奈米勒公司。美國機械工程學會的解釋被麥當奈米勒公司業務員拿來當作水平公司不符合法規的證明文件。隨後水平公司未能充分的洞察市場不支持的營業，終於宣告破產。

結果水平公司基於限制交易控告麥當奈米勒公司、哈特福特蒸氣壓力鍋爐檢驗和保險公司以及美國機械工程學會。水平公司的律師團議論美國機械工程學會分組委員會的兩位委員，扮演他們自己公司的私利輸送者。而且違反謝爾曼反托拉斯法（The Sherman Anti-Trust Act）。麥當奈米勒公司、哈特福特蒸氣壓力鍋爐檢驗和保險公司在法庭外和解賠償結束爭端，但與美國機械工程學會的訴訟直到最高法院，法庭發現有利於水平公司的事證。接著賠償金再審判決賠償給水平公司四百七十五萬美元。（ASME versus Hydrolevel Corporation, 1971）

（七）亞伯丁土地污染致癌物案例

在馬里蘭州的亞伯丁試驗場是美國陸軍供特定用途的場所，除了別的用途以外，還提供化學武器的發展。亞伯丁三人案例牽涉三位高階非軍職的主管，

這三位主管都是化學工程師，負責發展化學武器。在 1989 年這三位工程師被控告犯法的重罪，因 1983 年至 1986 年之間非法處理、貯存、丟棄有危險的廢棄物，而違反資源保存與回收法令，審理後判決有罪（Aberdeen, 1989）

（八）《吉爾扁金牌》影片

《吉爾扁金牌》是描述一位美國工程師保護大眾健康、安全與福祉的虛構電影。吉爾扁鎮的廢水處理廠把乾燥的爛泥以「吉爾扁金牌」命名，並賣給農夫們當作肥料。每年可幫助鎮政府增加稅收。為確保稅收來源，幾年前吉爾扁鎮已嚴格制定重金屬排放至污水中的限制，以保護爛泥不會阻塞有毒材料，以免污染農地的土壤。這個限制比聯邦政府的限制嚴格十倍以上。然而這些限制是針對排放液體濃度的限制，並沒有針對排放有毒材料的總重加以限制，所以廠商只要混入更多清水沖淡毒性濃度即可符合法規。實施限制之前鎮政府減稅鼓勵招商投資，某電腦公司生產硬體零件並衍生有毒的重金屬污染物排放至污水中，該公司知道新的測試方法將驗出超標的數據，卻不願投資新的淨化設備。該公司一位新進又年輕的環境工程師為了保護生態環境決定透過當地電視新聞記者停止該廠的污染。（Gilbane Gold, 2007）

（九）古德利器空軍A7D飛機輪胎剎車故障事件

1967 年 6 月 18 日，在美國俄亥俄州特洛伊的古德利器輪胎剎車工廠，接到合約生產空軍新穎輕型戰鬥機的輪胎和剎車。古德利器工廠基於有競爭力的投標及創新的技術設計贏得訂單。新技術的特色是重量減輕的四個旋轉輪剎車系統。在空軍同意生產前，古德利器工廠必須出示剎車通過合格的測驗證明。但在 1968 年 6 月飛行測試時剎車故障了，曾任職古德利器輪胎剎車工廠的員工科密特‧汪第維爾（Kermit Vandivier）指控合格的測驗證明偽造作假，以及部分的員工不道德的行為。於是參議員威廉‧魄斯密爾（William Proxmire）要求政府調查古德利器工廠剎車的合格測驗證明，1969 年 8 月 13 日一場 4 小時的國會聽證會由參議員魄斯密爾擔任主席，調查空軍 A7D 飛機輪胎剎車故障事件。當時揭密者汪第維爾被視為英雄，雖然他為了作正確的事情而失去了工作。（Goodrich, 1967）

（十）墨西哥犁

　　為協助第三世界自耕農夫耕作他們的小型農地，美國實在有迫切的需求發明一項犁地的器具。這個需求從來沒有因現存的犁地方式而獲得滿意的解決。這個案例涉及可以滿足這項需求的犁具設計。這個犁具需要一個汽油引擎，但這個引擎能提供的準確性能是設計者必須決定的問題。例如引擎可以用來拉犁具，減輕動物拉犁具的困苦，但也可以造成犁具的振動。雖然新的犁具可用在第三世界的任何國家，可是預定先在墨西哥使用。但是有一些重要的設計需要審慎考量，例如：(1) 大部分墨西哥或中美洲的小型自耕農的土地在山坡上，大多值得耕作的土地在大地主們的手中。所以高重心的犁具容易傾倒，不適合山坡地。(2) 犁具可能應該設計成一個人或最多兩個人操作，但第三世界國家的農場通常是勞力密集的場所，因此用更多人去操作犁具可能沒有妨礙。(3) 犁具須相對地可以簡易操作和維護保養；更換零件必須容易可行。(4) 最後價格必須在 1000 美元以下。藉由本案例讓學生思考倫理在工程設計的重要性。（Mexican Plow, 2007）

（十一）溝渠工程失敗事件

　　溝渠挖掘工程是歷史記載中第二次世界大戰之前最古老的工程項目之一，挖掘溝渠完全依靠手工，當挖掘太深時溝渠側面須要支撐，以防止側面土石崩塌下來。美國歷史上因為溝渠崩塌每年死去 100 至 300 位工人。大戰後發明了鋼索挖掘機，舊有的手工挖掘職業消失了。1950 年代液壓驅動挖掘機發展成功，使得可以快速深開挖溝渠。因為挖掘機的發明，工人不須在溝渠底工作，溝渠側面也不需支撐了。這個案例強調工程施工安全裝備的重要，並強調工程的社會責任對抗合法的不利條件之爭議。此案例也可融入大學高階的靜力學、大地、結構工程等課程。（Trench Failure, 1950）

（十二）電力工廠污染《永不妥協》事件

　　本片改編自 1993 年，一起有關「美國太平洋瓦斯電力公司（PG&E）」的電力設備污染洛杉磯附近一個地方供水站，導致許多居民病倒的司法案件，

且獲好萊塢拍製成電影《永不妥協（Erin Brockovich）》，並讓演出艾琳一角的鳳凰女茱莉亞・羅勃茲，一舉摘下 2001 年奧斯卡最佳女主角后冠。

這個改編的真實事件，艾琳（茱莉亞・羅勃茲飾）是一名教育程度不高的單親媽媽，她熱情、勇敢，但也粗魯、易怒。她目中無人，卻也無比脆弱。她離過兩次婚，沒有錢、沒有工作、還要扶養三個年幼的小孩。

當她生活陷入困境時，還發生了一場車禍的意外，艾琳請艾德（亞伯特・芬妮飾）擔任她這場官司的辯護律師，但艾德卻未能為她贏得這場官司的賠償金，於是生活陷入困境的艾琳，強迫艾德雇她做為律師事務所的事務員。當她無意間發現當地的電力公司正在污染公共用水，民眾罹癌、病變的速度驚人。基於她正義、積極的個性，於是不顧老闆反對，她決定挺身而出，隻身調查事情的真相。調查過程中遭遇種種挫折和危險，但她絕不妥協，努力說服鎮上六百多位居民團結起來控告大企業。為了對抗大企業的污染，她一邊和對方的大律師周旋，一邊搜集電力公司的犯罪證據。1996 年電力公司屈服，最後還創下了全美歷史上三億三千三百萬美元的最高庭外和解金額，不但捍衛正義，也重新認識了自己。

藉由這部真實事件改編的影片，雖說艾琳接受的教育程度不高，法律知識也很有限，可是她憑著屬於自己努力不懈的方式，面對每個受害者認真接納愛護的心態，給予癌症受害者無私無畏的精神完全流露無遺，她挨家挨戶的拜訪受害者，和過程不斷受到波折的打擊，讓人印象非常深刻。面對這樣龐大勢力的公司，小蝦米對付大鯨魚的精神，給我們的衝擊很大，因為她的正義感和她永不妥協的精神，為受害家屬得到應有的補償與照顧（歡樂網路王國，2008）。建議此電影可列為工程倫理教材，朝陽科技大學有購買此影片的光碟片。若要全班同學一起觀賞需購買公播版，或要求同學自行至圖書館個別觀賞再寫心得報告。

（十三）車諾比核能電廠災變事件

1986 年 4 月 26 日凌晨，蘇聯車諾比核能電廠的 4 號反應器發生爆炸。爆炸後引起反應器內石墨的燃燒，造成大量的放射性物質外洩。蘇聯政府疏散了車諾比區域約 5 萬人，但並未將發生災變的事件對外公布。車諾比核能電廠事

故是歷史上最嚴重的核能發電廠意外事故之一。由於發電廠沒有外在的保護掩體，導致受到核輻射塵污染的雲層，飄往前蘇聯西部、西歐、東歐、斯堪地那維亞半島、不列顛群島和北美東部等地區。此外，在烏克蘭、白俄羅斯及俄羅斯境內也遭受到嚴重的核污染，超過 336,000 人被迫撤離。依據前蘇聯的官方報告，約 60% 受到輻射塵污染的地區皆位於白俄羅斯境內（圖 4-6），這次災難所釋放出的輻射線劑量是投在廣島的原子彈的 200 倍以上。（維基百科，車諾比核能電廠事故，2008）

圖 4-6　車諾比事件城鎮災難情況

這次意外引起世人對於前蘇聯核能發電上的安全顧慮，蘇聯瓦解後的國家，包括俄羅斯、烏克蘭、白俄羅斯，至今仍為清理車諾比事件所造成的污染及引起的健康問題付出最嚴重的代價。因事件所造成的死亡人數難以估算，一來前蘇聯時期的政府刻意隱瞞，使得追查犧牲者的資料變得困難。二來，由輻射線導致的潛在死亡因素，特別是癌症不易追查。一份由國際原子能總署和世界衛生組織所主導的車諾比論壇，在 2005 年所提出的報告中，指出 56 人的死亡被歸咎於此事件（47 名救災人員，9 名罹患甲狀腺癌的兒童），並估計在車諾比地區 660 萬人口中，已經和將會死於輻射的人數可能高達 4,000 人，此數據包括已診斷出甲狀腺癌的 4,000 名兒童。綠色和平組織所估算的總傷亡人數是 9 萬 3 千人，但引用最新出爐的一份報告中的數據指出，發生在白俄羅

斯、俄羅斯及烏克蘭地區，在 1990 年到 2004 年間可能已經造成 20 萬人額外
的死亡。

車諾比核能電廠事故災變的核輻射波及地域頗大，已經是超國界的問題
（圖 4-7）。車諾比事故所噴射到大氣中的輻射塵隨氣流飄散，除散落在蘇聯
境內，也經由空氣及水流飄散到世界各地。事故所造成的環境污染擴大到土地
的農作物和水資源。牛奶、羊奶也透過食物鏈而受到間接污染。此外，魚群與
動物也難以倖免。輻射污染河川、水庫和地下水，並擴及到黑海區域。

圖 4-7　車諾比事件後周遭輻射污染劑量分布圖

故障的反應爐會發生爆炸，是因為操作不當及安全措施不足所致，設計者
知道反應爐在某些情況下會出現危險，但蓄意將其隱瞞。廠房主管由不具備資
格的人員組成；最根本原因是反應器設計錯誤。操作人員未按一定的規定執行
操作及立刻做適當的處理。蘇聯官方反應遲緩，未盡監督責任。可見工程師在

規畫、設計、建造及使用操作均需考慮周詳認真負責，才能避免無辜民眾不幸傷亡。

　　如今石油價格暴漲，臺灣地區沒有生產石油。臺灣能源的供應是以核能發電為主，核能發電最大的好處是能夠以最小的成本發揮最大的經濟效益，但是在發電之餘，仍然有許多問題衍生，例如：核廢料的處置、核能發電廠的安全考量……等，值得我們特別注意。（清蔚園科學教育館網站，2008）

（十四）飛機墜毀事故

　　根據波音公司的商用噴射機失事統計資料發現，過去四十年間民用航空器具發生了 1307 件失事，其中 498 件機毀人員全部死亡，飛機全毀 681 件，飛機嚴重損壞 536 件，飛機損壞及人員受重傷有 498 件。這種災難是乘客及航空業者最不願聽到的，儘管飛航安全各國都很重視，但悲慘的事故一再重演。（官文霖，2008）

　　某航空公司的失事紀錄簡介如表 4.1（某航空公司空難記實，2008），可見造成空難的三大要件是人、飛機和周邊的環境，其中人（即駕駛員）牽涉最廣。每位飛行員都曉得飛機的起飛和降落是整個飛行過程中最關鍵的時刻。但空難事故還是一再發生，因此我們不得不質疑駕駛人員的訓練、飛機的結構安全及機電功能等檢驗是否徹底確實？機場跑道設施、塔台管制作業等是否已嚴格掌握管控？政府於飛航安全的監督績效是否成功？（台美航太協會，2008）

表 4.1　某航空公司的失事紀錄

次數	日期	機型／編號	性質	地點	事故	死亡人數	受傷人數
1	1969.01.02	Douglas DC3/B309	客運	台東大武山	撞山	24	全歿
2	1970.08.12	NAMC YS11/B156	客運	松山跑道800米外	降落圓山	16	不詳
3	1971.11.20	Caravelle/B1852	客運	馬公—香港間	爆炸	25	全歿
4	1979.09.11	B707F	訓練	桃園竹圍外海	墜海	5	1
5	1980.02.27	B707-300	客運	馬尼拉機場	重落地	5	37

次數	日期	機型／編號	性質	地點	事故	死亡人數	受傷人數
6	1982.08.16	B747	客運	香港附近空域	亂流	2	不詳
7	1985.02.19	747SP/N4522V	客運	舊金山空域	引擎熄火	0	2
8	1986.02.16	B737-218/B1870	客運	澎湖馬公外海	墜海	13	全歿
9	1989.10.26	B737-209/B180	客運	花蓮加禮苑山	撞山	54	全歿
10	1991.12.29	B747-2R7F/B198	貨運	臺北萬里大湖山	墜落	5	全歿
11	1993.11.04	B747-409/B165	客運	香港啟德機場	滑入海灣	0	23
12	1994.04.26	A300-622R/B1816	客運	日本名古屋機場	墜落	252	11
13	1998.02.16	A300-622R/B1814	客運	桃園中正機場	墜落	機上196 地面6	機上全歿 地面1
14	1999.08.16	MD11/B150	客運	香港赤蠟角機場	翻覆	3	31
15	2002.05.25	B747-209/B18255	客運	澎湖馬公外海	解體墜海	225	全歿

　　全球前十大空難如表 4.2 所示（世界一百大航空意外事件，2008），最嚴重的事故是發生在 2001 年 9 月 11 日，死亡人數包括地面建築物內的人員約 3000 人。當時恐怖組織劫持民航飛機，先後偷襲美國紐約市的世界貿易中心南北兩棟大樓，當飛機撞擊大樓的一瞬間，亦立即引起飛機爆炸起火燃燒。南北兩棟大樓隨後陷入一片火災燃燒，兩棟大樓不久即完全崩塌且夷為平地。從建築工程的立場來看，紐約世貿中心兩棟大樓的結構設計沒有考慮飛機的衝撞爆炸力，構造耐火設計、消防設備、逃生梯也不完善，全部用封閉的玻璃帷幕牆造成煙囪效應，市區建築物的高度及密度未加以合理的限制，逃生演習、救災人員專業教育、快速挖掘救難計畫、方法與技術訓練均顯不足（金文森，2001）。另外若人人以仇恨的心態恐怖攻擊心中的敵人，那麼冤冤相報永無止盡，人類的倫理道德是否將蕩然無存？

表 4.2　全球前十大空難

編號	死亡	日期	地點	航空公司	機型
1	2987*	2001.09.11	美國紐約州（New York City, New York）	美國／聯合（American/United Airlines）	B767/B767
2	583	1977.03.27	加那利群島（Tenerife, Canary Islands）	泛美／荷蘭皇家（Pan Am/KLM）	B747/B747
3	520	1985.08.12	日本（Mt. Osutaka, Japan）	日本（Japan Air Lines）	B747
4	349	1996.11.12	印度（New Delhi, India）	沙烏地／卡查斯坦（Saudi/Kazastan）	B747/Il76
5	346	1974.03.03	法國（Bois d' Ermenonville, France）	土耳其（Turkish Airlines）	DC10
6	329	1985.06.23	愛爾蘭（Atlantic Ocean West of Ireland）	印度（Air India）	B747
7	301	1980.08.19	沙烏地阿拉伯（Riyadh, Saudi Arabia）	沙烏地阿拉伯（Saudi Arabian Airlines）	L1011
8	290	1988.07.03	波斯灣（Persian Gulf）	伊朗（Iran Air）	A300
9	273	1979.05.25	美國伊利諾州（Chicago, Illinois）	美國（American Airlines）	DC10
10	270	1988.12.21	蘇格蘭（Lockerbie, Scotland）	泛美（Pan American World Airways）	B747

*兩機相隔數分鐘分別撞擊美國紐約世貿大樓，總死亡人數包括機上乘客，機員和地面人員，僅為預估人數。

　　人為因素造成的空難占全部總數的 76%，近半數（47%）的空難發生在飛機降落之際（全球空難統計分析，2008）。「**風切變**」是指逆風或順風出現持續好幾秒鐘的轉變而引致浮力產生變化。浮力減少會導致飛機向下偏離，低於預定飛行路線。當有顯著風切變出現時，駕駛機師須作出修正行動以確保安

全（風切變及湍流，2008）。「放棄起飛」通常發生在起飛時懷疑或確定機械故障，例如引擎壓縮機故障（Wikipedia, rejected takeoff, 2008）。由全球空難統計分析（表4.3）可見工程倫理的重要，若不能小心謹慎地執行各項安全檢查，就可能發生無法挽回的災難。

表 4.3　全球空難統計分析

毀滅性的災禍類別（1988-1997）	空難次數	死亡人數
被控制的飛航墜落地面（Controlled Flight Into Terrain）	36	2806
飛行失控（Loss of Control in Flight）	31	1932
半空中相撞（Midair Collision）	2	506
飛行中火災（火炮射擊）（Inflight Fire）	2	371
燃料箱爆炸（Fuel Tank Explosion）	2	238
降落（Landing）	12	178
冰雪（Ice & Snow）	4	134
燃料耗盡（Fuel Exhaustion）	7	121
風切變（Windshear）	2	91
起飛狀態（Take-off Configuration）	4	78
跑道障礙侵入（Runway Incursion）	4	45
放棄起飛（Rejected Take-off（RTO））	2	5
其他（Other）	13	28
未知（Unknown）	5	259

（十五）《大洪水 II》虛構電影

本電影級別為普遍級，《大洪水 II》由密雪兒‧葛林內主演，發音是英語，字幕是繁體中文或英文，片長約 94 分鐘。本電影描述一個完工不到五年的新水壩，氣勢磅礴，更為當地帶來經濟發展與工作機會。但由於營建承包商貪圖私利，施工過程偷工減料、挪用公款，並將責任推給土木工程師（影片翻譯為原設計建築師），建築師只好拋妻離子遠走他鄉。但水壩的瑕疵逐漸顯

現，整座城鎮即將因水壩崩堤而淹沒。原建築師為了家人與市民返回家鄉，與大洪水對決。影片內容探討工程倫理及家庭倫理親情，是一部值得觀賞學習的電影。

（十六）《毒牙魔吻》虛構電影

保護級電影《毒牙魔吻》，片長約 91 分鐘，由傑克 · 史卡拉、哈利 · 翰林主演。威克是聖卡塔鎮上的新任消防隊長，他上任時，適逢鎮上正在由一名叫法倫頓的建築商在進行開發，不料卻突然發生響尾蛇攻擊鎮民致死的事件，而經專家研究這是種稀有品種的毒蛇，其毒液含有劇毒，被咬到必死無疑。本影片敘述營造商開發新的城鎮社區，工程連續開墾爆破不幸驚動並侵擾毒蛇棲息區域，於是毒蛇出動傷害社區居民。營造商為了賺取售屋利潤，掩飾毒蛇出沒訊息，並擬以炸藥消滅蛇窟。本影片顯示為了經濟利益而進行土地開發的營建工程，不惜破壞野生動物的棲息地，也不顧民眾生命的安全，完全不符合工程倫理。建議本課程可採購此公播版本的光碟片播放給學生觀看學習，或由學校圖書館購買單機版的光碟片，規定學生至圖書館借閱，再於課堂討論或心得分享。

習題

(1) 試述工程倫理守則。

(2) 專業倫理守則之內容架構不外乎哪七種倫理關係？

(3) 試述工程師之一般倫理與職業道德問題。

(4) 試述典型工程倫理學習案例的學習心得。

(5) 除了本章所述典型工程倫理學習案例，請再舉例其他案例說明。

Chapter 5

營建工程專業倫理與職業道德

　　要減少營建工程缺失，應從提升營建人員倫理道德方向著手才能獲得根本的成效，而專業倫理規範必須有專業知識和技術做為依據，若無專業知識和技術為憑，行動時恐會魯莽從事，甚至傷及所要對待的生命或社會。本章主要探討營建工程師在工作環境所面臨之工程安全、品質、污染等專業倫理與道德的議題，試著從這些議題凸顯對工程安全、發揮道德良心的重要性和必要性。目的也在啟發工程師對工程施工安全及品質的重視，盼能引起大家深思明辨是非，並對未來工作有所警惕（金文森，2001；King，2008）。

　　茲將中國土木水利工程學會與美國土木工程學會的倫理準則簡介比較如下：

一、中國土木水利工程學會倫理守則草案

(一) 工程師應提升公眾福祉，確保安全衛生。

(二) 工程師應重視自然生態，維護地球資源。

(三) 工程師應了解業主需求，保護業務機密。

(四) 工程師應公平對待包商，分工達成任務。

(五) 工程師應維護雇主權益，謹守公私分際。

(六) 工程師應增進同僚合作，相互砥礪成長。

(七) 工程師應了解個人能力，端正專業形象。

(八) 工程師應持續專業成長，追求永續發展。

　　上述倫理守則仍在草擬階段，並未明確定案。也未能全盤性考量各種可能影響營建倫理的因素，例如草案內容沒有涉及生物健康的顧慮。可見尚有許多值得研究的空間。

二、美國土木工程學會（ASCE）所制定的倫理基本信條與準則

（一）基本信條（Fundamental Principles）

工程師透過下列原則維持並提升專業的廉正、榮譽和尊嚴：

1. 使用他們的知識和技術作為提增人類福祉和生態環境。
2. 誠實、公正且以忠誠服務民眾及他們的雇主和客戶。
3. 努力奮鬥增加工程專業的能力和聲望。
4. 激勵他們有風紀的專業和技術的社群。

（二）基本準則（Fundamental Canons）

1. 工程師應維持至高無上的公眾安全、健康和福址，而且將努力遵從他們在專業職責表現中的永續發展原則。
2. 工程師應僅在其能力範圍內執行服務。
3. 工程師應僅以客觀和坦率發布公然的陳述。
4. 工程師在專業的事件應為每位雇主或委託人擔任忠實的代理人或託管人，而且將會避免利害衝突。
5. 工程師在他們的服務功績應建立專業的名譽，並且不與其他人不公平地競爭。
6. 工程師應表現此類的行為，例如：維持並且提高工程專業的榮譽、廉正和尊嚴。而且表現絕不容忍賄賂、詐欺、貪腐。
7. 工程師應貫徹他們的生涯，繼續他們的專業發展，而且應提供良機給他們監督下的工程師們作專業發展。

美國土木工程學會所制定的倫理基本準則，第一條就要求工程師在專業職責的履行必須最嚴謹的堅持民眾的安全與健康及福祉，而且為遵守永續發展的原則而奮鬥。

國內專家學者的研究報告主要是針對比較廣泛的「工程倫理」進行研究，

至於營建工程倫理的研究比較稀少。本書彙整歸納營建工程倫理與職業道德問題如下（金文森，2000）：

1. 對職業之忠誠問題。
2. 對雇主之忠誠問題。
3. 對主管之忠誠問題。
4. 因循苟且問題。
5. 兼差問題。
6. 人情壓力問題。
7. 黑道介入問題。
8. 民代施壓問題。
9. 利益團體施壓問題。
10. 公物私用問題。
11. 一般贈與餽贈問題。
12. 回扣之收受問題。
13. 不法檢舉問題。
14. 圍標問題。
15. 搶標問題。
16. 綁標問題。
17. 利益輸送問題。
18. 貪瀆問題。
19. 群已利益衝突問題。
20. 爭功諉過問題。
21. 歧視問題（國籍、族群、宗教、文化、性別、年齡）。
22. 違建問題。
23. 工程安全問題。
24. 工程品質問題。
25. 工程污染問題。
26. 機密或底價洩露問題。
27. 智慧財產權問題。

28.合約及文件簽署問題。

29.虛報、謊報問題。

30.據實申報問題。

31.據實陳述問題。

32.惡性倒閉問題。

33.執照租（借）問題。

34.銀行超貸問題。

　　在職場上之倫理與道德的議題，根據專家對上述問題勾選營建工程人員未來十年內面臨之主要倫理與職業道德與職場有關之問題有：對職業之忠誠問題、對雇主之忠誠問題、智慧財產權問題、合約及文件簽署問題、執照租（借）問題、履約爭議問題、專業技師分工的衝突問題。本章以營建工程師在工作環境所面臨有關職場上的倫理與道德議題為例，試著從這些議題了解在職場上敬業精神的重要，以及對責任的兩難問題。主要目的在讓工程師對工程周圍環境的道德爭議，能深思加以明辨是非，使工作能得心應手且更務實。

三、營建工程職場上之倫理與道德問題

（一）對職業之忠誠問題

狀況：對所從事行業不認同，抱著「在職怨職」的心情上下班，人雖在工作場所，心卻不在工作上。

引起之危害：對所從事行業不專心、不用心，導致作業無法進步且增加意外事故的機會。

　　對職業之忠誠問題，可從對社會及對安全的責任來說明：

　　1.對社會的責任：守法奉獻──恪遵法令規章，保障公共安全，增進民眾福祉，工程師對大眾發表聲明必須客觀而詳實。尊重自然──維護生態平衡，珍惜天然資源，保存文化資產。諸如「不收取回扣、佣金」、「應守職業秘密」、「應妥善處理廢棄物」、「應注重生態保育、環境保護」……等。

2. **對安全的責任**：在任何時刻，工程師必須認識他們的首要任務是保護公眾的安全、健康、財產及福祉。並將公眾安全、健康、福祉視為至高無上，作為執行任務時服膺的準繩。假使工程師的專業判斷被否決會導致公眾的安全、健康、財產或福祉受到危害，他們必須向他們的雇主或客戶及其他適當的權責機構報告。諸如「不可偷工減料」、「應注意公眾的健康」、「應注意公共安全」……等。

（二）對雇主忠誠問題

狀況：未以「行為忠誠」與「認同忠誠」實行對雇主合約的責任，和同事共事未能遵從在公司內的合法權威，尋求達成個人對團體或組織的道德行為。

引起之危害：無法發揮同舟共濟精神，組織內耗、內鬥，喪失競爭力。

　　對雇主忠誠，可用兩件事來表現（Martin, 1996）：

　　1. **行為忠誠**——應只在足以勝任的領域中從事工作，以行動實行個人對雇主合約的責任，這些責任是就個人獲得報酬的特定工作，和同事合作，遵從公司的合法權威，行為忠誠在實質上完全是一種行動，無論它的動機如何。

　　2. **認同忠誠**——透過個人對團體效忠的認同而引發的行為忠誠，它暗示著以個人的執著和肯定樂意尋求達成個人對團體或組織的道德責任。因此嫌惡雇主和公司的人，心不甘、情不願工作的人都是不忠誠的。既使他們可能適當地執行他們的工作責任，但這只能說達成了行為忠誠。但也不應在可能會損害健康及福祉或不符合標準的計畫或規格上和雇主妥協，倘若客戶或雇主堅持他們一定要這樣做，他們應該通知權責單位並自此方案的進一步服務中退出。

（三）智慧財產權問題

狀況：未經同意使用他人之智慧財產，且未公開表示。或業餘利用公司設施，研發之成果歸屬問題。

引起之危害：研究發明之意願降低，大眾產生坐享其成的心理或公司與個人的智財權發生糾紛。

　　尊重著作人的創作，不抄襲；不可隨意拷貝非法軟體，不竊用；尊重專利

商標，謹守本分，不從事不當利益之業務。應該把工作的榮譽，給與那些應該得到榮譽的人，並且認知別人智慧財產權的利益：

1. 在可能時，提出那些對設計、發明、著作或其他成就有貢獻的人的姓名，作為表彰。

2. 使用客戶所提供的設計，須知道此設計仍是客戶的所有物；在未得客戶同意前，不得複製。為別人工作時，在改進、計畫、設計、發明或其他紀錄相關而涉及著作權或專利時，必須積極的對其所有權取得同意書。

3. 單獨為雇主工作時的設計、資料、紀錄及筆記屬於雇主的所有物。

（四）合約及文件簽署問題

狀況：在擬定之合約條款中，故意容許或使用意義模糊的文字或責任不易明確界定的條文。輕率簽署，事後藉故不認帳或反悔。

引起之危害：合約執行時造成爭議，工程品質無法掌控，導致工程執行困難。

遵守法令規章，不圖非法利益，以完善之工作成果，服務社會。工程師僅批准符合大眾健康、財產及安全福祉標準的工程文件，涉及契約權利及義務責任等問題時，應請法律專業人士提供協助。

（五）履約爭議問題

狀況：合約條文訂定不清或不全，執行時產生責任不明之爭議。

引起之危害：影響工程進度、品質，造成業主、承包商雙方的爭執。

遵守契約條款規定，提供專業技術服務，避免與業雇主發生影響信譽及品質之糾紛，對外發表聲明必須客觀而詳實：

1. 所作之專業報告、說明或證詞，必須客觀而詳實。

2. 在充分了解有關事實，並在能力所及範圍內才針對技術性問題對外發表專業意見。

3. 除非事先表明與利益團體之關係，否則不得為利益團體發表有關技術方面的聲明、評述或辯詞。

4. 必須代表各雇主或客戶，以忠誠代理人或受託人身份，執行專業任務。

5. 必須對其雇主或客戶，說明其所知的或可能的利益衝突，儘早將可能影

響其專業判斷或服務品質的業務往來關係立場及其他事項，告知雇主或客戶。

（六）執照租（借）問題

狀況：由非營造業或資格不符者，向合格工程廠商租借牌照參與工程投標。容
　　　許別人租借證照或代為簽署本人並未實質參與監督和指導之工程文件。

引起之危害：得標後因無工程實際經驗，需再層層轉包，最後實際承作施工
　　　　　　者，在利潤微薄下造成工程品質不良。任由工人以不當施工方法
　　　　　　施作，損及工程安全與品質。

　　　工程師不得將其自身或公司的名號用於涉及詐欺或不誠實的商業或專業行
為，也不得與他人合夥從事此類不合法的事情。應只承辦專業範圍所能勝任的
工作，不製造問題，不做虛假之事，不圖不當利益。不應在其專業行業外的計
畫書或文件上署名，也不應在非本身所督導或控制而製作的計畫書或文件上簽
字。工程師知道有任何違反本守則的情事時，必須與適當的權責單位配合，提
供所需資訊或協助。

　　　推動實施「營造業法」，釐清專任工程人員、工地主任之權責，並明定懲
處違法營造業者之依據，將有助於未來營造業管理之執行，達到落實施工管理
之目的。另依據營造廠商經營狀況、工程施工品質、實績、財務狀況及組識規
模等相關經營事項，落實績效評等分級，保障優良廠商之生存空間，汰除不良
廠商參與公共建設，減少執照租（借）問題，提升營建施工品質。

（七）專業技師分工的衝突

狀況：不同專業技師對工作權範圍、內容有不同的意見、互相排擠。

引起之危害：工作權爭奪結果，造成民眾反感、社會不安定。

　　　相互尊重彼此的專業立場，結合不同的專業技術，共同追求工作佳績。應
以業務績效贏得專業聲譽，不應以不公平的手段跟他人競爭，避免犧牲任何專
業尊嚴及忠誠，而促進他自己的利益。推動「公共工程專業技師簽證規則」，
明訂技師執業權利義務，落實技師專業責任制度，應可杜絕技師租借牌照弊
端，並改善設計監造及施工品質，提升工程技術及管理之競爭力。

四、營建工程師之專業倫理與職業道德問題

（一）工程安全、品質問題

　　狀況：在完成期限與成本的壓力下，或在不當利益之誘惑下，明知有安全顧慮與品質瑕疵，仍允許經手負責之設計、製程、設備或產品交付使用。

　　引起之危害：危害社會大眾生命、財產安全。

（二）工程污染問題

狀況：在工程施工階段所產生的不良後果及污染公害，如：噪音污染、震動、
　　　空氣污染、水污染、廢棄物污染、土壤污染、地層下陷、惡臭等八大類
　　　公害乃至對民眾生命健康、財產有直接影響的輻射污染鋼筋及海砂屋。
　　　未加以應有之重視與防治或改善。

引起之危害：危害社會大眾生命、財產安全。

　　工程師對專業的責任問題，乃是工程師所必須面對的倫理道德問題。不論是規劃、設計、施工、營運、在達成正面追求成果之背後，往往潛伏一些直接或間接的負面影響，如環境生態、能源和其他資源以及有意無意之缺失造成人類生活方式或社會的價值體系帶來有形或無形的影響。

　　本書將缺失歸納為因「無知而犯下錯誤」及「雖知卻犯下錯誤」二種。因「無知而犯下錯誤」屬技術層面，應由專業教育來教導；「雖知卻犯下錯誤」屬倫理道德層面，應由倫理道德教育來補足。

　　本章要探討的是「雖知卻犯下錯誤」所造成倫理道德層面問題，其犯下錯誤的缺失可能造成終身良心不安、受行政處分，更嚴重則必須接受刑法判刑。目前我們處在變動急劇的社會，道德教育的目標不只是要下一代認知古今中外共通的道德規範，而且要培養下一代的道德判斷能力及實踐能力。道德教育的目的也不在勉強學生接受外來的模式，而在於促進其道德認知與判斷能力的發展。因此本章以實際案例來作說明、兩難問題角色扮演，讓學生感受現實營建環境的複雜與險惡，營建工程所面對的限制條件，變數之多，且問題又充滿曖昧，非經研究分析、思考掙扎、深思熟慮，無法獲得滿意的解答，所面對

的也常是兩害相權取其輕的一種結果，面對問題時應如何抉擇就必須靠智慧了（Martin, 1996）。

在課程上採用下列方式教學：

1. 舉出相關事例，引發同學興趣。在此引用近日新聞報導的熱門事件作為例子。

2. 以實例說明曾經發生的惡果，引起警惕之心。例如以臺灣九二一集集大地震建物倒塌案為例，用文字及圖片，來說明工程災害對社會大眾所造成的永久遺憾。

3. 以實例說明模範，令人起景仰效法之心。身教重於言教，最好的教育是身教，切身接觸到一些典範人物，對人的影響最大。

4. 指點在面臨誘惑及威脅時可以採取的正當途徑，幫助人們做到「富貴不能淫，貧賤不能移，威武不能屈」。

5. 蒐集專業倫理的文獻以供閱讀參考。

6. 對於專業領域內部現行的法令規章明文規範，以及未形諸文字的做法及默契，加以說明並檢討。

五、案例分析、兩難問題之抉擇

以一般性偷工減料、輻射鋼筋屋、海砂屋、地震災害屋、重大火災屋未補強續用等為例，說明其原因分析、造成危害、檢驗方法、安全評估、防範措施。

案例一、審標時發現有借牌、陪標、圍標時如何處理？

狀況：某機關辦理道路工程招標時，有甲、乙、丙、丁、戊五家廠商投標，開標結果由乙廠商得標。惟戊廠商提出異議，指開標時招標機關監辦人員曾提出甲、乙兩家廠商投標文件之限時掛號函件收據號碼連號、郵戳相同，及乙、丙兩家廠商登記之營業所在地相同，顯示該三家投標廠商似存密切關係，但主標人仍續予開標，顯有不法；另本次已是第二次開

標，今既僅剩丁、戊兩家廠商合格，而戊廠商價格比丁廠商低，且在底價內，自應由其得標。（法務部，2001）

說明：招標機關辯稱雖甲、乙廠商投標文件之限時掛號函件收據號碼係連號，且郵戳相同，但開標時因甲、乙廠商稱二公司地址比鄰，且均在截止投標前一天下午寄出投標文件，可能係郵局人員因彼等所寄函外封及地址相同，所以才會郵戳相同，難以認定其彼此間有任何相關聯，所以才會以合格標處理；至乙、丙兩家廠商登記之營業所在地雖然相同，但因開標時乙、丙兩廠商到場出席人員稱該二家係各別獨立法人，雖地址相同，但職員不同，各別營業，互不隸屬，所以亦無法判定其為不合格標。

1.探討重點

(1)投標廠商間之投標文件限時掛號收據號碼、郵戳相同，或其押標金票據號碼及投標文件限時掛號收據號碼均為連號，招標機關主持人是否可視為有不當行為而應不予開標？

(2)如經查證甲、乙、丙家廠商確有出借牌照、冒用他人牌照、或者為獲取不當利益而同意出面陪標之情事，招標機關應如何處理？

(3)本案中招標機關既已宣佈由乙廠商得標，如甲、乙、丙三家廠商經調查發現有違法情事，應如何處理？

(4)又本案宜否暫時保留甲、乙、丙三家廠商押標金不予發還，如已發還，又當如何處理？

2.處置作法

(1)本案招標機關開標時主標人發現甲、乙二廠商之投標文件限時掛號收據號碼、郵戳相同，或其押標金票據號碼及投標文件限時掛號收據號碼均為連號，以及乙丙二廠商之營業地址相同時，即得視情況依政府採購法第四十八條第一項第二款規定宣布廢標；惟若屬急迫性採購，且有決標之必要時，仍得先予開標，開標時該三家廠商經當場證明其負責人（即公司執照之代表人或董事長）係同一人時，招標機關得依政府採購法施行細則第三十三條第二項規定，

不予開標或不決標予該等廠商；又開標時雖存有合理懷疑，卻無法即時證明，而又有急於採購之必要時，亦可先行決標，但應於決標紀錄載明：「若於決標後發現甲、乙、丙三廠商確有借牌或冒用他人名義投標，或有為獲取不當利益而出面陪標，且由其中一廠商得標等情形時，招標機關將依政府採購法第五十條第二項規定撤銷決標、終止契約或解除契約」。

(2)日後如發現確有決標紀錄載明情事，招標機關以撤銷決標或解除契約方式辦理時，除得重新招標外，亦可依政府採購法施行細則第五十八條第一項規定，「得」以原決標價依決標前各投標廠商標價順序，自標價低者起，依序洽請其他合格廠商減至原決標價，再決標予該廠商。此外，招標機關亦須依政府採購法第一百零一條第一款、第二款及第六款規定，將其不法之事實及理由，通知甲、乙、丙三不良廠商，渠等未依第一百零二條規定，於接獲通知日起二十日內，以書面提出異議，或未於收受異議處理結果十五日內，以書面提出申訴，或其提出申訴結果（或審議結果）不予受理者，指明機關不違反本法或並無不實者，機關應即將該等廠商名稱及相關情形刊登政府採購公報，而該等廠商則自刊登政府採購公報之日起三年內不得參加投標或作為決標對象或為分包廠商。

(3)另宣布決標後，招標機關如未將彼等押標金暫為保留並退還該等廠商時，因該等廠商既有政府採購法第三十一條所定情事，招標機關仍應循司法途逕向該等廠商追繳已退還之押標金。

習題

(1) 若你的親朋好友代理一項器材買賣，其性能也都不差，你會為了避嫌而不予考慮使用嗎？為什麼？

(2) 工程規劃時，發現會徵收到你親人的土地，你會怎麼辦？ 會變更施工位置嗎？

案例二、臺北市修德國宅海砂屋再度被指控偷工減料

臺北市修德國宅海砂屋再度被指控偷工減料情事！國宅多位住戶代表在臺北市議員的陪同下，公開指控國宅建商偷工減料，目前社區房屋隨時有倒塌

之虞，住戶生命飽受威脅，強烈要求應將建商偷工減料的證據納入鑑定報告之中，同時追究市府相關單位監工不實責任。住戶代表激動地表示，修德國宅在1年多即被鑑定為海砂屋，甚至在 2001 年 2 月份的協調會上，北市土木技師公會明確指出國宅 1 至 6 棟必須立即補強，而 7 至 9 棟必須拆除。住戶代表強調，日前許多建物內的樑柱都已龜裂，當用鐵鎚輕輕一敲後，發現混凝土塊竟然剝落，且發現部分樑柱箍筋間距有明顯過大的情形，甚至沒有箍筋。

　　住戶抗議說，這根本就是建商偷工減料，他們要求應將這些新的證據列入鑑定報告中。住戶說，技師認為建物本身可以抵擋 5 級的強度地震，但以目前的鋼筋腐蝕情形看來，若發生 4.5 級地震，房屋將可能應聲而倒，雖然他們憂心不已，但又能往哪裡去？到現場聲援之議員稱：目前 1 至 9 棟樑柱鋼筋都嚴重鏽蝕，建物本身的結構強度與耐震度明顯不足，國宅處對海砂屋的處理態度採拖延戰術，住戶的居住安全全然遭到漠視，議員要求市府官員應負起疏失之責。（林媛玲，2001）

習題

海砂屋事件中，工程師違反哪些倫理守則及道德問題？

案例三、合約及文件簽署、履約爭議問題

　　在美國所做的民意調查，營造業一直是較不被尊重的行業之一。美國營造業被尊重度僅稍微超出二手車銷售人員與毒品經銷商，原因在於承包商與小包商之間長期之宿怨。這因素雖然僅占營建工程業界的 10% 左右，但卻影響整個營建業的公眾形象。（O'Connor, 2000）

　　承包商與小包商間的衝突，大致可歸納出下列六項：

1. 採購競標

　　很多承包商使用小包商之報價來投標工程，待工程得標後，再企圖以最低之價格公開標售該項工程。而小包商為了想標得工程往往開出低於成本之價格以擊敗其他競爭者，待擊敗競爭者後再藉故抬價。

　　若承包商能尊重小包商之報價，並在取得工程後遵守與小包商間之協議，

將工程交由小包商施工則較為圓滿，事實上有許多成功的工程個案是由上述之合作模式完成的，但大多數營造業者基於相互信任度不夠而不願執行上述之合作模式。

2. 變相加價

　　承包商與小包商間相互信任的致命傷莫過於工程結束前之變相加價。在工程接近尾聲承包商開始準備完工結案及申領執照時，小包商則趁機提出合約未明列之帳單要求加價並向承包商請款，而承包商在急於結束此一工程案時，面對小包商的變相加價，往往因急需將資源移往下一工程案而與小包商妥協。此一行為則嚴重影響承包商與小包商間之互信原則。

3. 現場人員不足與相互溝通不良

　　承包商在簽約時未將各項施工人員與計畫和小包商協議清楚，小包商亦未安排足夠的工程人員至工地施工，在人力資源不足情形下，工程無法依照原定之進度進行，嚴重影響承包商人力、財力運用與信譽，而承包商與小包商間為避免此一現象再發生，則在下一次工程合約簽訂時會預留相互不信任之空間。

4. 不公平條款

　　某小包商的代表與承包商的律師針對某一工程合約談判時，曾對合約內容中之不公平條款提出抗議，而承包商的律師則向代表說：「我的任務不在完成一份公平的合約，我的工作是制定一份對我的業主最具保護與最有利的合約」。這也就是為什麼承包商僅給予小包商極低的利潤，小包商迫於無奈，只有在工程結束辦理完工作業時提出變相加價之要求。在不平等的合約條款下，小包商常須承受業主之額外要求或提供各項保證而增加工程成本。

5. 忽略一般及特殊合約條款

　　當小包商要求加價時常使用的理由是：「合約內沒有這一條款所以……。」這種個人疏失也嚴重影響到承包商與小包商間之互信關係。相同的說法，若承包商忽略了合約內容，未將其列入與小包商的合約中，但在工程進行時即以延遲付款或其他財務限制來要求小包商依原合約施工，所有增加的成本亦要求小

包商來吸收。這種做法嚴重的違背營造業的公平原則與道德。

6. 不當的請款與放款流程

　　在工作中經常聽到有關請款的抱怨，承包商抱怨小包商不能在約定時間內提出請款憑證並延遲開立發票，導致承包商整個會計帳務流程延誤，而小包商則埋怨承包商經常延遲數星期甚至數月以後才支付款項，而理由經常是承包商未領到工程款。

　　西元前 1750 年，巴比倫的 Hammurbi 國王將世上第一個商事法則刻在石板上時即提出商業活動必須遵守公平、誠信、負責之原則，不可相互欺騙。現今社會各方面雖然進步很多，但要達到 Hammurbi 所說的精神卻還有一段距離。雖然在整個營建業中違反上述商業原則的廠商並不多，但營造業者必需自覺避免與不良廠商合作才能挽救營造業對外的形象，並提升營建業整體的品質。

習題

(1) 張三營造廠承包某鎮公所辦公大樓新建工程，於施工屋頂懸臂版時，老闆張先生發現懸臂版配筋有問題，將對結構安全有影響，立即向工程主辦單位及鎮長反映。鎮長向建築師轉告承包商之疑慮後，建築師向鎮長表示：安啦！沒問題啦，臺灣那一幢大樓因設計錯誤倒塌過！於是承包商戰戰兢兢按圖施工，混凝土澆置完成，待拆除模板支撐後，屋頂懸臂版真的塌下來了，幸好工人即時跳開，未釀成命案事故。建築師被告知意外發生後，表示願負擔承包商之工料損失。請就案中：鎮長、承包商、建築師三人角色說明涉及之倫理與道德問題。

(2) 某工程單位，在辦理賀伯颱風造成海堤潰決之緊急搶修工程，因設計人員依照其單位之標準圖繪製蛇籠護坡工程並按慣例規定卵石粒徑，承包商李四營造廠得標後，立即鳩工趕趕，監造單位及承包商於搶修工程施工時，一心想盡速完成護堤工程，對於裝於蛇籠內卵礫石粒徑未照合約規定範圍加以要求，最後被檢舉，經查驗蛇籠內之卵礫石粒徑確與合約規範不符，結果監工人員及承包商均被起訴。本案例，因設計人員設計時未詳加考量

工程之急迫性，承包商亦未按合約規格進料施工，監工人員於工程施工時發現該缺失，亦未積極、斷然阻止，造成一連串之失誤終陷於被告發起訴。請就倫理道德觀點思考三方面（設計單位、承包商、監工單位）立場，並思考如何避免類似問題再發生？

(3) 某監工王五奉派監造某大樓新建工程，在查驗鋼筋時發現樓版樑之鋼筋主筋綁紮位置錯誤，但因整樓層均已施工完成，要更改的確有困難，除非將整個樓板之鋼筋全部拆除重做。王五陷入兩難抉擇，如果同意承包商鋼筋綁紮方式，顯然和設計圖不符，在力學學理上也不可如此施工，因為會降低結構強度；在良心上會不安，恐怕哪一天會出事。如果要求承包商拆除重做，又會因而延誤工期，況且鋼筋工人一再拜託，找人關說施壓認為其鋼筋綁紮除了位置不對外，其他鋼筋支數、直徑、間距均已按設計圖施工，如果你是王五，你將如何抉擇？

(4) 某工程施工時，承包商以舊模板施工，業主要求更新或換較好之模板，但承包商答以合約沒有規定要用新模板，如果要更新必須要加價，你認為合理嗎？請就業主、承包商、監工之角度討論之。合約中有必要規定模板使用次數嗎？

(5) 為了減少履約爭議問題，有必要訂定標準之工程契約，規範業主、承包商雙方之責任義務嗎？

案例四、山上開發山下遭殃的殷鑑

從 1994 年的淡水米蘭山莊別墅崩塌，到 1995 年的三峽白雞山別墅地層滑動，1996 年賀伯颱風在中南部山區造成嚴重土石流災情，1997 年溫妮颱風又在北部地區釀成災崩、屋毀人亡的山禍。再到 1997 年 6 月間豪雨成災所造成全省各地的邊坡不穩定，大規模地滑成災及路斷屋塌，乃至於 1997 年 8 月林肯大郡的擋土設施崩垮，撞毀住宅，1999 年 9 月 21 日集集大地震後，各種災害不斷「從山而降」，在在透露出山坡過度開發與超限利用警訊。

首先是地方政府的「不當開路」造成農業開發上山的現象。產業道路的開闢為山坡帶來農墾人口，在利之所趨的心態下，大量種植高經濟作物，嚴重破壞山坡地之水土保持。而且產業道路的開發經費不多，馬路下方涵洞排水斷

面不足，更易因土石流造成路基流失、坍方等災情。其次是各級政府的「放任縱容」造成住宅建築上山的現象。山坡地的土地成本非常低廉，一旦變更為建地，身價百倍。故從中央到地方均屈從財團與民意代表的壓力，放任都會區周邊的山坡地以高密度、高樓層的方式大量興建住宅，不管其地質是否適合開發。例如林肯大郡的地質，早在山崩潛感圖與土地利用潛力圖等地質調查中，被列為「建議不要開發」的二級險坡，卻仍照樣大興土木，埋下今日慘禍的根由。

　　國人往往忽略與大自然和諧共處的前提是「順天而行」，反而認定「人定勝天」，道路、農業、住宅及工業相繼大舉上山，而今各種災害陸續下山，造成哀鴻遍野、生靈塗炭。我們是否應思考究竟還要多少個慘劇才能使人醒悟呢？身為營建工程從業人員是否應發揮道德勇氣向違法開發行為說不呢？

習題

(1) 在本案例，工程師對社會、環境應負那些責任？營建工程從業人員是否有連帶責任？

(2) 如果你的老闆要在一處山坡地開發興建集合住宅，你站在專業技師的立場認為不可行，因為你是老闆的職員，甚至你是股東之一，你會如何處理？

案例五－1、林肯大郡災變──工程師對社會環境的責任問題

　　林肯大郡災變後，數十萬戶居住於山坡地的民眾，人心惶惶，擔心自己的社區成為第二個林肯大郡，再加諸已存在多時的海砂屋、輻射屋問題，民眾對有關居住安全的陰影始終揮之不去。據商業周刊及 TVBS 民意調查中心調查發現，有高達 72.4% 的民眾未來買房子不會考慮山坡地，而亦有高達 48.7% 的民眾認為居住在這塊土地上沒有安全感。這樣的狀況，政府怎能坐視？

　　以臺灣的地形條件，平地僅占 26%，山坡地所占面積高達 74%，基於國土資源之充分利用，適度開發山坡地勢必無可避免。但以臺灣山坡地存在坡度陡及地質條件不佳之狀況，山坡地開發應建立一套嚴謹之規範，光依賴開發業者的道德良心是不足夠的。依上述民意調查顯示，高達 79.38% 的民眾認為建

商重視公司利益甚於住戶的安全，足可說明法規規範的重要。

　　無可諱言，有關山坡地開發相關管理規定，在早期是不周延的，尤其類似林肯大郡之老丙建更是問題叢生。而於法規的不周延，山地住宅亦潛存許多問題。雖然近年來相關法規已較為齊備，但有關法規落實上仍存在若干問題。諸如，關係山坡地開發安全，有關擋土構造物及土石方工程，依建築法規定，其設計人仍為建築師。雖然營建署於林肯大郡災變後，決定要求擋土牆超過六公尺以上應由專業技師簽證，以謀補救，但此種頭痛醫頭、腳痛醫腳之處理方式，成效仍有限。

　　有關林肯大郡之災變原因，綜合相關資訊，就技術層面了解，至少存在下列缺失，諸如：建築配置完全未考慮地形地質條件，建物配置於順向坡坡趾位置，且形成大規模挖除坡腳之不利工程條件，埋下邊坡不穩定之因子；基地調查不足且不實，設計考量不周致安全標準不足及施工品質不佳且未按圖施工等；而更令人扼腕的是，有關邊坡穩定標準不足，早有徵兆，相關單位及人員未能及時檢討並採取有效的補措施，終釀大禍。以上技術性的原因，依臺灣之工程技術均可輕易克服。但接連數個環節皆出現誤失，而有關法規竟無法發揮管制功能，實宜深入加以檢討謀求改善之道。

　　為重拾人民對山坡地住宅之信心，實宜立即採行：

　　（一）檢討現有相關法規，諸如：建築技術規則山坡地開發專章儘速頒訂實施。修正建築法第十三條，有關雜項工作物之設計及監造應由相關專業技師辦理。

　　（二）落實專業技師簽證制度，一定規模以上，並委由相關專業技師公會審查。

　　（三）已完工使用之山坡地社區，政府應展現公權力，要求原開發業者或協助社區管委會進行全面安全體檢作業，如發現有安全顧慮者，應採取有效補強措施，防患未然。

　　（四）施工中之開發工地，應要求開發業者委由專業技師重新檢視進行安全評估，並進行必要之補強。

　　（五）建立坡地住宅定期維護及安檢作業，以維坡地住宅長期性之使用安全。

習題

請就中國工程師信條實行細則中，工程師對社會、專業、業雇主的責任，探討本案工程師應有正確作為？

案例五－2、林肯大郡鑽探資料作假──工程師對業主的責任

依照營建署「汐止林肯大郡邊坡坍塌災變調查報告」指出，林肯大郡工程之地質鑽探資料涉嫌作假，如編路 B1 之鑽探孔報告為排水良好之砂岩地質，根據專家至現場研判卻為砂岩、頁岩混合地層，屬禁建地質。另外鑽探地點不符，此顯然為施工後發現地質現況和鑽探報告有明顯不同而做的變更，但地方水土保持與營建機關未給予糾正，亦屬一大缺失。此份災變調查報告係由內政部營建署委託土木技師公會全國聯合會及臺北市大地技師公會聯合調查的正式報告，對於事件的責任歸屬占有及重要的份量。

繼內政部營建署委託臺北市大地技師公會及土木技師公會全國聯合會於九月初針對災變邊坡完成「汐止林肯大郡邊坡坍塌災變調查報告」後，建商林肯建設亦委請臺北市土木技師公會立即投入林肯大郡之地質調查及安全鑑定工作。同時期，新北市政府為對災區作較完整之調查，亦委由臺灣省土木技師公會及臺灣省建築師公會辦理坍塌地區及影響範圍內之建築物安全調查、地盤穩定分析及相關之監測，並於調查期間協助縣府防制二次災害的發生。臺灣省土木技師公會於 1997 年 10 月 1 日已就階段性之成果，彙整成初步之林肯大郡災變調查報告提送縣府審議中。

該份報告內容包括災變調查、二次災害防制、建物安全調查及現場監測等各小組之具體成果，一般相信，除了災變直接影體的建物範圍外，整個林肯大郡社區的工程品質、居住安全評估，有待由專業人員進一步施行現場鑽探、取樣試驗、地層監測等工作後，以充分掌握必要之研判資料，並且詳細分析地層及建物之穩定性，進而探討必要之整治對策與方案，方能去除千戶居民之疑慮。

習題

營建署、臺北縣政府、建商均委託不同之公會，辦理林肯大郡之災變調查、監測、災害防制。請就美國工程科技評鑑委員會（ABET）工程師倫理守則基本規範：應在雇主、業主的專業工作上扮演忠實的經記人、受託人，以免發生衝突情事發表高見。

案例六、一般性偷工減料

1. 背景

　　九二一地震後，審計部於 2000 年抽樣調查大專院校、高中（職）、國中及國小等各級學校興建中 80 件校舍工程建築結構施工情形，發現有結構體構件尺寸或配筋不符者，計有 64 件（約占 80%）；換言之，有八成左右之學校校舍工程，結構體施工過程，存有材料檢驗取樣數量不足，結構體構件尺寸不符，結構體構件配筋不符等施工缺失（審計部，2000）。比較臺灣省審計處於 1995 年針對臺灣省政府辦理稽察一定金額以上之工程，抽查 97 件，發現重大缺失事項一四六項，其中承包商因素有 91 項占 70%，在缺失中以施工不良、尺寸不足、用料不符占 70 項（77%）（審計部臺灣省審計處，1996），顯示：

　　(1)營建工程缺失，可歸責於承包廠商方面占極大比例，工程品質的好壞取決於承包廠商敬業與否。

　　(2)公共工程品管制度於民國 82 年頒布，推行至今已超過五年，但發現在該 80 件校舍工程中有 32 件（占 40%）未實施品管制度，另發現有實施品管制度之工程，結構體構件施工缺失平均 2.8 項次，未實施品管制度者為平均 6.0 項次，顯示品管制度之推動尚有待加強，也證明實施品管制度，有助於提升學校校舍工程施工品質，因此有必要輔導落實公共工程施工品質管理制度之建立。

　　(3)國人對守法概念很差，如交通秩序、排隊 …… 等，非有人管理不可。營建工程亦然，若無監造單位認真督導，則承包商、小包商、工人之倫理道德觀念不足，經常會偷工減料。

　　營建工程缺失原因，可歸納為「無知而犯下錯誤」及「雖知卻犯下錯誤」

二種。從審計部調查報告，發現結構體施工缺失以「雖知卻犯下錯誤」占絕大多數，例如：

(1)材料檢驗取樣數量不足：混凝土抗壓試驗取樣數量不足之比例約為22%，鋼筋拉力試驗取樣數量不足比例約為9.6%。

(2)結構體構件尺寸不符：主要結構體構件尺寸與圖說不符案件所占抽查案件之比例，依結構體分類由高而低，依序為牆（10.5%）、樓梯（10.3%）、柱（4.5%）、樑（3.8%）。

(3)結構體構件配筋不符所占比例：主要結構體構件配筋與圖說或建築技術規則規定不符案件所占總抽查案件之比例，依其結構類別分列如（表5.1）：

表 5.1　結構體構件配筋不符規定所占百分比例表

部位／項目	柱主筋	柱箍筋	樑主筋	樑箍筋	牆配筋	版配筋	樓梯配筋	牆補強筋	版補強筋
保護層厚度	30.8	31.6	52.0	30.4	32.4	23.5	8.3		
間距	29.3	31.3	20.8	17.2	31.0	18.8	9.1		
搭接位置	26.7		17.4		16.0		37.5		
排筋位置	22.8		30.8		24.3	16.7	37.5		
接搭長度	10.0		15.4		16.1		44.4		
彎鉤長度	7.1		39.1		18.2	18.2	16.7		
直徑尺寸	6.3	3.9	3.3		4.7	4.3	11.8		
數量	6.3	19.0	18.5		41.5	36.4	43.8		
彎鉤角度		30.8		17.9					
角隅筋								77.8	60.0
開口補強								58.3	40.0

2. 成因

(1)傳統施工管制方法

①施工品質由甲方監工人員認定，承商負責施工作業，不負責工程品質，

視品質為甲方之責任。

②施工單位及監造單位無一套完整檢查標準可依循,包括:檢查項目、順序、時機、頻率、方法、步驟、依據及容許誤差等,而各人學養、觀點經驗、技能及是否盡職等因素,造成同一工程經由不同人監造其品質有所不同之情形。

③上級單位無完整督導組織,往往缺失事後發現,已無法補救。

④國人對守法概念特別差,如交通秩序、排隊等,非有人管理不可,營繕工程亦然。亦顯監工人員之重要。

⑤以往甲方權威性大,一般承商、工人鮮有反抗者,現在時代變遷,民主意識提高,承商工人不再如往昔般順從,凡事必須溝通,讓對方信服,才能順利推展工作,所以如果沒有真本事者,承商及工人必群起反抗,糾紛迭起,無法達成目標。

(2)目前工程環境遭遇之困難

①**監造人力嚴重欠缺**:業務量多,制度不當(升遷管道較窄),且工作辛苦,需日曬、雨淋、待遇不佳,稍有才能者多不願屈就,社會上又有次等工程師之歧視現象,這些基本問題值得吾等加以思考、設法改進,否則永遠趕不上先進國家。

②**施工及監造人員流動頻繁,導致有以下之問題:**

A. 檢查次序無法一貫銜接。

B. 檢查內容無法事後查核。

C. 檢查項目、方法、標準因人而異,無統一模式。

③**施工及監造人員歷練不夠:**

A. 不知那一項目須要檢查(部分、目的)——遺漏檢查。

B. 不知檢查方法、用器——方法不對、用器不當,效果存疑。

C. 不知檢查標準、依據——與小包工人爭執。

由於以上原因,目前國內工程普遍出現許多施工瑕疵,不僅是施工技術問題,就連工務作業皆常發生重大紕漏。

④**承包商對施工品質置身度外,誤認為只要監工人員認可則可:**

A. 一般承商並無品管制度,即使有品管,自主檢查並未落實執行,施工

品質之良窳，端視甲方監工人員而定，承包商不需另行自行管制。

　　B. 施工問題放任由小包商與監工人員自行解決，承商好似旁觀者。

　　C. 甲方如需有效管制，需有大批相當資歷之監工人，始可奏效。

3. 危害

(1)基礎工程

　　基礎開挖時，挖掘面以不會鬆動土壤為原則，另須以夯實機夯實，必要時可要求作夯實密度試驗，避免將來建物下陷。地下室與基礎開挖應注意邊坡保護及安全措施，避免開挖時造成崩塌、隆起、鄰屋龜裂倒塌、擋土支撐挫屈倒塌。回填土時務必依規定分層夯實，並視含水量酌予灑水，舖填碎石級配亦須澆水分層夯實，開挖前應擬妥以下施工計畫：

①地下室開挖順序及機具安排、土石方輸送計畫。

②地下室開挖剖面圖、監測計畫。

③邊坡安全措施及臨時擋土、排水措施及環境維護措施。

　　另外避雷針遭雷擊後，接地線失效問題。因為接地線埋設於建築物底下，接地銅棒與銅絞線間如未熔接為一體，遭雷擊時，接點間瞬間電阻太大遭熔斷，無法修護，避雷效果消失，影響往後室內電器接地功能。接地線應施作止水板，防止地下水沿接地線往上滲出。有關缺失及正確之施工照片詳見圖5-1～5 之說明。

圖 5-1　接地導線應熔接牢固以免雷擊後接點熔斷失效

圖 5-2　接地線以銀銲焊接牢固，以免雷擊後接點熔斷失效

圖 5-3　接地線完成時，須測試電阻值，確保導電良好

圖 5-4　接地線應預先施作止水板，防止地下水沿接地線往上滲出

圖 5-5　危害情形：地下水沿接地線往上滲出

(2) 假設工程

　　對於工地安全措施（安全圍籬、警告標誌、指示牌、公告牌、警示燈、樣品間、工務所、工房等）之內容及配置圖；施工架、支撐架、安全網、施工電梯、塔吊等組裝、搭乘、裝載方式；測量放樣計畫（室內、室外——高程水準、方位位置、放樣程序及方式）、模板（組立、拆卸）等之施工方式、順序、及施工設備與機具、人力分析，應有完善之規劃，避免互相干擾或造成不便及危害。

① 放樣

A. 高程——應先檢討 GL 與 FL 等設計高程，避免排水不良或積水。

B. 器具——龍門板應筆直平整剛度足，避免彎曲下陷。

　　　　——使用鋼捲尺，避免使用伸縮性大之布捲尺。

C. 量測——量測時鋼捲尺保持水平拉直；放樣時直角關係之兩邊，應以經緯儀測量及定線，不可使用木製定規，避免發生目視誤差；四方形版應檢查對角線長度是否相等，避免菱形現象。

　　施工中鄰近建物可能傾斜下陷龜裂。應在構造物牆上設傾斜計及地面設水準觀測點。施工計畫應有警戒值、行動值等應變措施。施工前、施工中隨時檢測鄰屋傾斜及沉陷差異。放樣要確實並應先檢核其標稱尺寸是否正確。漏電造成人員觸電傷亡。樓梯口未依法令設置標準護欄；施工架（鷹架）設置不良可能造成人員墜落傷亡。工地髒亂材料（卸模、廢棄物）未清理容易造成人員受傷及引起火災。有關缺失及正確之施工照片詳見圖 5-6～20 之說明。

圖 5-6　應在構造物四周增設水準點，
　　　　觀測沉陷差異

圖 5-7　施工前、施工中隨時檢測鄰
　　　　屋傾斜度

圖 5-8　放樣要確實並應檢核其標稱尺寸
　　　　是否正確

圖 5-9　放樣後應確實檢核其對角線
　　　　尺寸

圖 5-10　樓版水平及接線盒檢查

圖 5-11　配電盤之閘刀開關護蓋破損，
　　　　且未裝漏電斷路器造成人員觸
　　　　電傷亡

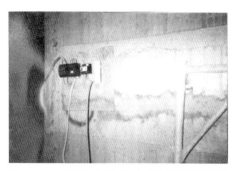

圖 5-12 臨時配電盤之閘刀開關護蓋 換新且應裝設漏電斷路器

圖 5-13 施工時樓梯未設置臨時防落 設施可能造成人員墜落傷亡

圖 5-14 電梯口未依法設置標準護欄 可能造成人員墜落傷亡

圖 5-15 施工中之開口應設置警告標 誌及圍柵

圖 5-16 工地環境未清理造成髒亂人 員容易受傷

圖 5-17 工地應設置臨時垃圾倒運管 路

圖 5-18　工地應設置垃圾輸送管維持
　　　　　工地清潔

圖 5-19　工地髒亂材料未清理容易造
　　　　　成人員受傷及引起火災

圖 5-20　材料清理完成後工地井然有序

②支撐倒塌

抵抗水平力的斜撐繫材施工不當或不足，應由支撐作業主管指揮工作進行，避免支撐失敗倒塌。支撐倒塌原因如下：

A. 支撐（架）的基礎產生不均勻沉陷。

B. 支撐未垂直，引起偏心荷重。

C. 斜面上的支撐產生滑動。

D. 材料有缺陷。

E. 各承接處未密接，混凝土輸送管的震動使其鬆脫。

F. 於樓板模上堆放過重的鋼筋等材料。

G. 混凝土澆置順序錯誤產生偏心荷重。

H. 安全係數不足。

避免支撐倒塌採行方法：

A. 參考營造安全衛生設施標準，對支撐施工圖先充分了解後再施工。

B. 先檢查要使用的材料，不良的材料不要使用。

C. 作業場所應禁止無關人員進入，門禁應用圍柵或警衛人員看守。

D. 組裝中、組裝後、地震或惡劣氣候過後、混凝土澆置前，均應詳細檢查。

E. 拆卸應由支撐作業主管指揮工作進行；材料應分門別類堆放。

　　支撐系統施工前應有完善施工計畫，支撐架基礎夯實整平不容下陷。支撐架應有交叉拉桿。有關缺失及正確之施工照片詳見圖 5-21〜33 之說明。

圖 5-21　地基沉陷造成支撐架倒塌

圖 5-22　地基不穩造成支撐架倒塌

圖 5-23　支撐系統施工前應有完善計畫（優良實例）

圖 5-24　支撐架間需用斜撐連接避免受側向力時傾倒

圖 5-25　將鷹架和建物間加強連接防
止鷹架傾倒

圖 5-26　鷹架未與建物連接易造成鷹
架倒塌人員傷亡

圖 5-27　鋼管鷹架均應設置長條型安
全網

圖 5-28　未設置安全爬梯及扶手
易造成人員墜落傷亡

圖 5-29　安全爬梯及扶手設置完善

圖 5-30 安全支撐挫屈、倒塌

圖 5-31 地下室支撐系統之鋼樑斜撐應確實並應將所有螺栓鎖固

圖 5-32 水平鋼樑接頭處螺栓應全部鎖固

圖 5-33 支撐圍令背填混凝土應密實且應設置適當之加勁螺桿

③模板

　　模板剛度必須符合應力要求，否則灌置之混凝土難以密實。至於模板組立，如認為結構體巨大或狹小不能或不必按施工說明書之材料規格尺寸施作時，應繪製模板施工圖並附應力計算，必要時須經技師簽證送核，方可依圖施作。清水模板絞緊位置須事先規劃，裡襯三夾板之拼接力求整齊對稱、對縫，拆模時特種鐵件應予取出，並以相當於混凝土配合比之砂漿妥為填補平整。凡

分段澆築混凝土，在下層模板應俟上層混凝土澆置完成後始得拆除，以確保上、下層混凝土之平順。如為節省模板，亦可以預設施工接縫模板方式施工，惟事先應提出接頭模板施工圖，經核可後施工。模板施工缺失原因如下：

A. **爆模**——撐骨間距或貫材間距過大，造成模板強度不足。

　　　　——繫條螺桿鎖緊程度不一。

　　　　——撐骨或貫材搭接長度或方式不對。

　　　　——材料有缺陷。

　　　　——振動器使用不當（過久或直接振動到模板、繫條）。

　　　　——繫條安全係數不足。

　　　　——混凝土澆置速率超過設計速率。

B. **模板上浮**——單面牆模或牆厚漸變的扶壁式牆模受到上浮力而失敗。

C. **牆厚不均**——未使用間隔器或間隔器強度不足、變形；繫條鎖緊程度不一或脫牙。

D. **垂直度走位**——柱、牆模斜撐不足；施工時未使用垂球。

模板剛度不夠，承受側向荷重後會變形，模板支撐不足易造成倒塌。有關缺失及正確之施工照片詳見圖 5-34～41 之說明。

圖 5-34　模板使用四層模，剛度夠平整度佳　　圖 5-35　支撐置於不穩定之紅磚上且搭接方式不對

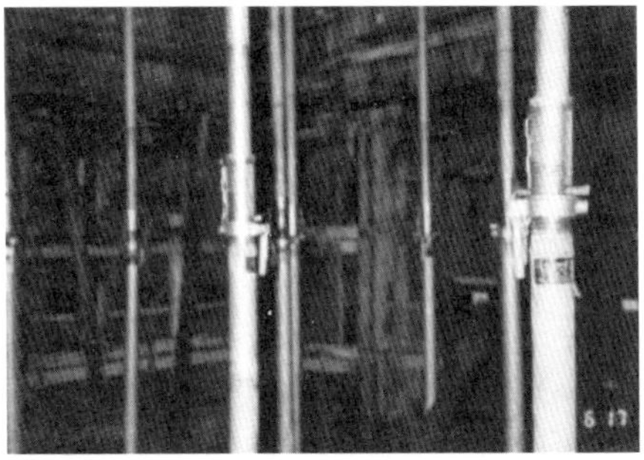

圖 5-36　未加橫向拉桿不牢固

圖 5-37　鋼管支撐高度超過 3.5 公尺
　　　　　應每 2 公尺設置縱橫向繫條

圖 5-38　鋼管支撐螺牙插銷不得以 ＃ 3
　　　　　鋼筋替代

圖 5-39　模板支撐不足易造成倒塌，
　　　　　宜加強支撐

圖 5-40　樓版模板之大小格柵長短不
　　　　　一支撐不均勻

圖 5-41　樓版模板之格柵應距樑邊
　　　　　三十公分內釘第一道撐材

(3)結構體工程

①鋼筋

A. 進場鋼筋應以角材墊高並用膠布覆蓋，以免日曬雨淋產生鏽蝕。並使四周排水良好，不可有積水情形。

B. 鋼筋之搭接，應相互交錯不得集中同一斷面，搭接處之鋼筋須緊貼，所有鋼筋相交及相疊處，以 #18～#20 軟性鐵絲結紮牢固，垂直面（如：牆、柱等）鋼筋各交叉點必須每點綑紮，不得間隔綁紮，且固定鋼筋保護層之墊塊，應使用圓洞型，以防灌漿時被擠落，造成鋼筋移位或外露等瑕疵使鋼筋鏽蝕導致混凝土脹裂、剝落影響結構安全。水平面鋼筋交叉點方可間隔綑紮。大樑箍筋底部之鐵絲應先以托架墊高綑紮，不得有漏紮情形。樑版鋼筋搭接錨定長度、柱筋搭接位置、柱樑搭接之箍筋安放及補強筋等，應依設計圖規定施工，鋼筋之彎紮，不得加熱為之。

C. 鋼筋施工有關缺失及正確之施工照片詳見圖 5-42～65 之說明。窗戶開口易產生斜向裂縫、滲水；窗開口之縱、橫向鋼筋，應確實綁紮，斜向補強筋儘量靠近開口，澆置混凝土時應注意搗實。

圖 5-42　混凝土澆築後鋼筋上之餘渣未清除使鋼筋握裹力降低　　圖 5-43　混凝土澆置前應清除鋼筋表面混凝土漿及雜物

圖 5-44 單排鋼筋水平筋未確實與柱
連接造成牆柱界面龜裂

圖 5-45 單排鋼筋水平筋與柱連接
（以植筋改善）

圖 5-46 下層筋保護層不足樓版會
龜裂鋼筋銹蝕

圖 5-47 牆筋應每目均以鐵絲綁紮

圖 5-48 下層筋墊塊間距過大導致
保護層不足

圖 5-49 柱箍筋彎鉤未達標準、柱
主筋間距太小影響握裹力

圖 5-50　柱箍筋彎鉤及柱主筋間距須依法施作

圖 5-51　柱主筋搭接位置須錯開

圖 5-52　鋼筋綁紮工法展示

圖 5-53　柱主筋續接位置在同一斷面未錯開

圖 5-54　鋼筋鏽蝕膨脹導致混凝土爆裂

圖 5-55　柱主筋應注意保護層及間距

圖 5-56　管路或鋼筋貼模板未留保護
　　　　　層會導致牆壁粉刷層龜裂

圖 5-57　樓版近樑側之鋼筋應加強保
　　　　　護層墊塊

圖 5-58　窗開口之縱橫斜向鋼筋應確實綁紮

圖 5-59　角隅補強筋應對角向在上截
　　　　　角向在下

圖 5-60　樓版鋼筋間距、主副筋位置、
　　　　　保護層正確的優良實例

圖 5-61　第一道樑箍筋應於近柱端 5
公分處綁紮的優良實例

圖 5-62　樓版鋼筋間距、上下層筋位
置、保護層正確的優良實例

圖 5-63　穿外牆管路雖作止水板但未
以鋼筋補強且分二次澆築

圖 5-64　過牆套管太密集
影響混凝土澆築

圖 5-65　外牆管路易滲水、穿外牆管路設止水板、管邊以鋼筋補強

②混凝土

A.為確保混凝土品質，預拌混凝土在使用前，其粗細骨材之分析及配合比設計等應先經核可後方得使用。所使用之預拌混凝土應事先覓妥生產廠家，並將混凝土配比表送審合格後方可採用。澆置前應備妥試體鐵模三只及坍度儀，以供抽做試體及坍度試驗。

B.混凝土灌注不密實，易造成蜂窩滲水現象，因此務必以振動機輔以竹竿木槌、模板振動器等確實搗實。倘有蜂窩不密實現象者，面積達 $100cm^2$ 以上或占該單元面積之百分之一以上者，其蜂窩處需做鑽心試驗證明其強度仍合於設計強度。灌置牆身混凝土時，為防止骨材分離，如高度超過一・五公尺以上時，應使用漏斗導管灌注，而且底部應先舖墊一層約三至五公分厚之同比例水泥砂漿墊底，以免牆（柱）施工接縫處發生不密實現象。

C.穿過牆版之管路，須於澆置混凝土前先預埋過牆管或過版管並應有止水環設置，事先並將各過牆、版位置繪製於施工圖。

D.混凝土澆灌凝結前鋼筋及模板不得受混凝土輸送管震動或牽引，以免拉動模板及鋼筋。

E.已澆置之混凝土必須加以養護，原則上應於澆置七天內嚴防混凝土內部水份之蒸發，並保持濕潤，如加蓋濕布袋等。

混凝土有關缺失及正確之施工照片詳見圖 5-66～88 之說明。混凝土樓板易漏水，樓版預留孔周邊泥土應確實清理，並以無收縮水泥填灌，以確保防水。屋頂樓版易滲漏水，正確作法在女兒牆泛水之混凝土應與屋頂樓版一體澆築。地下室牆與樑接縫處易滲漏水，正確作法為牆與樑接縫處於澆築混凝土前，應確實清除雜物。

圖 5-66　混凝土須作氯離子檢驗

圖 5-67　混凝土試體須作抗壓試驗

圖 5-68　混凝土地面須作整體粉光

圖 5-69　混凝土須作養護

圖 5-70　混凝土須作保養

圖 5-71　工地安衛、模板、鋼筋施工
　　　　優良實例

圖 5-72　工地安衛、模板、鋼筋、管
　　　　線、止水帶施工良好之案例

圖 5-73　混凝土正確養護情形

圖 5-74 筏基坑內混凝土漿會阻塞，
連通管積水無法排出

圖 5-75 正確作法：筏基坑之連通
管應清理避免阻塞

圖 5-76 地下室連續壁漏水

圖 5-77 模板組立後未確實清除雜物

圖 5-78 模板拆除後遺留板上之鐵絲殘
根等應清理

圖 5-79　牆模組立時保護層墊塊不足致牆鋼筋裸露

圖 5-80　混凝土澆置時未確實搗實

圖 5-81　混凝土澆置時未確實搗實造成蜂窩

圖 5-82　蓮蓬頭預留出口以固定鐵片定距且不得歪斜

圖 5-83　混凝土拆模後表面凹凸不平再補平

圖 5-84　地板預留孔周邊泥土應確實清理

圖 5-85　預留孔之配筋應注意號數及支
　　　　數、使用不縮收水泥填灌

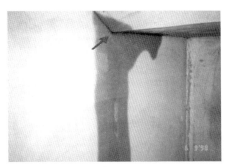

圖 5-86　混凝土澆置時應確實搗實以
　　　　免外牆滲水

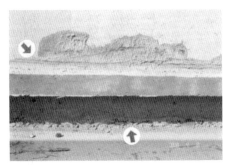

圖 5-87　女兒牆泛水之混凝土應與屋
　　　　頂樓版一體澆築

圖 5-88　地下室牆與樑接縫處於澆築
　　　　混凝土前應確實清除雜物

(4)水電工程

　　為促使土建承商與水電承商施工互相配合。為避免因各自為政而引起不必要之後遺症：

　　①各棟樓層必待水電配管完成且試水合格後，並提出試水紀錄表，經工程司同意始可灌漿。

　　②室內浴廁及廚房間水電配管完成後，將管端封閉二度試水後，始得辦理牆面及地坪之防水粉刷施工。

　　③待浴缸安裝後始得進行浴廁牆面、地坪磁磚粘貼。

　　④裝修工程泥水工作之廢水，建築承商應於每層樓施設若干臨時排泥廢水專用管道，並應嚴格要求所屬工人不得打開排水管、排洩樓板積水。

　　水電工程有關缺失及正確之施工照片詳見圖 5-89～106 之說明。電源線之線色應按紅、黑、藍色線裝設，管路進入配電箱應按順序安置不得交錯。混凝土澆築前給水管應先試水，水壓須 10kg 維持一小時以上，若有漏水不可灌混凝土。配設管路應注意磚牆打鑿深度，以確保管路有足夠保護層，並應確實固定管路。

圖 5-89　管線預留位置失誤實例

圖 5-90　管線正確施工範例

圖 5-91　電源線之線色應按規定裝設

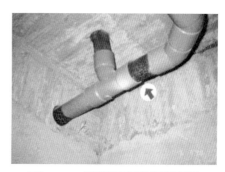

圖 5-92　管線過度燒灼應更新

圖 5-93　照明放樣吊具預先安裝

圖 5-94　樓板應使用高腳接線盒

圖 5-95　水電包商應先自主檢查，經查驗合格後才能澆築混凝土

圖 5-96　水電配管過份密集影響混凝土澆築（錯誤實例）

圖 5-97　正確作法密集之配管應予調整擴散分配

圖 5-98　施工中垂直引上管線開口須封塞保護

圖 5-99　混凝土澆築前給水管應先試水

圖 5-100　配電箱背加舖鐵絲網避免牆面龜裂

圖 5-101　管路加熱彎管焦黑應更換

圖 5-102　配設管路應注意打鑿深度
以確保足夠保護層

圖 5-103　衛浴設備配件標準樣品間需
陳列展示

圖 5-104　配管試做樣品需陳列展示

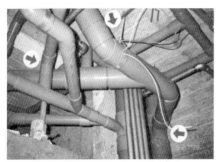

圖 5-105　污水水平管應以 Y 字接頭
或順水 T 接入垂直主管

圖 5-106　右箭頭水管之透氣管接合方式
錯誤、左箭頭處為正確角度

(5)裝修工程

①以鐵絲固定的牆模，拆模時鐵絲不可扭轉搖動，須以大剪刀剪斷鐵絲，鐵絲頭以斬刀斬斷。固定螺栓洞口應以 1：1 比例水泥砂漿補平或以 PE 發泡劑填塞平整。

②砌磚牆面之水泥砂漿粉刷應於前一天將紅磚潤濕，施工時應面乾內飽水為度，以防乾縮龜裂。貼磁磚前一天，亦應先將磁磚浸水及牆面之粉刷底澆水至外乾內飽和狀態，以防磁磚脫落。

③外牆打底及貼磁磚之勾縫施作均應均勻密實，始可避免小空洞導致滲水發生白華或漏水現象。

④外牆窗台及冷氣窗口都應向外傾斜以利排水。門窗四周塞水路應密實，塞水路處於粉刷打底時即應以釘木角條預留位置。雨庇下緣應於澆置 RC 前預埋 1.5×2.5 公分小角材施作滴水。

⑤陽台欄杆牆底部應設溢水管，並繪製於施工圖。其高度應在門檻之下，以防萬一落水管阻塞時，積水溢入室內。

⑥陽台地坪高度必須低於室內五公分，且施作適當洩水坡度，落水頭之口徑應與落水管口徑相同，管頂端開口須事先擴大，以便承接同口徑落水頭。

⑦女兒牆之泛水粉刷時，應先粉刷泛水之平面後再粉刷牆面，以防滲水。

⑧浴室、廚房之地坪，應較一般室內地坪降低二至三公分，在澆置混凝土前就應事先規劃妥當，調整模板。舖設地坪材料時，應先打底做洩水坡度，浴缸底部須提高約五公分，並作洩水坡度，以免內部積水。此項浴室、廚房地坪混凝土施工高程應繪製於施工圖。

⑨浴廁之地坪與牆面均須以 1：1 純水泥與七厘寒水石拌合，整體粉刷打底後再行貼磁磚。防水粉刷須一體完成，以達不滲水效果，防止壁癌發生。

⑩樓梯側緣應做擋水凸緣高二公分、寬七公分之突緣，以防清洗樓梯時可能污染樓版及牆面，其施作方法須繪製於施工圖。

⑪屋頂之泛水與女兒牆混凝土必須一體（同時）澆築，以免產生施工縫隙滲水，其模板施作方法須繪製於施工圖。

⑫樓梯間、管道間、透氣管等屋頂突出物周圍均須做泛水並須圍繞施做不得中斷，以免在缺口漏洞處滲漏水。

⑬屋頂落水頭罩之淨口徑與落水管相同，為承接防水膜，落水管口應先予擴口，與水泥粉刷接處頂端處理圓順，以免割破防水氈。且落水頭應埋於屋頂集水溝內，以利雨水疏排。所有落水管均須分階段及整體試水並作成紀錄。

⑭屋頂防水及隔熱層，依設計圖說，應檢送施工計畫及樣品，施工時須有監工人員在場。

⑮為維護建築物之外觀整齊、美觀，乙方應依照下列各項辦理：

A. 表面粉刷、裝修施工全靠真技術、真功夫，工人之技術非短期可訓練而成，因此泥水工分包商簽約前應先就該班工人資歷及最近期之作品報經工程司查證鑑定認可，方可簽約承攬，以確保品質水準。

B. 內外牆水泥砂漿打底前，須先做灰誌控制牆面平直，而此項灰誌須先經檢查後，始可進行粉刷。若鋁門窗之塞縫未完成時，不可進行內外牆粉刷。每一平面不論面積大小至少須有四灰誌。每個房間均需有方位基準線及高程（水平）基準線，作為各項造作之基準，並作查驗之依據。

C. 內外牆貼磁磚均應按事先規劃好之施工圖彈基準墨線，好讓磁磚工依準施工。磁磚力求對稱、對縫、平直、縫寬一致，陽角處應依設計規定使用角磚，如無角磚之規定，應事先加工磨角黏合。轉角處之施工方式應繪製於施工圖。

D. 粉刷前應檢查水電管路是否已埋妥，不可使之外露，以免影響美觀。應協調水電承商配合施作。

E. 牆面粉刷應平直光滑，牆角線筆直，應以六尺長「押尺」檢驗，須密貼不見間隙為準。

F. 外牆之淋雨門扇應向外開，如採內開，門檻須作「水返」，而且門扇須做滴水設施。

G. 鋁門窗、塑鋼門窗、木門窗等門窗與結構體間之塞縫間隙不得大於五公分，如有超過應予打鑿組模並添加鋼筋及澆置混凝土，將間隙補足。

⑯木作施工應注意下列各點：

A. 凡與混凝土或磚牆接觸之木料面均須塗滿防蟻油（水柏油）以防腐蝕並埋固定鐵件。

B. 木門框等木作料於粉刷工程未完成前先用黃土粉塗抹及以板條、竹片

等保護，以防泥漿濺污或刮傷撞擊。

C.門扇與樘料之縫不大於一公厘，不得有穿通現象，門扇下緣離地距離以一公分為度，組合要精密。

D.釘踢腳板之木樁應先砌入，木樁應浸過熱水柏油，踢腳板之外角接頭應鋸成 45 度斜角及榫頭，以免日後收縮使接頭產生縫隙，並儘量使用長料避免接口，長度超過一‧八公尺以上者方得接口，但應將長度平均劃分對稱。不得有零料相接現象。

E.門窗框背面須刨設凹槽，承接水泥砂漿粉刷層，可使門窗框與水泥粉刷間合為一體，乾縮後不見其接縫。並須於施工圖繪製時繪製各項大樣圖，經核定後始得刨裝。

裝修工程有關缺失及正確之施工照片詳見圖 5-107～152 之說明。

圖 5-107　屋頂給水管在泛水下穿入管道間導致防水失效錯誤實例

圖 5-108　屋頂防水層施工後蓄水測試察看是否有滲漏水現象

圖 5-109　施工順序錯誤，未砌磚牆即先粉刷會導致牆壁龜裂

圖 5-110　砌磚時磚縫應注意飽漿

圖 5-111　砌磚牆於轉角處應採用交丁方式

圖 5-112　砌磚牆每日高度不得超過 1.5 公尺、收頭接縫應採踏步式

圖 5-113　優良清水磚作品

圖 5-114　大面積磚牆應加做加強梁、加強柱

圖 5-115　窗框周邊粉刷前應先以砂漿填飽

圖 5-116　門框粉刷前應先以砂漿填飽

圖 5-117　底層粉刷前應充分澆溼結構體

圖 5-118　底層粉刷厚度一次不得超過 1.5 公分

圖 5-119　錯誤實例：門框未組立即進行底層粉刷

圖 5-120　(1) 門框預留尺寸過大 (2) 安裝前需彈水平基準墨線

圖 5-121　窗、門等開口應預留設恰當尺寸以免開口過大或太小

圖 5-122　門框組立時其下端調整木楔粉刷前應清除

圖 5-123　窗框預留開口位置錯誤，而平移缺口牆面應以混凝土灌置

圖 5-124　鋁門框未先塞漿即粉光

圖 5-125　室內陰角粉刷未成直角

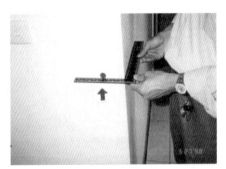

圖 5-126　室內粉刷陽角須為直角

圖 5-127　牆面砂漿打底未垂直以致貼磁磚明顯不整齊

圖 5-128 外牆磁磚剝落

圖 5-129 外牆磁磚施工縫滲出白華

圖 5-130 外牆產生白華、鷹架固定
鐵件未清除

圖 5-131 貼磁磚未依對稱、對縫、
整磚三原則施工

圖 5-132 二丁掛抹縫不確實，雨水
由縫隙進入因熱漲冷縮造
成剝落

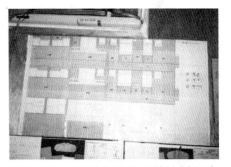

圖 5-133 正確作法施工前繪製磁磚
施工計畫圖

圖 5-134　正確作法施工前二丁掛試貼

圖 5-135　水泥粉刷前先將結構體濕
　　　　　潤牆面比較不會龜裂

圖 5-136　磁磚粘貼前妥善規劃不宜
　　　　　剪割小塊張貼

圖 5-137　磁磚以勾縫方式填縫雨水較
　　　　　不會滲入，可避免白華現象

圖 5-138　外牆面磚達到對稱、對縫、
　　　　　整磚三原則的優良實例

圖 5-139　外牆面磚溝縫應飽漿、壓
　　　　　實的優良實例

圖 5-140 廚房浴室磁磚應對稱、對縫、整磚的優良實例

圖 5-141 磁磚裁切優良作品（落水頭以方形為宜）

圖 5-142 未考慮裝修石材厚度不一造成室內地版高低不平

圖 5-143 牆面以硬底濕式張貼花崗石因未使用固定零件而掉落

圖 5-144 車道上方外牆石片應考量是否有被車輛撞毀之危險

圖 5-145 使用固定鐵件乾式施工法石材不易掉落

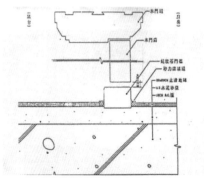

圖 5-146　設計圖不佳雨水會被吹進
　　　　　室內

圖 5-147　雨水會流進室內裝修品質
　　　　　不佳

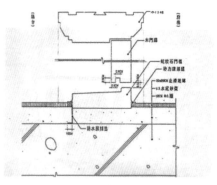

圖 5-148　修改門檻坡度、增加門扇
　　　　　滴水線不讓雨水流進室內

圖 5-149　前一張照片的優良實例

圖 5-150　屋頂未做洩水坡度造成積
　　　　　水容易漏水

圖 5-151　屋頂有做洩水坡度不會積
　　　　　水可避免漏水

圖 5-152　屋頂隔熱磚未做伸縮縫熱脹冷縮造成膨空

4.防範措施

　　行政院於 1993 年 10 月 7 日頒佈「公共工程施工品質管理制度」，乃是為了改善傳統施工品質管理方法之眾多缺失，該項制度分別對各級單位之權責及應辦理事項均有所規定。有關一級品管及二級品管施工管制措施彙整如表 5.2。

表 5.2　一級品管及二級品管施工管制措施表

類別	一級品管	二級品管
執行階段 階段別	施工單位（承包商）	監造單位
決標至訂約 完成階段	1. 擬訂整體施工計畫書 2. 擬訂品質計畫 3. 分包商招商（分包商）作業準備 4. 建立文件紀錄管理系統 5. 準備開工前相關行政作業	1. 提供施工指導書供施工單位參考 2. 召開施工前說明會 3. 施工計畫及品質計畫審查 4. 提供承包商召商（分包商）諮詢 5. 建立文件紀錄管理系統 6. 建立界面管理機制 7. 訂定工務作業程序 　(1)發包作業 　(2)開工 　(3)工程施工進度報告 　(4)工程部分估驗 　(5)工程變更設計 　(6)停工、工期展延 　(7)工程竣工、驗收 　(8)工程決算

類別	一級品管	二級品管
執行階段 階段別	施工單位（承包商）	監造單位
分項工程 施工前	1. 擬訂分項施工計畫、施工要領 2. 依合約規定訂定工程品質管理標準 3. 依合約規定訂定施工自主檢查表 4. 工法說明及試做 5. 材料及設備送審	1. 審查分項施工計畫、施工要領 2. 審查工程品質管理標準 3. 審查施工自主檢查表 4. 指導工法說明及試做 5. 審查材料及設備
分項工程 施工中	1. 落實自主檢查 2. 品質稽核 3. 施工品質缺失處理 4. 不合格品管制 5. 品質技術及統計技術運用 6. 工法說明及試做	1. 評核工區施工成果 2. 查證與追蹤施工品質缺失 3. 追蹤分項施工計畫送審情形 4. 追蹤材料及設備送審情形 5. 品質稽核 6. 品質技術及統計技術運用 7. 界面整合
驗收試車 階段	1. 試車及驗收缺失改善 2. 工程結算 3. 竣工報告 4. 管理維護手冊訂定	1. 驗收標準訂定 2. 竣工圖繪製 3. 驗收作業 4. 工程結算 5. 工程決算 6. 交屋

問題討論

　　實施品管制度，有助於提升工程施工品質嗎？你認為有必要輔導廠商落實公共工程施工品質管理制度之建立嗎？

習題

(1) 如果你是老闆，碰到品管工程師和工地主任意見不一致時，你會如何處理？

(2) 如果你是老闆，所承包之工程已虧了不少錢，你會如何處理？

(3) 你認為施工前說明會、品管圈，對業主、承包商有什麼好處？

(4) 你承辦了一件工程，請就以下身分：業主、承包商、工地主任、品管工程師說明你會如何承辦本工程？

(5) 你承包了一件工程，若設計圖說不是很完整，甚至沒有交代，對業主達成效用必要的額外要求，應該怎樣處理較圓滿？

案例七、輻射污染鋼筋

1. 背景

我國最早發現輻射鋼筋事件是在 1982 年，當時中國商銀於天母興建大樓，所用的鋼筋被偵檢出含有（Co-60）輻射污染，因當時沒有足夠經驗與周全之法令，於是便將含有（Co-60）輻射污染之鋼筋埋於士林芭樂園了事。1985 年臺北啟元牙科也被發現有輻射鋼筋，處理方式是在結構體上加鉛屏蔽改善後便發照營業。當時社會沒人重視，更別談抗議索賠，政府當然也低調處理。

到了 1992 年 7 月 31 日，廈門街民眾檢舉建築有輻射鋼筋，經行政院原子能委員會（以下簡稱原能會）偵檢證實，發現事態嚴重便進行全面偵測與劑量評估。天母的輻射鋼筋當然被列為首號疑凶，政府才重視找尋當年埋於士林芭樂園之輻射鋼筋，但十年來士林早就滄海桑田，要找出當年埋鋼筋的地點，還真費了一番的功夫。

此後原能會一方面主動蒐集相關建商之建築資料，擴大派員偵檢，另一方面為繼續調查國內是否仍有其他輻射污染鋼筋建築物，開始對 1982～1984 年間興建之建築物，大規模寄送「熱發光劑量計」進行普查工作，如發現劑量計之計讀數有高於背景值現象者，即刻派員前往實地查證，截至 1986 年 10 月底前，經查證確定有輻射污染鋼筋者計 1097 戶（王曉中，1996、黃昭輝，1999）。

2. 危害

輻射對人體的生物效應（如圖 5-153 所示），可概分為軀體效應與遺傳效應。

(1) 軀體效應

指受照射個體在生命期內所誘發的效應，這樣的效應可依發生的時間區分為急性效應與慢性效應，亦可依傷害發生的部位區分為全身效應與局部效應。

① 全身急性效應

全身急性曝露的早期軀體效應可分為造血症候群、腸胃症候群、中樞神經症候群及分子死亡四類。急性全身輻射劑量的效應詳如（表 5.3）。

② 局部急性效應

A. 皮膚損傷、紅斑、脫毛、深層組織的壞死。

B. 暫時或永久性的不孕症（急性曝露一次接受 1.5 戈雷會造成短期不孕，5 戈雷以上大部分人會永久性不孕）。

C. 其他有再生能力的組織（如消化管的上皮組織、骨髓內的造血組織），產生減數或畸形的分裂。

D. 傷害神經系統或其他系統的功能。

表 5.3　急性全身輻射劑量的效應表

一次劑量西弗（Sv）	一般症狀說明
小於0.1	無可察覺症狀，但遲延輻射效應所產生的病仍可能發生。
0.10～0.25	能引起血液中淋巴球的染色體變異。
0.25～1.0	可能發生短期的血球變化（淋巴球、白血球減少），有時會有眼結膜炎的發生，但不致產生機能影響。
1.0～2.0	有疲倦、噁心、嘔吐現象。血液中淋巴球及白血球減少後恢復緩慢。
2.0～4.0	24小時內會噁心、嘔吐，數週內有脫髮、食慾不振、虛弱、腹瀉及全身不適等症狀，可能死亡。
4.0～6.0	與前者相似，僅症狀顯示得較快，在2～6週內死亡率為50%。
6.0以上	若無適當醫護，死亡率為100%。

③一次大量曝露或長期慢性曝露的延遲效應

A. 慢性皮膚損傷（類似潰瘍或癌瘤）。

B. 使受照射的器官或組織產生萎縮症或營養不良症。

C. 引起眼球白內障。

D. 骨骼組織受照射而引發的骨癌。

E. 因吸入放射性物質存積於肺部而引發之肺癌。

F. 因骨髓受傷而引發再生不良性貧血。

G. 誘發白血病（即血癌）。

H. 女性會引發乳癌。

I. 不孕症。

J. 壽命的縮短。

(2) 遺傳效應

　　游離輻射的遺傳效應是指游離輻射在性細胞上所造成的傷害可延及至後代子孫。遺傳效應主要來自基因突變與染色體的變異。輻射對人類的影響詳如（表 5.4）。

①基因突變

A. **單一顯性突變**：這類遺傳突變在第一子代中即會顯現出來。例如多指症、矢矮症、漢氏痙攣症、肌肉萎縮症、視網膜瘤等。

B. **隱性突變**：只有精子和卵子具有相同的突變結合時，才會顯現出來的突變。一般要幾個世代之後才會出現。例如海洋性貧血、黏多醣症、先天性代謝異常症等。

C. **性染色體的隱性突變**：性染色體 X 的突變可在第一子代男性中見到。如血友病、色盲、肌肉萎縮症等。

②染色體變異

A. **染色體數目異常**：如人類的第 21 對染色體多出一個，可能會造成唐氏症，則有癡呆的症狀；如第 13 對染色體多出一個，會有 Patau 症；如第 18 對染色體異常，會出現 Edwards 症；均會造成嚴重的畸形和智障。

B. **染色體斷裂**：游離輻射將染色體打斷會造成染色體構造上的變化，包括缺失、重複、倒轉及易位。如貓啼症是第 5 對染色體短臂脫失造成的；而慢

性骨髓白血病則是由兩個染色體（費城染色體）互相交換其中的片段所造成的。

表 5.4　輻射對人類的影響

輻射防護分類				
區分	病例	低限劑量	隨劑量的變化	防護的目標
機率效應	誘發癌症 遺傳疾病	假設不存在	發生機率	限制於可接受的範圍內
非機率效應	白內障 紅斑（皮膚） 脫毛 不孕症	可能存在	嚴重程度	防止其發生

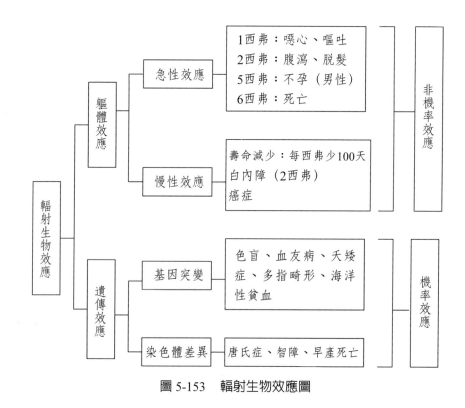

圖 5-153　輻射生物效應圖

3. 處理措施

　　輻射污染建築物事件為國內外罕見之公害事件，對民眾福祉影響甚巨。鑑於此一事件性質特殊，迴異尋常公害糾紛，且所發現之污染建築物皆已完工逾十年，事件之肇因雖為鋼筋建材煉製過程中之疏失所引起，但當年法律如民法、公害糾紛處理法或消費者保護法等，均囿於法定要件不備，不易獲得賠償，而難以作為及時有效解決問題之根據。原能會為保障居民健康、維護公共安全，乃不得不介入採取各項善後措施，並就建材偵檢、建築物普查、健康檢查、改善技術等種種方向，提供行政上最大的協助，力求使此一無例可循且迴異於一般公害之特殊事件，由防範以至善後處理，期望獲得適當解決之道。

　　隨著國內建築物普查之次第展開，輻射污染建築物之戶數已有逐漸增加之趨勢。為使是類事件能有一制度化的共同處理方式，俾消除其對於社會所造成的不安。原能會於 1994 年 6 月 1 日發布「輻射污染建築物事件防範及處理辦法」。

(1)處理現況

①確認污染建物

　　確認受污染戶計 1,097 戶，經輻射劑量之評定有 1,064 戶（約占 77%），不需經任何改善措施即可符合法規劑量限值 5 毫西弗（0.5 侖目），其餘 23% 為超過法規限值。

②安排住戶接受健康檢查

　　安排達體檢標準之居民至衛生署指定之 19 家地區教學醫院接受體檢，並由衛生署邀請臺大等醫學中心之專業醫師對已受檢之 950 位居民進行判讀。

③建築物普查

　　A. 繼續對 1982～1984 年興建之建物（約 40 萬戶）進行普查，依據民眾參與意願於 1985 年 3 月底完成臺灣北部地區（新竹縣以北）之建物輻射偵檢作業。至於其他縣市之建物亦於 1985 年 6 月底完成普查工作。同時配合以輻射偵測巡迴車，進行前述地區街道巷弄之偵測，計發現 51 起污染建物。

　　B. 按全省 1982～1984 年興建公共建築物輻射普檢計畫，已獲得全省公私立各級學校（包括幼稚園、托兒所）校舍資料，共計 2100 餘件，目前已完成

北部地區校舍熱發光劑量計普測及偵檢之查核、建檔事宜，執行以來已發現 7 起污染校舍建物。

C. 檢討北部地區輻射普檢計畫之執行情形，顯示一般民眾配合普檢意願可再加強，現已研擬普檢計畫後續方案，藉由媒體擴大宣導、再繼續以檢測服務及定點偵測建物等方式交互配合，徹底及早找出現仍隱存之輻射污染建物，確保民眾生命財產安全。

④**鋼鐵材輻射污染抽驗**

A. 進口鋼鐵材料商品，經濟部商品檢驗局已對進口鋼筋增列「輻射偵測」之檢驗項目，並逐月向原能會提報檢驗結果。另購置車輛輻射自動偵測系統，裝設於港口公路之適當關卡，以杜絕受污染鋼筋來源。

B. 國內煉製部分，為建立國內鋼鐵廠之輻射偵檢制度、設備及技術能力，對國內鋼鐵廠輻射偵檢能力，進行普查作業。

⑤**推動施工中建築物出具無輻射污染證明**

原能會於 1994 年 9 月 22 日建請內政部依「輻射污染建築物事件防範及處理辦法」第五條第一項：「直轄市、縣（市）主管建築機關對於施工中建築物所使用之鋼筋或鋼骨，應依建築法規定指定承造人會同監造人提出無輻射污染證明，主管建築機關並得隨時勘檢之。」之規定，函請臺灣省、臺北市、高雄市政府直接要求建商於申請施工勘驗時應併同施工勘驗報告書，檢具無輻射污染證明（如附表 5.5、5.6、5.7），送請各主管建築機關進行書面審核，必要時並得隨時勘驗之。

各級政府主管建築機關於 1995 年 7 月 1 日起正式實施施工中建築物鋼筋、鋼骨之勘驗及偵檢制度。

4. 防範措施

(1) 實施偵檢之義務主體

① 進口鋼鐵業者。

② 國內鋼鐵製造業者。

③ 建築物之承造人及監造人。

(2) 執行偵檢工作者之資格

① 經原能會認可之輻射防護業或輻射偵測業。

② 受僱於偵檢義務主體之工作人員，且具高中（職）以上學校畢業或同等學歷，並經原能會認可之鋼鐵建材輻射偵檢訓練合格者。

(3) 出具無輻射污染證明

目前已規劃完成無輻射污染實施計畫，要求新建建築物之承造人及監造人出具下列三種格式（任選一種）的無輻射污染證明。

① 格式一：由合格鋼鐵廠出具無輻射污染證明如（表 5.5）。配合鋼鐵業出具之無輻射污染證明保證書如（表 5.6）

② 格式二：由原能會認可之具偵檢能力廠商出具證明如（表 5.7）。

③ 格式三：由承造人會同監造人出具之證明如（表 5.8）。

(4) 發現輻射污染鋼鐵建材

發現時應暫停施工並即通知原能會派員複測，複測結果如有改善或拆除必要者，原能會應通知主管建築機關，依建築法第五十八條規定處理。拆除之輻射污染鋼鐵建材，應運交原能會指定之機構處理。輻射污染偵測報告表如（表 5.9）。

(5) 原能會查證輻射污染來源

所採行之各項措施，有關機關、團體或個人應配合辦理。

(6) 刑事責任及民事責任

違反上述偵檢義務之責任，可究其刑事責任及民事責任。

① **刑事責任**：涉及違反建築法第九十三條及違反刑法觸犯偽造文書罪。

② **民事責任**：違反消費者保護法及民法之相關規定。

問題討論

臺灣高等法院於 2002 年 1 月 30 日判決原子能委員會因相關人員違法失職，造成民生別墅住戶身體健康受損，應賠償 46 名住戶合計共七千兩百多萬元案，此乃國賠史上單一案件賠額最高的案件（不動產 e 族，2007）。本件賠償案是第一宗輻射污染請求國家賠償的案例，我國法院一、二審相繼判決原能會敗訴。核電在國內是輻射應用的大宗，所產的輻射廢料亦占全國絕大多數，

吸引了大眾的目光，除了政府的管制監督外，社會大眾也無不睜大眼睛，不容核電輕易越雷池。

　　但試想國內除了核電外，醫學、研究、工業、農業等多少的輻射源，散布在全國各個角落，就在大家日常生活的周遭，而多少使用者具有充分的輻射防護常識？有多少廢料管理的能力？對全國輻射使用狀況我們又掌握了多少？一般民眾對輻射的認識又多少？從國外及國內事件中，我們可看到什麼？我們的應變能力？規劃？組織？人力？設備？醫療？反省能力？鍥而不捨的負責追根？所應強調的「危機處理」，並非僅僅在事情爆發後，再作消防隊式的急救撲火的工作而已，最近政府制訂的「災害防救法」，要求政府各單位全力做好防災，強調的正是從頭到尾整體的防災救災。如今不幸有輻射鋼筋事件的爆發，若能藉此促使國內輻射管制更上軌道，豈不是因禍得福！有關照片詳見圖5-154～157之說明。

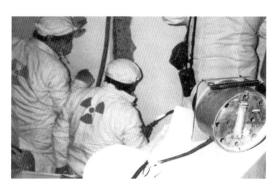

圖 5-154　輻射屋檢測

圖 5-155　輻射屋挖開混凝土作輻射鋼筋檢測（王玉麟，2008）

圖 5-156 　輻射檢測儀

圖 5-157 　臺北民生別墅輻射屋

習題

(1) 鋼筋進場前應作哪些檢驗？

(2) 鋼筋綁紮後，才被檢驗出鋼筋品質有問題，請就如果你是老闆、工地主任、品管工程師、監工等身分，你會如何做？

表 5.5 　由合格鋼鐵業出具之無污染證明

無輻射污染證明書 　　　　編號
茲證明下述產品符合「鋼鐵業偵檢輻射污染作業要點」之規定，無輻射污染現象。
產品名稱規格
批號與數量：
買受人名稱：
製造商名稱：
原子能委員會：
合格證明文號：
偵檢人員：
品質管制主管：
偵檢日期：　　　　年　　　　月　　　　日
製造商負責人：、　　　　　　　　（單位及負責人印信）
地址：
中　華　民　國　　　　　年　　　　　　月　　　　　　日

副　　聯
一、茲保證上開無輻射污染證明書影本，係經原製造商同意影印，且各項記載資料均與正本無誤。 二、本證明書影本所列產品中之　　　噸（批號：　　　）確於　　年　　月　　日售予 經銷商：　　　　　　　　　　　　　　　　　　（印　信） 地　址： 中　華　民　國　　年　　月　　日

表 5.6　配合鋼鐵業出具之無輻射污染證明保證書

保證書
一、茲保證影附之無輻射污染證明書，各項記載資料均與正本相符無誤。 二、所附無輻射污染證明書所載鋼筋已於　　年　　月　　日　施用於　　　號建築工程，施用數量計　　　　噸，施用樓層為第　層。 　　　承造人：　　　　　　　　　　　　　　　　　（印信） 　　　監造人：　　　　　　　　　　　　　　　　　（印信） 中　華　民　國　　年　　月　　日 註：本保證書係配合鋼鐵業出具之無輻射污染證明書使用。

表 5.7　原能會認可具偵檢能力單位開具之證明

無輻射污染證明書　　　　　　編號
茲證明下述建築物第　樓層所使用之鋼鐵建材經偵檢後，無輻射污染現象。 建造執照字號： 建築物地址或地號： 承造人： 監造人： 偵檢人員： 偵檢人員證書字號： 偵檢日期：　　　　年　　　　月　　　　日 偵檢機構：　　　　　　　　　　　　　　　（單位印信） 負　責人：　　　　　　　　　　　　　　　（負責人印信） 地　　址： 中　華　民　國　　年　　月　　日

表 5.8 承造人（起造人）會同監造人開具之證明

無輻射污染證明書 編號

茲證明下述建築物第 樓層所使用之鋼鐵建材經偵檢後，無輻射污染現象。

建造執照字號：

建築物地址或地號：

偵檢人員：

偵檢人員證書字號：

偵檢日期： 年 月 日

　承造人： （印信）

　（起造人）

　監造人： （印信）

　地 址：

中 華 民 國 年 月 日

註：一、如建材係由起造人提供，得由起造人代替承造人會同監造人開立本證明書。

　　二、偵檢人員為起造人、承造人或監造人本人或所僱員工，如有不實願負法律責
　　　　任。

表 5.9 輻射污染偵測報告表

工程名稱： 編號：

工程編號： 日期：

契約編號： 委辦單位：

使用偵測儀設備： 設備序號：

偵測背景讀值： 修正時間：

鋼　　　鐵		長度（M）	單位（件）	偵測讀值：μSV/H
材 料 標 稱	編　號			

備註：鋼鐵表面之伽瑪計量不超過0.5μ SV/H為鑑定標準。（包括背景輻射：原委會暫行規範）

結構體	位置（戶別）：				
	結 構 名 稱	柱	樑	版	牆	公 設
	偵測讀值：μSV/H				
	備註：結構體表面或空間之伽瑪計量超過0.3μSV/H時，應將異常狀況報告原委會再進行分析。（通報電話：　　　　　傳真電話：　　　　　）				

單位主管：　　　　　　　覆核：　　　　　　　試驗：

案例八、海砂屋

1.背景

　　臺灣山多平地少，幅員狹小，可利用之天然資源實在有限，尤其是以河川砂石料用來拌和調製成預拌混凝土之材源，更感短缺，加以近年來，經濟發展快速，高樓林立，1980 年代新蓋公寓建築，卻供過於求，建築商每年推案之建築申請案，有增無減，因此政府自 1989 年開始規定部分河川禁採砂石，致使建築商之建築成本逐年增加，但建築商之銷售單價卻因供過於求，而有逐年下跌之趨勢，於是部分不肖之建築商，便挖空心思去偷工減料，以求降低成本，賺取不法利益，家喻戶曉之海砂屋事件，就在這樣的背景下產生了。（蔡得時，1995）

　　民國 1994 年 5 月桃園 xx 花園新城經媒體報導為「海砂屋」以來，立刻

引起社會對居住安全的恐慌，且陸續發現了不少案例，甚至包括了學校、橋梁等公共工程，依臺灣省砂石商業同業公會統計，自 1989 年以來這幾年間大約生產了約 42 萬戶的海砂屋，可見此事的嚴重性，「海砂屋」問題可以說是繼「輻射屋」事件再次引起社會大眾、民意機構及產、官、學界的重視，由立法院多次的公聽會及各種相關研討會之熱烈討論可見一般，各級政府建管單位並三令五申嚴禁工程使用海砂，且經濟部中央標準局並加速腳步公布或修訂有關「混凝土粒料」及「預拌混凝土」中含鹽量之限制及檢測方法之相關國家標準。

2.危害

「鋼筋混凝土」材料為目前最常用的建材之一，係利用鋼筋的抗拉特性與混凝土的抗壓特性一起來承受外力，可謂一完美的組合，且混凝土的高鹼性環境（ph=12.5 以上）使鋼筋表面產生一層鈍化保護膜，可使鋼筋不致腐蝕，因此，對一品質良好的混凝土而言，其可謂為一耐久性材料，但可能由於混凝土材料品質不佳（例如使用海砂拌和混凝土）、施工方法不當或暴露於海域環境中，則將使氯離子、濕氣、硫酸根離子、氧氣等侵入混凝土內，破壞了鋼筋之鈍化保護膜，進而造成鋼筋腐蝕。

腐蝕初期，由於腐蝕數量少，故不易由外觀察，此時因腐蝕所產生的膨脹應力遠小於混凝土拉應力，因此混凝土不致破壞，但若繼續腐蝕，則鐵鏽將大量形成，而鐵鏽體積為原來鋼筋體積的兩倍以上，因而產生甚大膨脹應力，當此膨脹應力大於混凝土拉應力時，將造成結構體產生裂縫，嚴重的話將使鋼筋保護層剝落，鋼筋外露，且其有效斷面積減少，不能承受原設計強度，致結構體產生破壞。桃園 xx 花園新城，因使用海砂拌和混凝土所產生的樓版剝落情形而言，該建築物於 1987 年完工，至被發現為海砂屋不過 7 年多，使用海砂固然為破壞元凶之一，但混凝土品質不佳及鋼筋保護層厚度不夠亦會加速腐蝕之產生。

3.檢驗或試驗

當懷疑住家為「海砂屋」時，可在建築物受力較小之結構體上鑽取適量混凝土塊試樣，送請相關學術或檢驗單位測試，目前具檢測能力之單位有各相

關學術單位、政府機關所設材料試驗室等，此種硬化混凝土內海砂之檢測較為麻煩，包括研磨、浸泡、沉澱、烘乾等過程。若經檢測發現的確為「海砂屋」時，有必要繼續進一步之檢測，以了解由於海砂中氯離子之侵蝕而造成混凝土內鋼筋之腐蝕程度，甚或評估建築物之安全性，並選用適當的防蝕方法及補強措施，以確保建築物的壽命。但若「海砂屋」內鋼筋已嚴重腐蝕而造成整個樓版脫落，此時再談論如何去除其內氯離子已無意義。

海砂中由於含有氯離子及硫酸根離子，前者會造成混凝土乾縮量增多，引起白華現象及混凝土早強現象，此種早強現象往往使人誤以為沒有問題，其實腐蝕作用已稍稍地進行，而後者會產生鈣礬石膨脹反應影響混凝土強度，因此，若欲使用海砂作為混凝土拌和材料，必須將其所含有害離子去除。

4.防範措施

臺灣為海島型地區，常年高溫多濕，鋼筋混凝土建築物經年暴露於此高鹽害環境中，縱然混凝土中不含海砂，但由於品質不良、鋼筋保護層厚度不夠等原因，亦極易使混凝土內鋼筋產生腐蝕現象。在實務上，防患於未然勝過事後之追查及補救，預拌混凝土廠平時除應做好原料之進料管制外，在出車前或於工地澆置前，配合監造及承造單位，對新拌混凝土實施早期及時之氯離子含量快速檢測，當可使施工中建築物混凝土在氯離子含量方面的品保工作有效而圓滿。

為確保混凝土品質，避免鋼筋產生腐蝕現象，茲提出數點可行方法供參考：

(1)採用低水灰比且工作性良好之混凝土，施工時並經充分搗實養護，以獲得密度大、水密性佳之混凝土。

(2)足夠的鋼筋保護層厚度，尤其對樓版部分，由於施工載重影響，樓版鋼筋保護層厚度往往不夠，甚者幾乎沒有保護層，桃園 XX 花園新城「海砂屋」樓版剝落即為實例。

(3)使用波特蘭第二型水泥具有防蝕效果，必要時更可添加諸如飛灰、爐石等波索蘭材料或腐蝕抑制劑於混凝土中，以提高其防蝕效果。

(4)鋼筋防蝕被覆，諸如鋼筋表面塗裝防蝕塗料或環氧樹脂，目前日本使

用環氧樹脂鋼筋非常普遍。

(5) 使用熱浸鍍鋼筋為目前預防鋼筋腐蝕之有效方法之一，例如 1993 年完工的陽明山馬槽橋即為使用熱浸鍍鋼筋實例，熱浸鍍鋅鋼筋價格約為一般未處理鋼筋之兩倍多，但由於鋅具有犧牲陽極功用，可以達到防蝕效果。

(6) 使用海砂生產之混凝土，應定期檢測，以確保其安全性，對於鋼筋混凝土現場腐蝕測定分析，半電位法（ASTM C876）及電化學反應法是常用的檢驗法。若能再作混凝土電阻測定及檢驗混凝土中氯離子含量，碳化程度，更能提高檢測之準確度。

(7) 使用海砂混凝土若用在暴露於大氣時，最好可作表面塗封，以阻絕水份移動及結晶析出。

問題討論

海砂屋事件，帶給營建工程界莫大之教訓，惟有確實管制料源（水泥、砂石、用水及摻砂）之品管工作，以及施工方面之確實執行規範所規定之混凝土配比，保護層厚度、水灰比、搗實、養護工作，方能確保建築物不是海砂屋，因為很多人需累積多年的積蓄，購下一生也許只能買一次的房屋，卻因業者缺乏職業道德使用了海砂，使其美夢成真後，跟隨而來的卻是惡夢連連，索賠既無門，自己又無錢拆除重建，實值得吾人警惕。有關照片詳見圖 5-158～165 說明。

圖 5-158　海砂屋樓版混凝土剝落鋼筋腐蝕外露

圖 5-159　混凝土樑箍筋生鏽膨脹，
　　　　　保護層剝落鋼筋外露

圖 5-160　海砂屋外牆鋼筋生鏽膨脹，混
　　　　　凝土剝落鋼筋外露

圖 5-161　海砂屋陽台混凝土剝落鋼筋
　　　　　外露

圖 5-162　海砂屋柱子混凝土剝落鋼
　　　　　筋外露

圖 5-163　海砂屋騎樓混凝土剝落鋼筋
　　　　　外露

圖 5-164　海砂屋 1：3 水泥砂漿粉刷
　　　　　層風化剝落

圖 5-165 海砂屋樓版混凝土剝落鋼筋生銹外露

習題

(1) 在海埔地施工時，因砂石料、清水匱乏，你會如何澆置混凝土？監工在不在場有無關係？

(2) 澆置混凝土時，發現氯離子量偏高，你會如何處理？

案例九、地震災害屋

　　臺灣九二一集集大地震，造成兩千四百多人死亡，並摧毀了一萬多棟建築物，著實令人悲痛。臺中縣大里市上興街臺中金巴黎大樓，有三棟十一層樓的大樓倒塌，許多人埋在瓦礫堆中。這些大樓才建好六年。大里金巴黎同一基地內看到兩棟截然不同的倒塌模式，其中一棟底部數層樓之樑柱整個被震碎，向後仰躺地上，由側鄰大樓上部數層陽台被撞毀的情形判斷，該大樓在倒塌前可能帶有相當大幅度的扭轉甩動，以致在倒塌過程中不只將鄰房陽台撞毀，本身近鄰房側之樑柱從頂層到一樓幾乎全部撞碎（圖 5-166）。

　　第二棟的破壞模式更令人震驚，一棟大樓活生生從中間有如刀劈裂似的被撕裂成兩部分，左側部分仍然披掛著被撕裂懸垂的牆版聳立地面，而右側部分則從五樓以下整個被壓陷插入地下室內，並與地面呈約 60 度角的傾斜狀態（圖 5-167）。

圖 5-166　臺中縣大里市金巴黎第一棟倒塌大樓

圖 5-167　臺中縣大里市金巴黎第二棟倒塌大樓

　　2008 年 5 月 12 日 14 時 28 分秒中國大陸四川成都西方 90 公里的汶川山區，發生震矩規模 7.8 的大地震，比起臺灣 1999 年發生的 921 地震的震矩規模 7.6 還來得大。這次四川大地震的威力，是 921 地震的 5.5 倍，相當於 251 顆原子彈的威力，由於這種類型的地震，無法事前預知，也難以防範。這次大陸四川的地震發生時間在下午，剛好是上課、辦公時段，所以導致這次四川大地震的災情特別的慘重。地震造成了大量的人員傷亡與財產損失，截至 6 月 3 日 12 時，官方已確認的因地震直接造成的死亡人數已超過 69107 人。希望各

界及時伸出援手。中國四川省北川縣一所倒塌的中學,未受傷的男同學幫壓在水泥塊底下的同學拿點滴(圖 5-168)。(維基百科,汶川大地震,2008)

圖 5-168　中國四川震災同學幫困在水泥塊底下的同學拿點滴

臺灣 921 地震的災害究其發生原因,可由下面三個主要因素來加以探討(林炳昌,1999):

1. 震區劃分區域不夠嚴謹

1917 年埔里發生規模 5.8 之地震,有 54 人死亡,但是 921 地震時地震強度區域劃分仍將南投地區列為二區(中震區)。1935 年苗栗關刀山有規模 6.8 之地震,死亡 3274 人,當時臺中地區屬強震區,而 1999 年的規範仍將臺中地區列為二區(中震區)。然而住在斷層附近的民眾並不了解潛在的危害恐怕就在身邊。後來 921 集集大地震發生,斷層劇烈錯動,導致人民生命財產遭受重大損失,請問當時制定震區劃分的行政主管官員是否符合工程倫理的準則?

2. 專業知識及敬業精神跟不上研究成長之規範

1982 年起我國建築技術規則已跟隨先進國家相關規範的修訂,而增訂鋼筋混凝土韌性耐震結構的特別要求。但是工程界普遍對此要求輕忽,依然沿用舊規設計。尤其 1990 年間建築界參考沒有地震的新加坡建築,鼓吹「開放空

間」之優點，並利用法規容積率獎勵之政策興建大樓。但是工程界對於「開放空間」結構之耐震特性並不清礎，因此設計施工並未特別要求耐震韌性，導致1990年初興建的這些大樓受傷或倒塌。

3. 營建管理未能落實層層負責

長久以來營建技術工人未經專業訓練，完全仰賴工人勞力，再依照工頭之指揮施作，但工頭通常學歷不足又缺乏新知識與新法規，僅沿用傳統經驗。而監工者長期以來希望將工程如期完工，而非百分之百按照規範做好。再者營造廠的主任技師，長久以來並未完全投入施工現場，造成工程技術無法有效提升，監督管理不能落實。

從設計與施工問題及破壞原因探討九二一集集大地震災損情形如下，可以給我們一些警惕，更證明工程人員本身在執行業務時應特別遵循倫理道德，才不會傷害到我們的社會大眾。

(1)設計與施工問題

依據報導全省較嚴重的高樓損毀案例，有些是在1990年以後興建的，屋齡不到十年就不堪地震的威力，究其破壞原因可分為三個層面來探討：

①地表加速超過規範的設計值

1997年以前耐震規範只規定計算最小總橫力值，其與地表加速度之關係不明確。新版的耐震規範則明確說明所設計的地表加速度值，例如地震二區（中震區）之地表加速度為0.23倍的重力加速度（g），地震一乙區（強震乙區）之地表加速度為0.28 g。如果按照1997年以前耐震規範所設計的工程構造物，一旦承受超出上述新規範的地震加速度即可能崩塌。921地震規模達7.3，氣象局測站最大PGA（尖峰加速度值）為983gal（cm/sec^2），各地地表振動激烈，故除了斷層附近建物破壞特別嚴重之外，斷層以外建築也是傷痕累累。

②結構系統配置不良

倒塌之大樓結構系統不佳，尤其是立面為開放型式軟弱底層及平面形狀不規則等配置，倒塌之結構多具有上述一種或兩種的特性。再者某些結構靜不定階數不高，若加上施工不良時，則在結構安全上堪慮，因此屬於這些類型的結構設計亦為震災的另一原因。

③施工材料品質不良

建物倒塌的主要原因之一可歸咎於施工品質不良，由於混凝土強度不足，頗多倒塌樓房之混凝土強度嚴重不足，甚至低於設計強度一半以下。混凝土含泥過多，混入雜物，致使抗壓強度不足。骨材級配不良，921 集集大地震，埔里、大里等震災現場在破壞建築物的混凝土中，發現有超過 10cm 的卵石。尤其是箍筋間距及鋼筋號數未按規範施工，迫使樑柱產生破壞，最後導致整棟結構樓層的壓潰及傾倒。若有良好的混凝土品質且依照標準規範施工，也不致造成整棟結構物發生全面倒塌。

④住戶任意變更使用

臺北市東星大樓為此最佳範例，全棟有多層樓面變更為旅館使用，再者一樓為銀行，有部分牆面被敲除；新莊博士之家則違法加蓋一層。臺灣地區的大樓尚是如此，一般之中低層建築變更使用更是嚴重。因此灌輸正確使用觀念，政府當責無旁貸了。

(2)細部破壞的原因

①柱筋齊頭式搭接

鋼筋於同一截面搭接的問題，長久以來為工程界之陋習。因為鋼筋於同一截面剪斷再連續搭接，會產生隱藏於構件的脆弱斷面，一旦地震來襲此脆弱斷面容易斷裂。

②箍筋彎鉤不合規範

箍筋彎鉤是耐震的基本要求，但可惜長久以來都被忽略其重要性。九二一地震倒塌的建築物中，都是使用不合規範之施工方式，有些箍筋彎鉤規定要彎135 度，事實上只彎 90 度。

③樑柱接頭無剪力筋或良好圍束

構架的力量傳遞需藉由樑柱接頭傳遞，故鋼筋需有良好圍束以傳遞軸力、彎矩及剪力，但許多施工方式常於柱中排置水電管線，造成接頭剪力筋綁紮困難或者混凝土灌漿困難，有時是工程師設計太密集的鋼筋量，卻未加大構件斷面。

④主筋未被箍筋良好圍束

箍筋間距太大或主筋綁在箍筋外面，或柱的主筋未按照每間隔一根需使用繫筋束縛之規定，對地震的搖晃作用當然無法承受。鋼筋上下層間距不足或主

筋之間無空隙，混凝土無法發揮握裹力。混凝土在澆置時擅自加水，導致混凝土強度降低。或搗實時振動鋼筋，導致浮水及細料附著鋼筋表面，降低其握裹力。工地查驗時常發現樑箍筋下部不綁紮，容易造成箍筋間距偏移。再者箍筋若在混凝土灌漿中變形，會失去其圍束效果。搭接長度不足或不當焊接或鋼筋續接器產生脫離現象。

⑤**樑上柱**

柱之連續性突然中斷是屬於立面不規則結構，對於結構設計時不僅應對其支承之樑作嚴密的分析，而且尚要對接合處之結構特別作補強。否則柱的承載力不能安全的傳遞至基礎。

⑥**短柱行為之剪力破壞**

強柱弱樑為耐震之基本要求，然而窗台若未與柱隔離時容易形成強樑弱柱，造成嚴重損害。在 RC 及 SRC 結構中若有矮牆存在時，將導致與牆體平行方向之柱勁度突然變大，而且此柱之長度受到周邊牆的圍束而形成短柱，當與牆平行方向之地震力作用時，此柱承受相當大的地震力，然而在設計時未對此結構發生突變處加以考量，再者容易產生應力集中現象，因此若地震產生之剪力，超過其抗剪強度時將會產生 X 型之剪力裂縫。

⑦**臨棟結構物碰撞**

都市建築中往往建築物棟與棟之間預留的空間不足，當地震作用時大樓因為相對運動而造成相互碰撞，尤其是大樓之間樓板高度不一樣時，由於樓板剛度很大容易使得所碰撞之相鄰柱子產生破壞。

⑧**樑柱被管路穿孔**

由於不當的水電管線在樑柱構件穿孔，使得構件有效斷面積減少，導致構件發生剪力破壞。再者若孔洞之間距離太小，容易發生延著孔洞之間產生撕裂現象。

問題討論

九二一集集大地震規模 7.3 雖屬強烈地震，部分房屋崩塌乃屬正常，然而從以上分析得知天災之外尚有人禍，天災固然無法避免，但人禍則可避免。從種種的震害顯示，施工不良、材料強度不足、監造不實為其工程品質低落之主

要原因,而結構系統之配置不當為其次要原因,因此由本次地震的經驗得知,如何加強結構物的耐震能力為首要之務。再者尊重土木及結構之專業,事先規劃一個較為符合耐震行為之結構系統,以安全為優先著眼點,再考慮建築上的需求及美學,否則一旦安全堪慮,對造型美學再好之建築物都毫無意義。有關照片詳見圖 5-169～178 之說明。

圖 5-169　樑鋼筋錨定長度不夠、箍筋間距太大導致倒塌

圖 5-170　鋼筋混凝土柱設計及施工不良導致挫屈

圖 5-171　樑柱接頭內無箍筋並放置沙拉油桶導致破壞

圖 5-172　柱箍筋間距太大、混凝土配比不良導致破壞

圖 5-173　柱箍筋間距太大且柱內放置塑膠管導致柱端破壞

圖 5-174　基礎不均勻沉陷樑柱接頭斷裂

圖 5-175　樑內有沙拉油桶、混凝土強度不足導致樑柱破壞

圖 5-176 柱筋在同一斷面搭接、管線
影響混凝土握裹力而破壞

圖 5-177 柱挫屈樓層塌陷

圖 5-178 震損房屋維修鋼鈑補強

習題

(1) 鋼筋綁紮完成在查驗時，發現鋼筋直徑未按設計圖綁紮，你會如何處理？

(2) 鋼筋綁紮完成在查驗時，發現除鋼筋節距不合規定外，其他均無問題，你

會如何處理？

(3) 鋼筋綁紮完成在查驗時，驗出鋼筋綁紮位置不對，若其他均無問題，你會如何處理？

(4) 混凝土澆置時，發現預拌混凝土因交通阻塞，出場已逾一小時，你會如何處理？請就不同身分（業主、營造老闆、拌合廠老闆、監工、工地主任、品管人員）說明之。

(5) 混凝土澆置時，發現工人在預拌混凝土車上加水，你會如何處理？

(6) 有些不肖建商在混凝土澆置時，會在混凝土攪拌時偷偷加入洗衣粉提高工作度，讓結構體外表看起來很好看，但強度大受影響，這樣對職業道德有何傷害？

案例十、重大火災屋未補強續用

混凝土構件在遭受火災時，若溫度在 300℃ 以下，混凝土表面裂縫比較少。溫度升高至 400℃ 時，有些新裂縫產生，但寬度不大，肉眼不易察覺。若溫度達到 500℃ 時，有些較大裂縫產生；若溫度升高至 600℃ 時，裂縫更明顯增加。而溫度到達 700℃，裂縫數量比 600℃ 時雖增加不多，但裂縫寬度更為加大（沈進發，1997）。

因混凝土構件在遭受火災後，若混凝土保護層剝落，會造成鋼筋外露及鋼筋強度降低。故從混凝土剝落與鋼筋外露之情形，可判斷混凝土及鋼筋遭受火害之嚴重程度。依構件受損對結構安全之影響，可分為輕微、中度及極度嚴重損壞等三級，輕微損壞者可經過適當修復而恢復使用；中度損壞者則需進行複勘；極度嚴重損壞者結構物應予拆除。

結構系統遇火傷害包括強度受損及勁度降低。構造物會降低承載荷重的能力，造成結構物所受內力重新分配，並可能造成結構物之過度變形及位移。受火傷害後之建築物，經勘驗時有些建築物能明確判定為安全或不安全，而採取所須之補強或拆除。但有一些建築物之安全性無法在勘驗時加以判定，則須進行結構安全評估。

1.受火害程度之評估

(1)樑構件

受火害樑構件之抵抗撓曲、抗剪、抗扭及握裹力等強度影響整體結構之性能,故須依構件內部混凝土材料受損情形,進行構件之抗撓、抗剪、抗扭及握裹力分析,以做為安全評估之依據。由研究顯示,樑件受火害後鋼筋握裹滑動現象會更明顯。

(2)柱構件

由於柱在火災傷害前之軸壓力－雙向彎矩之交互影響極限曲線涵蓋範圍比較大,火災傷害後之軸壓力－雙向彎矩之交互影響的極限曲線涵蓋範圍會縮減。因此需要評估純軸向壓力強度（Po）,繞強軸或弱軸純彎矩強度（Mo）,和平衡破壞時之軸向壓力強度 Pb 與繞強軸或弱軸純彎矩強度 Mb 之折減。

(3)半剛性樑柱接頭

在鋼筋混凝土結構之樑柱接頭中,樑與柱主筋由各方向交匯於空間狹小的接頭,其中又配置不同方向的剪力箍筋,不只精確分析不易,實際施工也比較困難。實際上由於接頭位置彎矩很大,鋼筋容易產生滑移脫離。實驗證明絕大部分的樑柱接頭具有半剛性的行為,不過一般工程分析仍視接頭節點為剛性,而高估承載力又低估傾角變形及結構位移量,更錯估了彎矩、剪力、軸力等分力的分配。火害之後接頭半剛性的行為可能更為明顯,需要詳加評估。

(4)整體結構

在混凝土工程之設計規範中,結構強度及安全之評估可以採用分析方法或載重試驗法。綜合各項評估之結果,也可獲得結構之極限承載力與位移變形之情況。但其評估之工作繁重,且受到許多因素影響。若能採用電腦分析並配合載重試驗法進行評估,則能涵蓋相關影響因素,充分反應火害結構之實際現象。

2.結構火害後之處置

鋼筋混凝土構造比較少在火災中崩塌,但災後之補強工作比較不易施作。而鋼構造如防火被覆不良很可能在火災中局部或完全崩塌,但若僅為局部桿件受損,則桿件之抽換補強反較鋼筋混凝土構件容易修復。

　　火害後建築物經過安全鑑定之結果，可能為無法或不值得修復，只好將該建築物拆除以免危險。但若安全鑑定可修復達到安全之要求，建議交由專業技師進行修復設計，並經主管機關審查核定後，進行補強或修復之處置。

　　可補強修復之火害建築構造可分兩方面：一為構材及結構強度之補強；另一為外觀及使用功能之修復。其要點如下：

(1)結構補強

　　火害建築結構補強是一項比較謹慎之工程技術，基本上依據結構安全鑑定之結果，針對其個別構件及整體結構系統不足之處加以補強。其細節應由專業技師妥善設計，利用材料與結構之技術補強方式很多，但所做之補強應確實達到預期安全之效果。

(2)建築外觀及使用功能之修復

　　火害後建築物外觀及使用功能可能受到相當大之損傷，其構件可能龜裂、中性化、碳化等，除可能降低本身之耐久性外，並可能降低對結構之保護作用。對混凝土中性化、碳化等亦應設法盡量補救，以免混凝土加速老化及劣化。對於建築物之外觀做適當之表面裝修，特別是使用功能需完全恢復。

3. 補強結構之方式

　　(1)增加支撐及耐震之構件：考慮結構體混凝土強度之降低，可於結構體內適當增加承重牆、剪力牆或其他支撐構件，以加強極限承載能力，也可增加有助於耐震之必要構件。

　　(2)構件之補強：若僅某些構件火害受損嚴重，可就該構件加以補強，其補強方法可採用外包鋼板、內灌環氧樹脂或化學螺栓、玻璃纖維強化樹脂、構件拆除重做或外加鋼骨構件等各種修理方式。

問題討論

　　火害後建築物之安全評估與處置，與民眾之權益福祉息息相關，為極迫切之問題。主管當局需明訂「火害後混凝土結構安全評估處理辦法」以便工程界遵循。火害後混凝土結構安全評估處理辦法中，對建築物火害後之評估應有一定之程序，以免不同評估鑑定單位，有不同做法，造成良莠不齊的鑑定結果，

引起紛爭增加民怨。若結構安全鑑定評定其結構仍可修補達到使用安全之要求時，工程師亦應本著職業道德良心，以其專業技術與經驗妥善設計，以達到預期之效果。有關照片詳見圖 5-179～187 之說明。

圖 5-179　火災屋須拆除或維修補強應經專業評估

圖 5-180　火災屋結構承載力降低

圖 5-181　火災屋如何維修補強應經專業評估設計

圖 5-182　施工時應考慮廣告招牌是否會阻礙逃生

圖 5-183　高層建築應有完善消防設備以防止火災蔓延

圖 5-184　密閉式帷幕大樓造成消防單位搶救困難

圖 5-185　火災屋不能只作表面維修且續用

圖 5-186　火災屋若已嚴重損壞應強
制拆除

圖 5-187　某科學園區大火延燒 43 小時，事後發現消防隊員貪污失職

習題

若結構安全鑑定評定其結構必須拆除，不能再以修補方式補強時，業主以大筆
費用委託你以補強方式修補，為了賺取工程設計與施工費用你會答應嗎？

案例十一、危險橋梁續用

　　2007 年 8 月 1 日美國明尼蘇達州明尼阿波利斯一座跨越密西西比河的高
速公路大橋，連絡明尼亞波里和聖保羅之間的西 35 號州際公路大橋，在下班
尖峰時間約當地傍晚 6 點無預警崩塌，橋面當場斷成好幾截。造成數十輛車掉
進河裡，當時造成了至少 9 人死亡，數十人受傷。美國政府已經排除恐怖攻擊
的可能。橋梁老舊正在進行維修施工，也許是造成橋面突然斷裂的可能原因。

當時有一些車輛起火燃燒，現場濃煙四起，許多車輛卡在斷裂的橋上面。這座橋梁已經有 40 年歷史，橋中央突然斷裂，並且整段掉進河裡面，且因當時正值尖峰時段，橋面上有超過 100 輛汽車，許多汽車在橋斷裂的時候掉進了河裡。

這是美國逾 20 年來最嚴重的橋梁坍塌事件之一，潛水人員在湍急、混濁的密西西比河中，搜尋墜河的受難者。這是個緩慢又危險的搶救任務。潛水人員在坍塌的鋼筋混凝土而形成的湍急漩渦中，小心翼翼地搜尋可能的生還者。在能見度有限的狀況下，尋獲少部分墜落汽車。有不少汽車追撞成一團，還有車子撞到失火，最外側車道一輛黃色校車當時載滿學生，幸好緊急刹車沒有落水。一列載貨火車剛好經過下層橋梁，不幸當場被壓住動彈不得。美國政府緊急出動數百名救難人員，從水面及陸面雙管齊下，將困在斷橋上的災民救出，傷患也迅速送醫，救難人員還涉水逐車搜查，檢查是否有人困在車裡。救護車迅速趕抵現場，醫護人員為傷患就地進行急救，並送上救護車直奔最近的醫院。目擊者描述當時景像仍不免驚恐。

這座有 40 年橋齡的八線道大橋，2005 年與 2006 年才通過安全檢查、狀況紀錄正常，事發當時因為正在維修，南北各只開放一個行車線道。美國明尼蘇達州政府表示，35 號州際公路橫跨密西西比河段的橋梁發生崩塌，橋梁於四十年前興建，因出現輕微問題正在進行檢修。橋梁建於 1967 年，這座以鋼骨結構為主的橋梁全長 581 公尺，共計有十四個跨度。跨越密西西比河上方的橋段長 300 公尺，包括三個連續橋跨，中間橋段 139 公尺，兩頭分別為 80 公尺。橋體結構設計利用懸臂工法建造，橋面安置在三角金屬橋主樑上，由橋跨間的拱型結構支撐。

明州州長巴蘭蒂說，橋梁上次檢修是在去年，當時並未發現重大結構問題。巴蘭蒂說，工程師發現橋面未來需要多加注意，目前也正在進行小規模檢修。他說，目前橋梁正在進行的工程，「包括混擬土修補、翻修與更換、護欄翻修、橋梁扶正補強，以及伸縮縫隙補強工程」。但明州交通部 2001 年公布報告，指橋梁結構鋼樑遭到侵蝕，桁架焊接不良。報告也說，橋梁設計僅以兩支主桁架支撐橋面八線道的交通流量，負擔可能過重。斷落的大橋，美國國土安全部官員說在三年前，就曾經被提出存在安全隱憂的報告。而在去年五月，

明尼蘇達交通部門的報告也說，檢查人員曾經發現，這座橋體出現了老化裂縫，支撐鋼樑也有彎曲現象。這座大橋每天約有二十萬汽車通行。過去幾個月來，經常有橋梁工程人員封閉一至兩條車道，進行檢修工作。

而臺灣的中興橋是橫跨淡水河，連結新北市三重和臺北市西門町的重要橋梁。二十年前橫跨淡水河的運輸動脈中興大橋突然塌陷、斷落也是一例。不到一分鐘的時間，中興大橋二號橋墩到四號橋墩間的橋面墜落到淡水河的沙洲上，原因正是老舊、重要橋梁騰不出時間維修。當時臺北縣市主要聯絡道路中興橋，因為年久失修，發生斷裂整條橋面掉到淡水河內，造成 6 部機車跌落，1 人重傷 5 人輕傷的意外。踏著變形的橋面，時間回到民國 75 年 11 月 30 日傍晚 5：30 分，中興橋從三重通往臺北的第二個橋孔，突然應聲而斷，超過30 公尺的橋面直接坍塌到 20 公尺深的淡水河中，令人怵目驚心。中興橋是臺灣光復後興建的第二座大橋，民國 45 年動工 47 年完成，全長 1055 公尺，也是全台第一座預力混凝土大橋，當時大家預判使用年限可以達到 50 到 100年，但是卻在 28 年就發生坍塌。

臺灣在民國 89 年 8 月 27 日，連接高雄和屏東間的重要道路高屏大橋，同樣也發生過橋面坍陷意外，當時造成 22 人受傷。湍急的高屏溪水，橋面上扭曲變型的車輛。橋面攔腰塌陷將近 100 公尺，驚心動魄的意外，讓當時正在高屏橋上的 16 部車輛閃避不及而掉落，斷橋意外會發生的原因就是高屏大橋編號第 22 號橋墩，慘遭洪水沖刷淘空橋墩，而造成柱墩移位。雖然現在已經修復，且拓寬成四線道的新高屏大橋，但高屏大橋的斷裂塌陷意外，也喚起民眾對於臺灣老舊橋梁的安全重視（圖 5-188）。

圖 5-188　高屏大橋的斷裂塌陷意外

　　橋梁老舊引發斷橋問題在臺灣此起彼落，未曾稍歇。發生斷橋的原因一如美國，都是早年興建、目前仍擔負重要運輸任務的橋梁，萬一碰上如地震等外力，或超過負載臨界，斷橋事件每年都發生。例如三年前海棠颱風沖毀楓港橋北端引道，橋面斷落造成屏東與墾丁間交通中斷。前幾年敏督利、海棠等颱風來襲，也造成陳有蘭溪的連串橋梁再斷、屏東楓港橋引道流失、宜蘭牛鬥溪險象環生、有九十年歷史的高屏鐵路橋也遭沖走三個橋段，國寶老橋南投國姓鄉的糯米橋也幾乎不保。

　　交通部公路總局長陳晉源曾說過，九二一大地震後臺灣受損嚴重的危橋有34座，已有33座改建完工，只剩高屏大橋還在施工。根據交通部公路總局的資料，全台五年內仍有68座危橋待改善或重建，其中有幾十座是超過六十年的老橋。雖然美國舊金山海灣大橋自1936年通車至今仍在行駛，但沒人敢保證橋梁永遠安全。因為河流或海流沖刷橋墩、基樁，有可能加速損壞程度，令人擔心。

　　橋梁的險象環生，有老舊的歷史因素，有設計不夠周延、有預算苛扣的人為因素，有上游大自然的崩坍量大增等因素，還有工程設計上土木部門與水利部門溝通協調不良等因素。這些問題在高屏大橋斷橋事件遭監察院糾正之後，各部門聯繫機制上有一定程度的改進，但仍未能夠全面解決橋梁安全維護的問題，以致橋梁斷落事件仍不停的發生。

　　海棠颱風引發的楓港橋斷橋事件，為什麼是因沖掉本該在河岸、陸地上的橋梁引道引起？因為過去修建橋梁經費不足，常無法把單價較高、應有長度的橋面修足，而將靠近河岸的部分，以單價較低的橋梁引道延伸進河道來替代橋面，讓主橋面竟然未跨到河岸上，一旦橋梁引道被破壞，主橋當然不保。

　　河床堆積升高也是橋梁的威脅。以中橫公路沿線為例，篤明橋、松鶴的博愛橋、德芙蘭橋、東卯橋……等時，過去都是高高懸空在大甲溪河床上方十公尺或更高的位置。如今，橋面已被堆積升高的河床緊貼、甚至被沖刷推擠不見蹤影。

　　作者本人曾經由於關心橋梁的安全，向臺中縣政府陳情（詳如下文），陳情文又轉給交通部公路總局，結果未見具體改善成效。如今特別詳列原文提供各位工程先進參考。臺中縣大里市中興路一段的大里橋，921地震後重新整

建，整建完成就感覺橋梁主體結構會震動，七年多來若車輛停在橋上任何位置，只要有大卡車在橋上任何位置行駛，即使是慢速行駛，橋梁整體結構就大幅振動，這種情況越來越嚴重，顯然橋梁主體結構可能當初設計欠考慮或有錯誤，也許施工不良，也許橋墩不均勻沉陷，或者大卡車過重傷害橋體結構。因此建議縣政府迅速到大里橋的上下詳細檢查診斷，找出原因並進行結構維修或補強，以維護民眾的生命安全。

民國96年4月16日臺中縣政府表示該橋位於省道台三線，屬交通部公路總局權責，轉請公路總局卓處。民國96年4月24日公路總局表示將於4月底前赴大里橋辦理96年度定期橋梁檢查，且設計相關資料均符合規範規定，應不致影響行車安全。但該橋附近混凝土拌和廠較多，大型車輛超載較為嚴重，另函請臺中縣警察局加強該路段大型車輛超載違規取締。結果至今振動問題並未改善。2008年9月19日作者在大里橋的混凝土護欄發現疑似「海砂橋」的現象（圖5-189），混凝土剝落鋼筋外露。由此案例可見我國政府不同部門少數公務人員之間互推責任，不能苦民所苦，不能憂民所憂，以致於發生后豐斷橋事件，造成民眾傷亡家庭破碎。

圖5-189　疑似海砂橋的現象

　　臺灣地區河川密佈橋梁眾多，從這次美國明州斷橋事件可以得到許多啟示，除了少數偷工減料以外，任何構造都會老舊，就像動物的身體壽命具有期限。而橋梁正常壽命約 50 年左右，若有天災例如水災或地震造成缺失或損傷，則壽命會縮短。因此建議政府不要輕忽公共工程建設。尤其是老舊橋梁，若安全有顧慮最好拆除重建。若橋梁尚可用補強的方式挽救，最好儘速發包補強。不要中央政府與地方政府互相推卸責任，結果讓老百姓每天提心吊膽地經過橋梁。我們希望從這次事件記取教訓，進行全面性大規模的橋梁檢試，並確保未來不會再有相同意外發生，以建設一個美好又安全的家園。(金文森，2008)

習題

(1) 試述營建工程倫理與職業道德問題。

(2) 試述本章所述案例的學習心得。

(3) 你對臺灣九二一集集大地震許多房屋倒塌有何看法？

(4) 若橋梁振動幅度明顯過大，安全恐有疑慮，你要如何處理？

Chapter **6**

法律與司法案例回顧

　　要減少工程缺失，除應積極的提升工程從業人員的倫理道德觀念外，消極的告誡工程從業人員遵守法律規章是最低的道德標準。因此在課堂上有必要向學生介紹工程相關法律課程。惟這些均屬法律專業課程，建議另外開授「工程法規」課程說明。與營建直接有關的法律如：政府採購法、建築法、建築師法、建築技術規則、技師法等本章亦作簡介，再回顧一些司法案例。若各位先進大德對於其他已判決的司法案例有興趣，請至司法院法學資料檢索系統，選擇判決書查詢，法院名稱可輸入各地方法院，裁判類別可選擇刑事或民事等，全文檢索語詞可輸入關鍵字，例如詐欺、違反、建築法等，以搜尋相關案例，法學資料檢索系統網址為 http://jirs.judicial.gov.tw/。一般相關法律先簡介如下：

一、相關法律

　　有許多相關法律規範所有工程人員的行為，例如民法、刑法、民事訴訟法、刑事訴訟法、仲裁法、國家賠償法、破產法、智慧財產案件審理法、洗錢防制法、土石採取法、土壤及地下水污染整治法、下水道法、公害糾紛處理法、水污染防治法、水土保持法、海洋污染防治法、空氣污染防制法、毒性化學物質管理法、放射性物料管理法、核子事故緊急應變法、核子損害賠償法、災害防救法、消防法、飛航事故調查法、公職人員財產申報法、公職人員利益衝突迴避法、陸海空軍刑法、貪污治罪條例、公寓大廈管理條例、水患治理特別條例、山坡地保育利用條例、工程技術顧問公司管理條例、事業用爆炸物管理條例、低放射性廢棄物最終處置設施場址設置條例等。

　　我們需認清法律只是最低的門檻，也是最後一道防線。光靠法律制裁犯罪行為是消極的作為。我們推行工程倫理是要改善社會風氣，提升工程品質，杜絕工程災害，保障民眾生命財產的安全。若司法官員例如警察、調查局人員、檢察官、法官等不能以公正、公平、迅速的原則執行法律，或者如同俗語所說：「有錢判生，沒錢判死」，或者受到政治權勢操控。如果最後一道防線完全失守，社會即將動盪混亂不安。

　　我國司法制度自清末變法開始全面革新，光緒二十八年間，清廷六部中

的「刑部」改為「法部」，成為司法行政最高機關。民國建立以後，「法部」更改「司法部」。民國 17 年，依五權分立原則，成立司法院，下設司法行政部，嗣於民國 33 年改隸行政院。民國 69 年 7 月 1 日，政府為了健全司法制度，明確釐清司法權與行政權的分際，乃實施審檢分隸，將原隸屬於司法行政部的高等法院以下各級法院改隸於司法院，將司法行政部改制為法務部，仍隸屬於行政院迄今。因此法務部要聽從行政院長的指揮，行政院長又要聽從總統的命令。若總統於任期內貪污違法卻沒人可管，因為監察院正副院長及委員，還有大法官都由總統提名。所以我們建議司法院及法務部等相關行政單位合併於司法院，而且是完全獨立自主。司法院的正副院長經由公正公平公開的方式產生，不是由總統提名，立法院同意即任命。因為政黨輪替，總統、行政、立法、司法、監察、考試各院政黨色彩可能過於濃厚，失去監督制衡的機制與功能。

二、政府採購法

　　政府採購法於中華民國 87 年 5 月 27 日總統華總一義字第八七〇〇一〇五七四〇號令制定公布全文一百十四條。政府採購法共分為八章：第一章總則，第二章招標，第三章決標，第四章履約管理，第五章驗收，第六章爭議處理，第七章罰則，第八章附則，全文一百十四條。因為採購最容易衍生弊端，所以政府特別訂定此法律條文。

三、建築法

　　建築法最初在中華民國 27 年 12 月 26 日國民政府制定公布，全文四十七條。中華民國 33 年 9 月 21 日國民政府修正公布，全文五十條。中華民國 60 年 12 月 22 日總統令修正公布全文一百零五條。建築法共分為九章：第一章總則，第二章建築許可，第三章建築基地，第四章建築界限，第五章施工管理，

第六章使用管理，第七章拆除管理，第八章罰則，第九章附則，共一百零五條。本法律規範建築相關的議題，以確保民眾生命與財產的安全。

四、建築師法

建築師法於中華民國 60 年 12 月 27 日總統令制定公布全文五十七條。建築師法共分為六章：第一章總則，第二章開業，第三章開業建築師之業務及責任，第四章公會，第五章獎懲，第六章附則，共五十七條。本法律規範建築師的責任與義務，以執行建築法的規定。

五、建築技術規則

建築技術規則於中華民國 34 年 2 月 26 日內政部訂定公布，全文計分五編二百七十四條。建築技術規則有總則編、建築設計施工編、建築構造編、建築設備編，可見其複雜性與重要性。

建築技術規則建築設計施工編，包括第一章用語定義，第二章一般設計通則，第一節建築基地，第三章建築物之防火，第一節適用範圍，第二節防火區內建築物及其建築限制，第三節防火建築及防火構造，第四節防火區劃，第五節內部裝修限制，第四章防火避難設及消防設備，第一節出入口、走廊、樓梯，第二節排煙設備，第三節緊急照明設備，第四節緊急用升降機，第五節緊急進口設備，第六節防火間隔，第七節消防設備。第十一章地下建築物，第一節一般設計通則，第二節建築構造，第三節建築物之防火，第四節防火避難設施及消防設備，第五節空氣調節及通風設備，第六節環境衛生及其他，第十二章高層建築物，第一節一般設計通則，第二節建築構造，第三節防火避難設施，第四節建築設備，共二五九條。本規則牽涉各種與建築相關的技術問題，因時代變遷且科技進步所以不斷的修改。

六、技師法

　　技師法於中華民國 36 年 10 月 27 日國民政府制定公布全文三十四條。中華民國 43 年 12 月 17 日總統令修正公布第三十二條條文。中華民國 61 年 12 月 15 日總統令修正公布全文四十七條。中華民國 66 年 4 月 12 日總統令修正公布第二條、第四條、第五條、第七條、第三十一條、第三十四條、第三十七條及第四十四條條文。中華民國 74 年 12 月 11 日總統令修正公布全文五十條。技師法共六章，第一章總則，第二章執業，第三章業務及責任，第四章公會，第五章懲罰，第六章附則，共五十條。

　　光靠建築師無法單獨完成房屋建築的建設，更無法執行各項公共工程建設以及各行各業的工作。我們還需要計設土木工程技師、水利工程技師、結構工程技師、大地工程技師、測量技師、環境工程技師、水土保持技師、都市計畫技師、交通工程技師、機械工程技師、冷凍空調工程技師、造船工程技師、電機工程技師、電子工程技師、資訊技師、航空工程技師、化學工程技師、工業工程技師、工業安全技師、工礦衛生技師、冶金工程技師、採礦工程技師、應用地質技師、礦業安全技師、紡織工程技師、食品技師、農藝技師、園藝技師、林業技師、畜牧技師、漁撈技師、水產養殖技師、消防設備師（非技師）等等。所以技師法需規範各行業的技術人員，並非只限於營建工程人員。

七、貪污治罪條例

　　修正日期民國 105 年 6 月 22 日

第1條　　為嚴懲貪污，澄清吏治，特制定本條例。

第2條　　公務員犯本條例之罪者，依本條例處斷。

第3條　　與前條人員共犯本條例之罪者，亦依本條例處斷。

第4條　　有下列行為之一者，處無期徒刑或十年以上有期徒刑，得併科新台幣一億元以下罰金：

一、竊取或侵占公用或公有器材、財物者。

二、藉勢或藉端勒索、勒徵、強占或強募財物者。

三、建築或經辦公用工程或購辦公用器材、物品，浮報價額、數量、收取回扣或有其他舞弊情事者。

四、以公用運輸工具裝運違禁物品或漏稅物品者。

五、對於違背職務之行為，要求、期約或收受賄賂或其他不正利益者。

前項第一款至第四款之未遂犯罰之。

第5條　有下列行為之一者，處七年以上有期徒刑，得併科新臺幣六千萬元以下罰金：

一、意圖得利，擅提或截留公款或違背法令收募稅捐或公債者。

二、利用職務上之機會，以詐術使人將本人之物或第三人之物交付者。

三、對於職務上之行為，要求、期約或收受賄賂或其他不正利益者。

前項第一款及第二款之未遂犯罰之。

第6條　有下列行為之一，處五年以上有期徒刑，得併科新臺幣三千萬元以下罰金：

一、意圖得利，抑留不發職務上應發之財物者。

二、募集款項或徵用土地、財物，從中舞弊者。

三、竊取或侵占職務上持有之非公用私有器材、財物者。

四、對於主管或監督之事務，明知違背法律、法律授權之法規命令、職權命令、自治條例、自治規則、委辦規則或其他對多數不特定人民就一般事項所作對外發生法律效果之規定，直接或間接圖自己或其他私人不法利益，因而獲得利益者。

五、對於非主管或監督之事務，明知違背法律、法律授權之法規命令、職權命令、自治條例、自治規則、委辦規則或其他對多數不特定人民就一般事項所作對外發生法律效果之規定，利用職權機會或身分圖自己或其他私人不法利益，因而獲得利益者。

前項第一款至第三款之未遂犯罰之。

第6-1條　公務員犯下列各款所列罪嫌之一，檢察官於偵查中，發現公務員本人及其配偶、未成年子女自公務員涉嫌犯罪時及其後三年內，有財產增加與收入顯不相當時，得命本人就來源可疑之財產提出說明，無正當理由未為說明、無法提出合理說明或說明不實者，處五年以下有期徒刑、拘役或科或併科不明來源財產額度以下之罰金：

一、第四條至前條之罪。

二、刑法第一百二十一條第一項、第一百二十二條第一項至第三項、第一百二十三條至第一百二十五條、第一百二十七條第一項、第一百二十八條至第一百三十條、第一百三十一條第一項、第一百三十二條第一項、第一百三十三條、第二百三十一條第二項、第二百三十一條之一第三項、第二百七十條、第二百九十六條之一第五項之罪。

三、組織犯罪防制條例第九條之罪。

四、懲治走私條例第十條第一項之罪。

五、毒品危害防制條例第十五條之罪。

六、人口販運防制法第三十六條之罪。

七、槍砲彈藥刀械管制條例第十六條之罪。

八、藥事法第八十九條之罪。

九、包庇他人犯兒童及少年性剝削防制條例之罪。

十、其他假借職務上之權力、機會或方法所犯之罪。

第7條　有調查、追訴或審判職務之人員，犯第四條第一項第五款或第五條第一項第三款之罪者，加重其刑至二分之一。

第8條　犯第四條至第六條之罪，於犯罪後自首，如有所得並自動繳交全部所得財物者，減輕或免除其刑；因而查獲其他正犯或共犯者，免除其刑。

犯第四條至第六條之罪，在偵查中自白，如有所得並自動繳交全部所得財物者，減輕其刑；因而查獲其他正犯或共犯者，減輕或免除其刑。

第9條　本條例修正施行前，犯第四條至第六條之罪，於修正施行後一年內

　　　　　　自首者，準用前條第一項之規定。

第10條　　犯第四條至第六條之罪者，本人及其配偶、未成年子女自犯罪時及其後三年內取得之來源可疑財物，經檢察官或法院於偵查、審判程序中命本人證明來源合法而未能證明者，視為其犯罪所得。

第11條　　對於第二條人員，關於違背職務之行為，行求、期約或交付賄賂或其他不正利益者，處一年以上七年以下有期徒刑，得併科新臺幣三百萬元以下罰金。

　　　　　　對於第二條人員，關於不違背職務之行為，行求、期約或交付賄賂或其他不正利益者，處三年以下有期徒刑、拘役或科或併科新臺幣五十萬元以下罰金。

　　　　　　對於外國、大陸地區、香港或澳門之公務員，就跨區貿易、投資或其他商業活動有關事項，為前二項行為者，依前二項規定處斷。

　　　　　　不具第二條人員之身分而犯前三項之罪者，亦同。

　　　　　　犯前四項之罪而自首者，免除其刑；在偵查或審判中自白者，減輕或免除其刑。

　　　　　　在中華民國領域外犯第一項至第三項之罪者，不問犯罪地之法律有無處罰規定，均依本條例處罰。

第12條　　犯第四條至第六條之罪，情節輕微，而其所得或所圖得財物或不正利益在新臺幣五萬元以下者，減輕其刑。

　　　　　　犯前條第一項至第四項之罪，情節輕微，而其行求、期約或交付之財物或不正利益在新臺幣五萬元以下者，亦同。

第12-1條（刪除）

第13條　　直屬主管長官對於所屬人員，明知貪污有據，而予以庇護或不為舉發者，處一年以上七年以下有期徒刑。

　　　　　　公務機關主管長官對於受其委託承辦公務之人，明知貪污有據，而予以庇護或不為舉發者，處六月以上五年以下有期徒刑。

第14條　　辦理監察、會計、審計、犯罪調查、督察、政風人員，因執行職務，明知貪污有據之人員，不為舉發者，處一年以上七年以下有期徒刑。

第15條 明知因犯第四條至第六條之罪所得之財物,故為收受、搬運、隱匿、寄藏或故買者,處一年以上七年以下有期徒刑,得併科新台幣三百萬元以下罰金。

第16條 誣告他人犯本條例之罪者,依刑法規定加重其刑至二分之一。

意圖他人受刑事處分,虛構事實,而為第十一條第五項之自首者,處三年以上十年以下有期徒刑。

不具第二條人員之身分而犯前二項之罪者,亦依前二項規定處斷。

第17條 犯本條例之罪,宣告有期徒刑以上之刑者,並宣告褫奪公權。

第18條 貪污瀆職案件之檢舉人應予獎勵及保護;其辦法由行政院定之。

各機關應採取具體措施防治貪污;其辦法由行政院定之。

第19條 本條例未規定者,適用其他法律之規定。

第20條 本條例施行日期,除中華民國九十五年五月五日修正之條文,自九十五年七月一日施行及一百零五年三月二十五日修正之條文,由行政院定之;一百零五年五月二十七日修正之條文,自一百零五年七月一日施行外,自公布日施行。

八、案例分析、兩難問題之抉擇

　　本章以過去曾經發生之實際相關案例說明，讓學生了解違反倫理道德甚致法律規章之後果，感受現實營建環境的複雜與險惡，營建工程所面對的問題，限制條件變數之多，且又充滿曖昧，非經研究分析、思考掙扎、深思熟慮，無法獲得妥善的解答，有時所面對的也常是兩害相權取其輕的一種結果，面對問題時應如何抉擇就必須靠智慧了。（Bird, 1987）

　　有專業學歷但缺乏倫理道德，即是「專業疏失、同行遭殃、全民受害」。政府及民間企業每年花費數千億元投入營造建設，其中有一部分成為某些惡劣營造業的不當利益犧牲品，其品質低劣、工程敗壞、屋毀人亡。例如「林肯大郡災變工程案」、「輻射鋼筋建築工程案」、「臺北縣汐止房屋淹水案」、「海砂屋案」、「土石流埋屋案」、「921地震災變案」等等。而為數眾多且善良的民眾，反成為利益掠奪者的替罪羔羊。

　　回顧民國87年10月瑞伯、芭比絲颱風造成大臺北地區十天內淹水三次，內湖、五股、三芝災變活埋十數人，民國86年汐止林肯大郡土崩屋毀兩百餘戶、活埋廿八人、受傷六十餘人，諸如此類慘痛事件不斷發生，但政府主管單位競相推諉責任，只作口水之爭，卻不願拿出解決方案，如今山坡地的房屋沒人敢買，會淹水的房屋也沒人敢買，會輻射的房屋也沒人敢買，有海砂成份的房屋也沒人敢買，整體營建業股價不振，銀行業也被拖累。這些現象雖然未達到檢察官起訴的最低門檻，但與營建倫理有絕對的關係。

　　有些惡劣營造業負責人及政府的貪官污吏甚或高階工程主管，因此被判刑入獄。例如「聯勤抗炸鋼鈑工程案」、「四汴頭抽水站案」、「八里污水處理廠案」、「中油工安案」、「十八標案」等，而被牽連之工程人員層級之高和層面之廣，非但讓全民同感震驚，更讓全國工程界同感悲憤！茲舉幾個案說明如下：

案例一、從草屯永昌市場坍塌起訴案談執照租（借）問題

　　1992年間南投縣草屯鎮永昌市場動工，洪××、洪××、王××明

知本身無營造專業知識，依法應聘請專業人員至現場監工，卻自任工地主任及監工。而因建築師、土木技師未實際到場監工，洪 ×× 等人又欠缺專業能力，無法糾正，致放任施工，造成建築物耐震程度不足。臺灣九二一集集大地震時，永昌市場發生嚴重坍塌，經中華民國土木技師公會鑑定，認定未按圖施工、偷工減料，而鑑定為不宜居住的危險建築物。住戶集體提出告訴，檢察官偵結認為被告等人偷工減料、非法租借牌照犯行明確，依公共危險等罪嫌，將建商林 ×× 、建築師蔡 ×× 、土木技師羅 ×× 、×× 開發公司股東洪 ×× 、洪 ×× 及王 ×× 等六人提起公訴。(司法院法學資料檢索系統，2008)

　　檢察官指出，林 ×× 為 ×× 營造公司實際負責人，卻將該公司的甲級營造廠執照，出租給未具營造專業經驗的 ×× 開發公司。而土木技師羅 ×× 以每年卅到四十萬元價格，將執照出租 ×× 公司，但並未實際到該公司執行職務。被告林 ×× 應訊時，坦承出租營造廠執照，羅 ×× 則坦承出租技師牌照，但強調自始至終未參與該工程，洪 ×× 表示公司已經交給其子洪 ×× 管理。蔡 ×× 表示施工期間均有會同縣府人員到場，而洪 ×× 、王 ×× 則否認監工，只是在現場巡視而已。

習題

(1) 請就本案工程師執照租（借），違反中國工程師信條和美國ABET倫理守則哪些規範？
(2) 如果你是一家公司經理，因為很久沒有標到工程，人員機具均在閒置狀態，恰好有一位同學告訴你，現在他有一件工程，只要你能給付5%的傭金，他願意設法將工程讓給你，你會怎麼做？如果你的同學是公務人員，你又會怎麼做？

案例二、國防部軍官貪污案──圍標、利益輸送、貪瀆問題

　　軍檢調偵辦國防部採購局軍官涉嫌貪汙案，發現前採購局工程發包處承辦中校葉 × 及中校監察官張 ×× 因分別涉嫌收受高達五百多萬及一百多萬元賄款，2001 年 4 月 26 日被國防部軍事高等檢察署依貪汙罪嫌向軍事高等法院

聲請羈押獲准，由於事證顯示疑有更高階軍官受賄及喝花酒，軍檢調將持續約談。（宋伯東，2001）

軍高檢主任檢察官指出，調查局北部機動組將葉×、張××兩中校移送該署偵辦，經檢察官隔離漏夜複訊，認為兩人均涉及貪汙治罪條例第四條第一項第五款「違背職務收受賄賂或不正當利益」，且有串供及逃亡之虞，因此聲請羈押禁見並裁准葉×及張××羈押禁見。

軍檢調追查發現，工程包商許××長期以他經營的泰×、泰×、泰×、福×及振×等營造公司名義競標軍方工程，後兩家由他人掛名負責人，許涉嫌以此圍標聯勤委託採購局發包的神×基地等土木及水電工程，除按月以十多萬元行賄葉×，並不定期招待葉×及其他軍官喝花酒、性招待。檢調還查出，許××若標到總工程款五千萬元以上、有百分之三十工程預付款的大工程時，會再依總工程款百分之二至百分之三「加碼」犒賞葉×，因此葉×一人即涉嫌收受高達五百多萬元賄款。由於賄款金額頗高，檢調懷疑有其他更高階軍官收賄，擇日將借提他調查。

據調查，葉×等涉案軍官審核許××提出假的履約保證文件時，疑未揭發許偽刻的北部某法院公證處及彰化銀行等印鑑證明，並以許××送給他的行動電話洩漏工程底價給許，協助許得標牟利。後來許的公司發生財務危機，許在聯勤營工署涉案軍官掩護下，順利詐取一億三千餘萬元工程預付款後逃逸。另一名採購局監察室中校監察官張××，涉嫌收受許××一百多萬元賄款，利用審標時洩漏其他競標廠商底價給許，由許以最接近底價得標；此外，如果競標廠商不足或其他因素流標，改採議價方式，張也會刻意將許排在最後一個議價，提高許得標機會。

習題

(1) 請就本案，說明國防部採購局軍官違反哪些倫理道德問題？

(2) 請就本案，說明工程包商許××違反哪些倫理道德問題？

(3) 如果你知道你服務單位有集體舞弊的情況，你會如何自處？

(4) 某甲工作認真效率很好，但操守有些瑕疵；某乙正好相反，操守很好，但工作不認真、效率也不好，你認為哪一位較佳？如果你是主管，那一位之

考績分數較高？

案例三、林肯大郡災變——貪污圖利、偽照文書、廢弛職務

　　西元 1997 年 8 月 18 日因溫妮颱風來襲，造成汐止林肯大郡的崩塌災變，有二十八人死亡，五十一人輕重傷，承辦檢查官歷經近四個月的偵查，在 1997 年 12 月 15 日起訴了十四名臺北縣政府官員和六名建商，最重求刑十二年，最輕六個月，被起訴的官員包括縣府工務局和農業局的課長、技正、技士和技佐等，所犯法條為貪污治罪條例的圖利罪、偽照文書罪和廢弛職務釀成災害等罪。凡參與本案審查蓋章的官員，幾乎全被起訴。

　　起訴書內稱：林肯大郡位於順向坡，地質屬於砂、頁岩互層，原本就不宜開發興建住宅，業者涉嫌偽造文書，做出不實鑽探報告，讓原本不適宜開發的基地，變成可以開發。林肯大郡災變原因，業者、學者、專家、各技師公會派員赴現場勘驗鑑定結果認為，從基地調查、建築規劃、設計、施工乃至於維護各階段皆有所疏失。平心而論，這次事件，如果從地質調查開始，到規劃、設計和施工階段，皆能落實由相關專業技師負責簽證，並委由學者、專家和專業技師公會協助審查，相信災變將不致發生，承辦官員也不會落得被起訴的下場。

習題

(1) 承辦官員無法了解鑽探報告之涵意或面對業者偽造之報告時，應如何處置？

(2) 從倫理道德的角度，探討業者、建築師、大地技師、土木技師和官員之行為有何偏差？

(3) 對於法院之判決，各方反應不一，林肯大郡住戶認為災變造成二十八人死亡，政府官員及建商被求刑十二年到六個月不等，認為判刑太輕。政府官員認為災變是由於不肖建商偽造不實報告，使他們做出錯誤的決策，他們被判刑太冤枉了。你認為呢？

(4) 一位工程師發現他的同事（也是好朋友），幾年來一直假藉參加專業學會集會的名義卻跑去渡假。旅費由雇主支付，同事頂多在集會時參加一或二

次開會（出來露個面）然後就去旅遊。這明顯違背公司規定。其行為是否違反職業道德？工程師應該怎麼做？同時，也討論一下此案和學生發現她或他的朋友在考試作弊的情形之間有何類似？

(5) 在國外許多技術專家都曾被要求為申請其他工作的同事寫介紹信。如果你有一位印象不好的同事要求你為他寫一份介紹信，你會怎麼做？你是否只訴說同事正面的事情？因為如此做比較不會得罪同事。

(6) 考慮下列事件，並就行為忠誠及認同忠誠提出個人看法：

①一位求職的人申請許多公司，後來被××公司僱用，他心裡比較喜歡在另一家公司任職。但他沒有得到那家公司的僱用通知。一直到他在××公司工作了三個月以後，利用關係換到原本想去的那家公司，幾個月以後他發現這家公司僱用狀況不如××公司，於是他向××公司提出再僱用的申請。在此案例，此人的行為是否對××公司不忠誠？

②認同忠誠適用於下列的公司嗎？A.當業務好的時候，快速擴充成員，包括了工程師，但當業務開始下降，即快速資遣員工；B.為了公司的業績，老闆要求員工不擇手段，甚至偷工減料，員工應對公司忠誠嗎？

案例四、違法發照——臺中市政府建管課簡××貪污被起訴

臺中市××新世界大樓在九二一集集大地震時，大樓塌陷傾倒的模樣讓人觸目驚心，到底倒塌的責任歸屬為何？繼建商被起訴後，臺中地檢署再將承辦建造執照的臺中市政府工務局建管課人員簡××起訴，檢方認為簡××明知該大樓之鑽孔試驗報告內容僅鑽二孔且深度不足，明顯與規定不符，卻為圖利楊××等人，准予核發建造，並在前往現場勘驗後，現場施工進度已達地上一樓，應處以二萬七千元的行政罰鍰，卻未依相關規定處罰核准建照，有圖利廠商之嫌，依貪污罪起訴。（馬瑞君，2001）

起訴書指出，楊××、陳××所經營之××建設公司，另外成立××建設公司於1992年間計畫推出七樓之××新世界大樓出售，因鄰近的××中華大樓銷售情況良好，楊××等人意圖變更計畫，以加高樓層增加戶數的方式牟取更高的利益，變更為兩棟地下二層地上十五層的集合住宅，提出建照申請。

簡××辯稱，臺中市政府建管單位為便民考量，已經簡化到放樣勘驗可以照片代替，他只是依傳統習慣比照辦理。承辦檢察官則認為，簡××在××中華大樓放樣勘驗時，認定興建進度與申報不符，而處以行政罰鍰，但在××新世界大樓之相同情形，卻未予處罰，未親赴現場，顯見其為事後推卸之詞，因此依貪污罪將簡××起訴。

習題

(1) 請就中國工程師信條，工程師對社會、對專業、對業雇主的責任，探討本案工程師應有正確作為？

(2) 請登入司法院網站搜尋類似相關案件判例，提出討論。

案例五、豐原高中大禮堂屋頂倒塌

民國 72 年 8 月 24 日，臺中縣豐原高中發生禮堂倒塌事件，死亡人數至少27 人，受傷人數 86 人，且死亡者以女生居多，因為倒塌最嚴重的位置下面剛好都是女生座位區。總共有 100 多名師生受傷，經過協議成立，申請國家賠償，平均每名師生獲賠 100 餘萬元，總計約 3000 多萬元。此次事件為臺灣在校園內發生傷亡最為慘重的事件之一。

豐原高中大禮堂屋頂倒塌主要原因之一是池化（Ponding）災變。事情發生原因為禮堂整修防漏工程，該承包商只對防漏方面有專業的了解，而對結構物的穩定沒有相當的認知。而施工過程無任何工程專家參與，因此施工完成僅短短 18 天就發生慘重意外。

但此工程隱藏預期可能增加結構物的載重，在這事件中造成坍塌原因，是因為排水不良造成在屋頂表面積水，報導中有說到積水約 22～30 多公分。整個屋頂約一千平方公尺，所以積水重量約 220～300 公噸，造成屋頂負荷作用力過大而坍塌。可能因素及過程的看法如下（如圖 6-1）：

1. 屋頂的積水使屋頂鋼架受力增加。

2. 鋼構架受力增加後因偏心扭矩產生挫屈現象。

3. 鋼構架受拉桿件有斷裂現象。

4. 鋼構架下垂變形產生側向拉扯力量。

5. 側向拉扯力量使牆柱內的搭接鋼筋脫離拔起。

6. 由於瞬間破壞無預警讓學生逃避不及衍生重大傷亡。

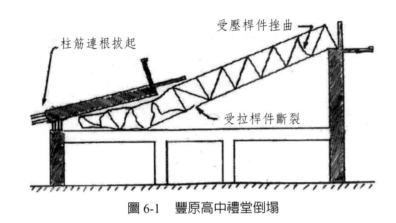

圖 6-1　豐原高中禮堂倒塌

　　依據三立電視台福爾摩沙事件簿影片，所敘述的豐原高中發生禮堂倒塌事件（三立電視台，2008），可知當時臺灣省政府教育廳某官員建議豐原高中大禮堂屋頂作防水修漏工程時，屋頂可以蓄積一層水，如此屋頂可以隔熱又防水，這雖然是出於善意也是創新的隔熱構想，但是此官員可能不具有結構工程專業資歷與背景，而違反美國土木工程學會的工程倫理基本準則第二條「工程師應僅在其能力範圍內執行服務」。若此官員不具有專業能力就不宜要求豐原高中大禮堂屋頂蓄積一層水。倒塌事件後有些臺灣省政府官員及豐原高中教育主管被法院檢察官偵察，並以貪污罪名起訴。

　　如果當時的建商都只想要省錢，而越來越大膽將桿件尺寸越放越小；如果當時臺灣省政府官員及豐原高中教育主管收受營造商紅包，這就違反美國土木工程學會（ASCE）所制定的工程倫理基本準則第一條「工程師應維持至高無上的公眾安全、健康和福址，而且將努力遵從他們在專業職責表現中的永續發展原則」，以及基本準則第六條「工程師應表現此類的行為，例如維持並且提高工程專業的榮譽、廉正和尊嚴。而且表現絕不容忍賄賂、詐欺、貪腐」。

　　但是做防水工程的負責人張 ×× 表示，豐原高中大禮堂鋼架、鋼樑與鋼柱都已經在施工前就已有明顯腐蝕，腐蝕鋼柱在底部因而失去支撐力量。尤其又在屋頂鋼樑鋼架交接處，因以前施工時拌入的水泥砂石，由於施工不良而造

成蜂巢狀的細孔，且多年來雨水由這些細孔滲入大禮堂，使得內部腐蝕而造成坍塌。

但在報導裡面發現有疑點，張 ×× 說屋頂的積水如果超出 30 公分，積水會自然從女兒牆頂部溢出。因為施工人員沒有學過結構穩定學及鋼結構設計等專業課程，以為積水如果超出女兒牆高度 30 公分會自然溢出。而且由於鋼架屋頂本身結構當初設計並未考慮要承載 30 公分高的積水，因此鋼樑與鋼柱當初設計的桿件尺寸都很小。所以屋頂結構比較柔弱。

一旦屋頂結構承受 30 公分高的積水，屋頂就會向下沉陷彎曲變形，而且可以承受積水一段短時間。當屋頂就向下沉陷彎曲變形時，屋頂積水可能超過 30 公分，絕不可能積水剛好 30 公分就溢出。當屋頂積水超過 30 公分時，屋頂結構更就會向下沉陷彎曲變形，以致於可能裝載更超過 30 公分深度的積水，如此惡性循環——積水越多，屋頂結構向下沉陷彎曲變形越多，以致於屋頂鋼樑受拉力而「斷裂」，屋頂塌陷壓死學生。因此積水一定會影響載重，屋頂排水與鋼樑設計都有問題。

而當時相關法條認定該工程為修繕工程，由於修繕的規模小於修建，不需任何建築管理程序，也不需工程專業人員參與。建議此規範應該修改，凡牽涉影響結構物受力行為，應再經過專業工程人員的結構分析設計簽證，而專業工程人員更須有良好的工程倫理觀念。臺灣的建築向來都有下列問題：

1. 品質受到輕視

無論是鋼筋混凝土或鋼結構工程，因為建築結構的計算常常有相當大的安全係數，而且 921 地震前倒塌的事件很少，有些人都覺得用那麼多鋼筋及混凝土，還有那麼大的鋼構件實在太浪費，因此偷工減料越來越大膽。

2. 缺乏保養概念

建築就如同車輛一樣需要定期保養，許多建築物使用了幾年後，開始出現小問題就大罵工程師偷工減料，但是建築物也是要保養的，比方排水不良、建築材料老化、給水不順、電力不足等等，需要經常檢查定期維護保養，以確保建築物安全耐用。

3.生產制度缺失

我國一般的建築物所採用的建造制度,由建築師負責設計監造,營造廠負責施工。若設計與製造沒有溝通連貫,設計與施工沒有緊密配合,往往會衍生許多問題。例如建築師不如結構技師專業,卻包辦全部建築設計與監造簽證。

屋頂池化的案例,是因為屋頂上的排水設施沒有發揮作用,且屋頂四周被女兒牆圍繞起來,導致結構體本身不能承受屋頂上雨水的巨大壓力而坍塌。幸好臺灣平地沒有下雪!否則屋頂池化的案例會更多!但是屋頂災難一再發生,我們看看國外近年的案例:加拿大加卑詩體育館屋頂坍塌(大紀元,2008)、俄羅斯彼爾姆州丘索沃伊游泳池屋頂坍塌(大紀元,2008)、莫斯科德蘭士瓦水上樂園屋頂坍塌(人民網,2008)。

習題

(1) 如何搜尋已判決的司法相關案例?

(2) 工程倫理相關法律有哪些?

(3) 試述本章所述案例的學習心得。

(4) 除了本章所述案例,請再舉例其他案例說明。

案例六、2013年臺灣食用油造假事件

2013 年 10 月 16 日大 × 食品廠股份有限公司黑心油事件中,衛生局調查發現,低成本油幾乎都以棉籽油為主,並查扣到向中國進口棉籽油的進貨、報關單據。如「大 × 特級橄欖油」標榜百分之百由西班牙進口特級冷壓橄欖油製成,強調 100% 特級橄欖油、「特級初榨橄欖油」等對外銷售,添加低成本葵花油(從葵花籽中提取)及棉籽油(棉花籽提取)混充,含量遠不到 50%。經查扣膏狀不明添加物,業者辯稱是「銅葉綠素」,卻提不出證明,彰化地檢署與彰化縣衛生局食品衛生科,認為業者恐觸犯食品衛生管理法、刑法詐欺罪以及摻偽罪,已要求業者將特級橄欖油等相關產品下架,工廠內負責生產特級橄欖油的生產線也暫停。

1970 年代,董事長高 ×× 就開始就一直以低價棉籽油混高級油牟利。大

× 特級橄欖油遭檢舉不純，高 ××16 日以 100 萬元交保，17 日他出面向消費者致歉，坦承內部控管不嚴，但強調添加「銅葉綠素」對人體無害。大 × 涉嫌欺騙消費者，所謂的特級橄欖油是用部分的橄欖油加上廉價的棉花籽油，再加入銅葉綠素調色，且已經賣了 7 年之久，吃多肝腎會出問題。彰化衛生局技士許婉貞說：「葉綠素規定只能放在泡泡糖還有食品，油脂是不能使用的。」富 × 公司 3 年內將至少 6 成，約 2600 公噸棉籽油調和內銷，卻毫無標示。頂 × 集團採購大 × 油品再包裝出售，大 × 董事長高 ×× 稱：「賣給 ×× 的油品是摻雜多種油品的混油」，且頂 × 高層知情未報。銅葉綠素禁止放在油中的原因，可能和油脂日常的攝取量較高有關。因為食用油若摻有銅葉綠素，高溫加熱後，會釋出銅加速油脂氧化，銅攝取過量恐造成肝腎負擔。

　　2014 年 6 月 6 日，臺灣彰化地方法院對於富 × 調合油部分，以未構成「中華民國刑法」詐欺、虛偽標示商品品質罪嫌以及「食品衛生管理法」攙偽假冒之犯嫌、且無其他積極證據足認有何等犯行，對富 × 董事長陳 ×× 作不起訴處分，至於法院沒收不法所得新台幣 3 億多元，案件仍在審理。彰化檢方偵辦此案時，財政部中區國稅局同步清查大 × 的逃漏稅行為；已查出逃漏營業稅新台幣 2200 萬元、逃漏營利事業所得稅約新台幣 1 億多元，加上罰鍰後共計新台幣 1 億 5700 百多萬元。2014 年 7 月 24 日，智慧財產法院判決：高 ×× 觸犯《中華民國刑法》「商品虛偽標示罪」、「詐欺取財罪」等罪，同時違反《食品衛生管理法》，應合併執行有期徒刑 12 年；另外，大 × 應繳罰金新台幣 3800 萬元定讞。為何國稅局平時不清查大 × 的逃漏稅行為？有沒有官商勾結？要不是新聞媒體輿論踏伐，法官不會迅速判決有期徒刑 12 年。罰金新台幣 3800 萬元太少了，且民眾的健康無法賠償。

習題

(1) 試搜尋臺灣歷史上所發生的黑心食品事件。
(2) 試舉例國外黑心食品案例。
(3) 試說明如何有效防範黑心食品的產生？

案例七、餿水油事件

1985 年 9 月 20 日，臺北市有業者長期把養豬餿水交給化工廠提煉成食用油，再轉售至市內各夜市攤商與小吃店。德 × 油行負責人林 ×× 自 1976 年起就涉嫌以餿水中的浮油製成劣質沙拉油，從事不法勾當，10 年來共出售劣質油 1 萬多桶，共獲得不法利潤五、六千萬元。最高判 7 年、強制工作 3 年。2014 年 9 月 4 日內政部警政署刑事警察局南部打擊犯罪中心破獲屏東主嫌郭 ×× 等 6 人經營地下油廠，專門向廢油回收業者順 × 企業和自助餐廳收購餿水，再自行熬煉成「餿水油」。本案件是由屏東縣一位農大發現，餿水油事件爆發引起全國震撼！他住在郭 ×× 的地下油廠附近，多年來向屏東縣環保局檢舉了 5 次，但是都沒有用，環保局人員到地下油廠稽查，要不是吃閉門羹，不然就是只開罰水溝殘留動物性油脂，兩次加起來罰不到 5 千元，此農夫眼看投訴屏東環保局無效，只好自己花錢買設備攝影蒐證，他自行拍照外、還花了 6 萬多元加裝監視器，對著油行 24 小時錄影，蒐證兩年。農夫跨縣市再透過朋友向臺中市警察局第一分局檢舉報案，才終於受到重視！

屏東縣政府的消極處理，讓全國民眾抱怨連連。臺中市警察局第一分局表示，農夫的友人和該分局吳姓偵查佐認識，轉來該第一分局報案，去年十一月間第一分局派員到屏東埋伏及錄影，臺中市 3 名員警躲在鴿舍一天一夜查案，拍下郭 ×× 煉油鐵證，發現油罐車將收來的餿水廢油運入加工並製成油品販賣證據；最後在專案會議時，臺中市警察局第一分局依規定報請屏東地檢署指揮偵辦，提報請檢方直接指揮當地相關司法單位偵辦。農夫救了全臺灣 2300 萬人，這是非常嚴重的食品安全問題。

農夫向當地的環保局檢舉了五次，政府官員均未認真處理，或者有處理但表示查無證據，或者是否可能涉嫌收受廠商賄款就不處理？這位農夫為何不向屏東縣警察局檢舉報案？因為這位農夫可能不相信屏東縣警察局會秉公偵辦，或者這位農夫可能曾向屏東縣警察局檢舉報案沒有結果，只好跨縣市檢舉報案，這表示當地政府官員推卸行政責任，人民無法申冤。檢舉無效在各縣市政府經常可見，除非檢舉人與承辦官員熟識或有親友關係，否則一般檢舉大多不了了之。檢舉反而變為承辦人涉嫌收受賄款的良機。

　　衛生福利部食品藥物管理署表示，目前已知「強 × 企業股份有限公司」有購買黑心油，製成「全 × 香豬油」後販賣到市面。9 月 4 日臺北市政府衛生局召開記者會說明，頂 × 集團味 × 公司製造的肉醬、肉酥等 12 款加工製品皆使用強 × 公司「全 × 香豬油」製成，衛生局已要求業者先將相關的產品全面下架。9 月 5 日衛生福利部食品藥物管理署表示，強 × 公司購買自「屏東郭 ×× 工廠」所回收處理過的廢食用油、回鍋油，以 33% 劣質油混入 67% 豬油調和出廠為「全 × 香豬油」，多家知名業者使用強 × 公司油品，包含奇 × 食品、盛 ××、美 × 達人（×× 度 C）、× 王、× 全、黑 × 牌。

　　9 月 6 日根據高雄、臺南、彰化、新北市衛生局追查，強 × 公司還替工 × 整合行銷公司代工製造「合 × 香豬油」餿水油品，油品已流向食品原料行、雜糧行、烘焙、早餐店、攤商等，衛生局清查後會將結果公告在網站上供民眾參考。9 月 10 日，強 × 公司遭離職員工爆料，強 × 公司長期引進香港的工業豬油混入郭 ×× 餿水油製成「全 × 香豬油」。香港食物安全中心證實，香港「金 ×× 有限公司」將只供動物食用的飼料油謊報可供人類食用油，長期賣給強 × 公司。9 月 11 日衛福部宣布，強 × 公司生產 25 項豬油產品疑混入餿水油，要求強 × 公司一律全數下架。10 月 2 日，地下工廠油品負責人郭 ×× 坦承除收購餿水油外，還收購動物屍油（化製場回收動物屍體焚燒過程產生的油）、皮革油賣給強 × 公司。2014 年 10 月 8 日，臺南地檢署查獲，頂 × 集團旗下正 × 公司前處長吳 ××，涉嫌將飼料油謊稱食用豬油賣給正 × 公司，正 × 公司旗下油品「維 × 清香油」、「維 × 香豬油」、「正 × 香豬油」等油品皆混充飼料油。

　　頂 × 國際集團總部位於臺北市，由彰化永靖的魏家四兄弟共同創立。頂 × 為一頗負爭議的集團，在臺灣引起多起黑心食品的食安問題。彰化地檢署偵辦頂新飼料油案，經過 20 天偵辦，2014 年 10 月 30 日檢察官起訴頂新前董事長魏 ×× 在內的 9 名被告，其中魏 ×× 被具體求處 30 年有期徒刑，但當時三級三審法院尚未判決，希望新聞媒體監視權可以發揮功效。其他食品安全衛生等問題，詳請參閱社會企業與企業社會責任研討會「企業社會責任與司法問題之探究」論文。

習題

(1) 試說明企業社會責任之意義。

(2) 試說明黑心食品與國人健康之關聯。

(3) 試說明如何改革司法以有效防範黑心產品？

案例八、撤銷使用執照行政訴訟

本案在郝龍斌市長任內都市發展局涉嫌圖利建商，在東南兩側均為 6 公尺窄巷角地，土地僅 46 坪即可都更，且違法建築 10 層高樓（簡稱系爭建物），造成緊鄰住戶無法都更。建商因此掠奪非法暴利約新台幣一億三千多萬元。

本案原告曾向臺北市郝市長陳情無效，於是向被告臺北市政府都市發展局（以下簡稱都發局）訴願，訴請撤銷系爭建物使用執照被駁回。再至臺北高等行政法院（原審）控告都發局又被駁回，然後上訴最高行政法院（前審）又被駁回，後來向最高行政法院提出再審之訴。再審之訴最高行政法院一份裁定駁回，另一份裁定移送臺北高等法院再審再駁回。相關詳細案情與案號請卓參 2014 第三屆工程與科技教育學術研討會之論文「工程倫理教育與社會責任教育孰重之探究」。行政訴訟重要案情簡述如下：

1. 系爭建物西側應自地界線退縮防止地震碰撞鄰房之間隔 11.18 公分的兩倍，按照都發局核定之設計圖，應自地界線退縮 100 公分，但經由臺北地檢署囑託古亭地政事務所測量僅退縮 4 公分。一旦爆發地震，鄰戶日據時代遺留老舊房屋與系爭建物相撞，會造成鄰戶住宅屋毀人亡。但法官違法判決，法官故意判定僅退縮 4 公分是合法的。

2. 系爭建物西側未按圖施作鋼筋混凝土牆，反而用不具抵抗強度的玻璃磚牆取代鋼筋混凝土牆，並擴大玻璃磚牆面積。一旦爆發地震系爭建物抗震能力不足，會傾倒或崩塌造成鄰戶住宅遭受危害。

3. 系爭建物西側外牆玻璃磚牆未依建築法規用防火時效一小時之材料，且偽造防火時效一小時之檢驗證明，經內政部營建署公函證實玻璃磚牆未具防火時效。一旦發生火災，造成緊臨之住宅遭受生命財產之危害。

4. 依據建築技術規則設計施工篇第 45 條第 2 款，應以不能透視之固定玻

璃磚砌築及開口，系爭建物西側玻璃磚牆用可透視之玻璃磚砌築，且外牆開孔裝排油煙管，排油煙管雖已拆除，但開孔仍保留。系爭建物西側外牆開孔，未依法自地界線退縮 2 公尺建築。

5. 系爭建物北側新圍牆頂端露天架設瓦斯鋼管，瓦斯鋼管露天設置違反民國 100 年 06 月 30 日修正「建築技術規則建築設備編」第 4 章──燃燒設備第 79 條燃氣設備之供氣管路，應依左列規定：三、應設置於空心牆內。四、埋設於室外地面下時，應依下列規定：(一) 埋設深度不得小於三十公分，深度不足時應加設抵禦外來損傷之保護層。但其瓦斯鋼管完全露天架設遭受日曬風吹雨淋易腐蝕，一旦洩漏瓦斯會爆炸起火，損害鄰居生命及財產安全。

6. 系爭建物東側占用公用排水溝，排水溝斷面變窄，一旦大雨排水不良造成淹水，巷道變河川。但原審法官判定與原告無涉。可是依據土木工程流體力學原理，隔壁道路淹水必定會流至鄰戶住宅，法官憑什麼科學證明與原告無關？

7. 系爭建物東側凸出建築線 22.5 公分，設計圖核定應自建築線退縮 40 公分，故合計超出 62.5 公分。且系爭建物東南側未依規定退縮建築，消防車輛由北向南單行道進入系爭建物東側 6 米巷道，會卡到系爭建物東側凸出之鐵欄柵及東南側未退縮之建築。但原審法官表示與原告無涉，若依此推論任何人均可竊占公用道路，甚至國有土地，而且非公用土地所有權人均不准提告。

8. 依據 98 年度訴字第 2467 號臺北高等行政法院判決，此判決是轟動臺灣社會的【文林苑事件】，原審同一位審判長判決原告王家敗訴，其理由之一「臺北市都市更新自治條例第 14 條規定：『主管機關劃定為應實施更新之地區，其土地及合法建築物所有權人自行劃定更新單元者，除應符合第 12 條之規定外，並應以不造成街廓內相鄰土地無法劃定更新單元為原則』」。所以本案被告都發局違反上述判決所依據的原則，不顧原告的權益，迫使原告土地無法單獨都更改建，被告都發局竟強行核發建造及使用執照給建商。法官前後判決均在維護建商權益，「文林苑事件」判決王家應合併建築，本案認定建商可以單獨新建，不顧原告無法單獨新建的限制，兩案判決前後矛盾。

9. 系爭建物地下室違法擴大開挖，完工後地下室使用執照的竣工圖與地下室建造執照原本核定設計圖不符。原審判決第 17 頁第 2 列「原告聲請本院囑

託公正單位測量系爭建物各層面積，核無必要」，既然法官不相信臺中市土木技師公會鑑定報告，原告聲請法院囑託公正單位測量系爭建物各層面積實屬必要，否則法官就是故意冤枉原告。但法官判決表示「系爭建物既經承造人及其專任工程人員先行勘驗，並經監造人勘驗合格會同簽章，被告因而審認其地下室係按核准圖說施工無誤，以原處分核發使用執照」。

10.系爭建物之設計資料有問題，被告在原審提出證物編號 31 是 100 年 3 月 8 日被告廖×× 官員發函給建商，其主旨為「有關貴公司所辦理建造執照案經審查不符規定」，既然不符規定，為何系爭建物 100 建字 0049 號建造執照於 100 年 2 月 15 日先行核發，然後 100 年 3 月 8 日發函建造執照案經審查不符規定。這是違反行政程序的作為，所有執照均須先行審查，審查若符合規定，才可核發執照。而且建造執照抽查專案，發現共有 14 個項目不符法規，其中許多項目需變更設計。既然被告要求建商完成變更設計，但建商置之不理，繼續施工建造。而且被告建照科鄭×× 101 年 12 月 5 日北市都建照字第 10183563300 號函表示此建照沒有變更設計，既然沒有變更設計，被告所核發的建造執照就是違法的事證，被告再按照違法的建造執照核發使用執照，此法定程序已明顯違法。

11.系爭建物違反高度比限制，系爭建物在高度 9 公尺應比照金字塔自東向西切削退縮 1 次，自南向北切削退縮第 2 次。亦即系爭建物只能完整新建至 3 樓，但系爭建物新建至完整 7 樓，再增 3 層屋凸共 10 樓。系爭建物增建至 10 樓，違反臺北市土地使用分區管制自治條例第 11 條高度比限制。臺北市土地使用分區管制自治條例第 11 條高度比限制圖如圖 6-2 所示。被告在原審時以臺北市土地使用分區管制規則第二條之一的規定「面積一○○○平方公尺以下不規則基地之建築物已自前、後面基地線各退縮達四公尺以上者，免再受建築物高度比及後院深度比之限制。」作藉口，事實上系爭建物在前後院各退縮四公尺範圍內均有建築法第 4 條所謂之建築物，故不適用第二條之一的規定。

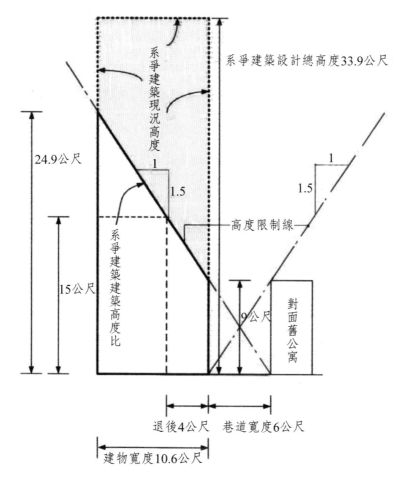

系爭建築南向立面示意圖

1. 灰色部分突出1比1.5高度限制線，不合規定。

2. 如為角地時，面臨巷路之兩向，均需按示意圖退縮建築。

圖6-2　系爭建築違法超高新建

　　原告在原審時向法官表示，既然高度不受限制，為何不讓建商蓋100層樓？本案以核定給建商的建築總面積624.62平方公尺（=188.95坪），在臺北市中正區若每坪只賣新臺幣90萬元，扣除土地成本（約3029萬元）及工程造價（新臺幣638萬1968元），建商約1年新建至10樓淨賺暴利約新臺幣1億3338萬元。被告已涉嫌違反貪污治罪條例第6條，明知違背法令，直接或

間接圖自己或其他私人不法利益。而且違法建商可利用各種手段涉嫌逃漏營業稅及營利事業所得稅，建請財政部實施實價課稅，否則房價飆漲，最大非法受益者是違法建商。

習題

(1) 試說明建商如何違法掠奪暴利。
(2) 試舉例說明政府營建工程官員貪污案例。
(3) 試說明如何有效降低臺灣房屋售價。

案例九、工程爭議案例刑事訴訟檢討

　　原告先向臺北市郝市長電子信箱陳情，申訴建商基樁越界建築，但當時都發局回覆要原告去法院訴訟，於是原告控告建商預壘樁越界建築、強行拆除支撐舊屋的鋼柱、沒有拆除執照強拆基地北邊共同牆壁導致原告廚房外牆龜裂等三項違法事件。本工程爭議案例在刑事訴訟處理過程中仍在存許多疑點與問題，這些問題經過檢討後，建議需要司法機關改善以保護民眾的權益。本研究的案例可提供營建工程界及社會大眾參考，希望類似訴訟案件還公道於人民。詳請參閱 2014 營建工程與管理學術研討會「工程爭議案例刑事訴訟檢討與建議」論文。

　　本案檢察官只開庭一次，就全部委由檢察事務官張 ×× 偵訊，張檢察事務官說他有營繕專長，所以檢察官交由他偵辦。偵訊過程一再教訓原告，從頭到尾都在偏袒被告建商，原告曾向臺灣臺北地方法院檢察署陳情檢察事務官態度惡劣，但被要求原告須提出證據，可是偵察庭中又不准原告錄音，原告再向臺灣高等法院檢察署申訴。臺灣高等法院檢察署不直接回覆，卻轉請臺灣臺北地方法院檢察署答覆。於是原告撰寫第三次申訴書向法務部曾勇夫部長陳情，但法務部檢察司又將第三次申訴書轉交臺灣臺北地方法院檢察署楊檢察長，但都不准原告調閱檢察事務官的錄音及錄影檔案。原告不得已向監察院陳訴，監察院的功能如同郵局，又將原告陳訴書轉寄法務部，法務部再將陳訴書轉寄臺灣高等法院檢察署。102 年 5 月 23 日臺灣高等法院檢察署檢察長陳守煌休假，由郭主任檢察官代行回覆，回覆內容與先前臺北地檢署回答內容類似。

　　102 年 6 月 2 日原告再向監察院陳訴，具體訴求為 1. 請求複製張 ×× 檢察事務官四次偵訊的錄音檔案給陳訴人搜證。2. 請求檢察官員錄音時比照警察，口述當天日期及錄音起始與終止時間。3. 請求刑事偵訊過程，依據憲法不妨害社會秩序公共利益者，只要偵查期間不公開，准予原告及被告自行錄音存證，以保障人權。4. 請查明本案臺灣臺北地方法院檢察署張 ×× 檢察事務官侮辱陳訴人是否違法失職。5. 刑事不起訴案件依法再審，請求更換承辦檢察官及檢察事務官。監察院又將陳訴書轉寄法務部，法務部再將陳訴書轉交臺灣高等法院檢察署。102 年 6 月 27 日臺灣高等法院檢察署檢紀辰字第 1020000620 號函回覆上述 1 至 3 項與刑事訴訟法第 245 條第 1 項之規定不符，所請礙難准許。上述第 4 項並無不當。上述第 5 項不起訴已確定，向臺北地檢署請求查明有無得再行起訴之原因。

　　檢察官及檢察事務官應該秉公審理刑事訴訟案件，不應該偏袒財團建商。偵查不公開應該是指偵查期間不公開，偵查終結若起訴自然公開於法庭，由法官審判。偵查終結若不起訴，偵查內容及錄音、錄影等證據就應該公開。但現行檢察制度，偵查不起訴的資料包括地政事務所複丈成果圖等完全不公開，這種作法非常容易讓不肖的司法官員縱容、包庇違法的財團或罪犯，違法審理的秘密無人可知，違法判決的司法官員更無人可管。監察院若沒有能力監督、糾正、彈劾不肖的司法官員，建議廢除監察院。

習題

(1) 試說明偵察不公開之法律規定。
(2) 試說明司法官員言詞及態度惡劣要如何搜證？
(3) 試說明臺灣監察院有何功能？

九、臺灣司法問題

（一）先聖先賢清官陳瑸爺

陳瑸，字文煥，號眉川。清順治十二年生於廣東海康縣，二十歲考取秀才，三十八歲中舉人，隔年幸進士及第。平時審閱案卷資料，經常廢寢忘食，每每告誡部屬嚴以律己。陳瑸爺職位越高，對己要求越嚴格，點滴為公，積勞成疾，康熙五十七年十月初三日，英才早逝，年僅六十三。皇帝褒揚為「清廉中之卓絕者。」追授禮部尚書，謚以尊名「清端」。陳瑸爺為官十八餘年，駐臺長達十載之久，功在臺灣。他代公庫守財，替百姓分憂，寧可不攜帶家眷來臺灣，且從未寄一文俸銀回家；但家書不斷，每封信都教導兒子淡薄刻苦，忍耐過日，勤奮讀書，誠懇做人，踏實辦事。當時臺灣人民對陳瑸爺的往生也深感悲慟，不約而同，聚集之前所立生祠哭泣。陳瑸先賢是清廉中之卓絕者，也是清朝在臺灣清廉端正官吏。國父孫中山推翻腐敗的清朝，建立所謂自由民主法治的中華民國。以傳統的清朝帝制來看也有絲毫不苟點滴為公的陳瑸先賢，而號稱法治的現代臺灣政府，尚未見死後受人尊重清廉奉祀於廟中供人膜拜的官員，陳瑸爺足為現代政府公務官員崇敬效法，陳瑸爺神像及神位如圖 6-3，圖 6-4。

圖 6-3　臺南北極殿陳瑸爺神像

圖 6-4　臺南武廟陳瑸爺神位

（二）司法貪瀆案例

1. 何 ×× 前立法委員行賄法官事件

2010 年 7 月 13 日，最高檢察署特偵組搜索臺灣高等法院 3 位法官，他們涉嫌收受前立法委員何 ×× 行賄，涉案法官與相關人員 6 人，遭到收押禁見，創下偵辦司法官風紀案羈押最多人數的紀錄。何 ×× 因涉嫌新竹科學園區銅鑼基地弊案貪污，一審獲判 19 年有期徒刑，二審改判 14 年有期徒刑，在更一審爆發行賄二審 4 名法官以獲判無罪醜聞，並於檢調調查前潛逃。檢調查出賄款至少八百萬元！而且竟有賄款直接在高等法院內交付，簡直丟盡司法的臉！英國《經濟學人》以「臺灣的腐敗——確認最糟糕的質疑」（Corruption in Taiwan－Confirming the Worst Suspicions）為題，報導了令臺灣蒙羞的醜聞：前立委何 ×× 涉嫌行賄法官，導致一名檢察官與四名司法官收押案，這件長達十年以上的最大司法貪污醜聞讓臺灣司法界的貪污謠傳獲得了證實，也讓人民的憤怒達到了沸點。

2. 羅法官收受毒犯賄款

律師羅 ×× 擔任臺灣高等法院法官時，因收受毒犯葉 ××100 萬元，明知葉有罪卻將葉 ×× 從 3 年 2 月改判無罪定讞。最高法院依貪污、枉法裁判等罪判羅 ××11 年徒刑、褫奪公權 7 年確定，羅 ×× 成為國內首位因「枉法裁判」被判刑確定的法官，並移送臺北監獄服刑。首位因枉法裁判罪入獄的前法官羅 ××，是臺大法律系畢業、司法官訓練所第 12 期第一名結訓，曾是當年司法界看好的明日之星，後來擔任臺北地方法院法官，順利升任庭長和臺灣高等法院法官，卻因貪污收賄、枉法裁判銀鐺入獄，讓人深感法官違法判決非常可恥。

3. 蘇法官欠賭債

2011 年 01 月臺北地方法院審理法官貪污案，意外扯出臺灣高等法院法官蘇 ×× 積欠賭債的司法醜聞！貪污法官張 ×× 的妻子尤 ××，2011 年 01 月 10 日出庭證稱 2007 年丈夫潛逃大陸後，曾寫紙條託她轉交白手套律師邱

××討賄款，紙條內點名蘇××欠丈夫賭債。檢調證實查扣的紙條內，確實有相關內容，但沒寫賭債金額。蘇××則矢口否認打麻將賭博欠債。司改會發言人林峰正抨擊：「一般民眾打麻將賭錢可能觸犯賭博罪，法官當然更不該打麻將，高院前法官楊××就因打麻將及召妓被公懲會撤職。」

4.宋法官私下會見被告

司法官貪污案層出不窮，承審法官私下會見被告遭停職，法官操守有問題！審理司法官貪污案的高等法院法官宋××，被同事目擊與被告（即高院前庭長房××）在高院一樓交談半小時，法官宋××辯稱協助被告房××繳交犯罪所得，但司法院認被告宋××與被告不當接觸，曾將法官宋××停職並送監察院審查，最重可能將法官宋××撤職？

5.詹檢察官貪污法官判無罪事件

2012年10月6日嘉義地檢署檢察官詹××，被業者以光碟錄下收賄過程，經廉政署告發，沒想到法官竟說「只是品行不端，貪圖小惠小利」，判決詹××貪污罪不成立，讓許多民眾知情後罵翻天，直批「是要收金條才有罪嗎？」。嘉義地檢署檢察官詹××被控在新竹地檢署任內，涉嫌為溫泉業者、污泥廠護航索賄，買車、家具都由業者買單，業者錄影後向廉政署檢舉。新竹地院判決，認定全案罪證不足，判決詹××無罪。

6.井檢察官索賄事件

2012年01月21日高雄地檢署檢察官井××涉嫌利用辦案機會，向賣減肥禁藥的馬來西亞女華僑孫××索賄，不但接受招待喝花酒及出國旅遊，還以案件簽結交換投資孫家在馬來西亞的礦業，不正當利益至少上千萬元。雄檢懷疑井××共涉7起貪污案，2012年01月20日動員百名檢調人員搜索井××住辦等19處所，並約談井××夫婦、孫女及黃姓司法黃牛，複訊後都聲押。

7.胡法官貪污案

檢方偵辦臺灣高等法院台中分院法官胡××涉嫌貪瀆案，發現他不但喜

歡到酒店飲酒作樂，甚至還擁有 3 個妻子 6 名兒女，而妻兒幾乎都沒有工作，但名下資產卻高達新台幣 3 億元。特偵組經過 3 年蒐證，不只搜出他嚴重貪污的事實，還發現他不明財產藏在三房最多，因為三房不只最受寵，還疑似就是白手套。檢方查出雖然三房每月生活費僅 5 萬元，但她與子女名下有百萬存款、千萬投資、臺中市房產、住處與保管箱還有千萬現金、百萬名車，總資產 1 億 7182 萬元，而二房住在臺中市七期中的豪宅，但二房因重病需人照護，因此每月生活費高達 20 萬元，二房與其子女名下總資產共 6310 萬元。另外，大房與其子名下有存款近千萬、臺北市大安區與臺中市房產、金塊 19 條、總資產 9865 萬元。檢方調查也發現，他妻兒名下雖擁有巨額資產，但他為支付各房妻兒的開銷，卻入不敷出，這不只是被特偵組喻為史上財產來源不明最多的法官，老婆之多也是新紀錄。其判決可謂「有錢判生、沒錢判死」，因其非常好色，有新聞媒體說他是「有奶判生、沒奶判死」。建議司法院將法官胡××曾經判決的案件全部重啟調查，該判有罪者就重新判罪，受害者應給予國家賠償，賠償費用應由法官胡××的贓款全額支付，不足者只好我們納稅替他賠償。

8.陳檢察官收賄 2325 萬元

　　臺灣高等法院檢察署檢察官陳××涉嫌自 1999 年起，在陸續擔任宜蘭、板橋地檢署主任檢察官時，連續 6 年 8 個月向賭博電玩業被告收賄 81 次共 2325 萬元，創下檢察官貪污金額最高、時間最久、次數最多紀錄，特偵組依違背職務收賄罪將這名堪稱史上最貪得無厭的檢察官起訴。民間司改會執行長林峰正憂心說：「她歷任主任檢察官、高檢署檢察官卻涉貪，這是非常不好的警兆，連向來被認為比較不貪的女檢都淪陷，代表檢察界自我防弊系統拉警報。」她接受招待旅遊吃魚翅，利用後案併前案漏洞，再陸續不起訴護航。還指導被告如何規避檢警查緝。被告給她每月 10 萬元賄款，她拿到賄款後，原本應該起訴的案件均違法不起訴。為何她一個人即可決定不起訴？為何上級長官不聞不問，也不監督考核？可見臺灣的刑事案件多麼黑暗！善良守法的受害者，完全沒有法律的保障。

9. ××光排廢水判決不符社會正義

2014 年 10 月 20 日××光半導體公司排放廢水案，高雄地方法院宣判 5 名被告 4 人緩刑、1 人無罪，並科罰××光半導體公司新台幣 300 萬元。地球公民基金會發表聲明指，××光半導體公司是污染後勁溪的累犯，更惡意稀釋廢水、誤導稽查員，持續危害下游農漁產業，若非上層授意，下層員工豈敢明目張膽惡意違法？該案卻僅辦到廠長層級，未能追訴到××光董事長張××，又准予所有被告緩刑，形同沒有人真正為長期污染罪行負起責任，判決實在不符社會正義。近 3 年來被環保裁罰達 25 件，絕非偶發事件，今日僅併科新臺幣 300 萬元罰金，對年營收 2000 億的日月光來說，完全不符比例原則，更毫無嚇阻效果。

10. 政府機關的貪瀆情況

以表 6.1 之 101 年廉政工作年報表 2-02 的數據來看，公共工程案數 46 件，涉案公務人員 137 人，貪污金額 101,682,611 元。司法貪瀆涉案 3 件，涉貪公務官員僅 5 人，貪污金額 1,041,740 元。都市計畫 1 件，涉貪公務官員僅 1 人，貪污金額 480,000 元。建管涉案 5 件，涉貪公務官員僅 11 人，貪污金額 2,282,000 元。地政涉案 2 件，涉貪公務官員僅 5 人，貪污金額 10,000,000 元。稅務涉案 2 件，涉貪公務官員僅 2 人，貪污金額 100,000 元。由以上與營建工程直接相關的案件看來，公共工程利益最龐大，涉案件數及人數與金額占最多比例，可見營建工程多麼黑暗！

建議將過去歷年的廉政工作年報表 2-02 最右邊增加一欄檢察官起訴件數，再增加一欄法官判決結果。因為現今貪瀆問題在於最後一道防線，也就是可能檢察官不起訴、或可能是法官判決無罪或輕判，那先前檢舉、查貪、舉報全部白費功夫。即使被判刑入獄還可以買通監獄官員或申請假釋出獄，故建議總統，臺灣必須立即徹底地司法改革。

2013 年的「全球貪腐趨勢指數」是由國際透明組織委託國際蓋洛普的一項跨國性民意調查。國際透明組織指出，臺灣接受政府提供服務過程中，行賄情形（35%）高於全球平均（28%）。從 2013 年的調查分析中也發現，民眾對接受警察機關與司法機關的服務時，需要行賄情況仍普遍存在。在我國民眾認為需要行賄的機關，以司法機關的 35% 為最嚴重（圖 6-5）。

表 6.1　調查局廉政工作年報表 2-02

項目類型		案數	嫌疑人數			涉案標的			
			公務員	民意代表	非公職人員	貪污金額	圖利金額	採購金額	其他犯罪金額
貪 污	公共工程	46	137	3	126	101,682,611	182,281,168	1,023,567,477	105,070,707
	採購	61	227	0	169	103,499,740	200,787,816	841,678,594	131,206,223
	司法貪污	3	5	0	2	1,041,740	2,242,394	—	117,474
	警政	24	58	2	68	8,450,252	12,775,750	—	7,200
	消防	2	2	0	0	0	0	—	0
	矯正	4	8	0	9	802,381	0	—	0
	都市計畫	1	1	0	1	480,000	0	—	0
	建管	5	11	0	13	2,282,000	24,880,286	—	0
	地政	2	5	1	3	10,000,000	10,679,360	—	0
	稅務	2	2	0	0	100,000	0	—	0
	關務	1	2	0	2	20,000	0	—	0
	金融	0	0	0	0	0	0	—	0
	醫療	0	0	0	0	0	0	—	0
	教育	7	15	0	14	40,732,136	10,484,300	—	9,200
	工商登記	0	0	0	0	0	0	—	0
	監理	2	4	0	2	16,800	4,295,333	—	0
	殯葬	2	3	0	5	126,000	7,000	—	0
	環保	5	12	0	5	37,088,475	246,000	—	0
	破壞國土	0	0	0	0	0	0	—	0
	河川及砂石管理	1	1	0	6	3,440,000	0	—	0
	社福補助	1	1	0	0	688,800	0	—	0
	補助款	4	13	1	47	6,197,151	877,928	—	0
	其他	47	82	11	44	72,708,384	101,703,564	—	16,363,964
	小計	220	589	18	516	389,356,830	551,260,899	1,865,246,071	252,774,668
非 貪 污	公共工程	69	7	0	218	—	—	2,973,884,802	153,679,329
	採購	105	3	1	306	—	—	635,851,392	1,048,759,793
	司法詐欺	14	0	0	20	—	—	—	25,845,100
	醫療	1	1	0	0	—	—	—	1,248,000
	教育	17	10	0	25	—	—	—	48,904,357
	環保	22	0	0	33	—	—	—	1,779,000
	破壞國土	16	1	0	38	—	—	—	0
	其他	14	14	1	30	—	—	—	65,582,319
	小計	253	36	2	669	—	—	3,609,736,194	1,345,797,897
總計		478	325	20	1,185	389,356,830	551,260,899	5,474,982,265	1,598,572,565

MJIB R.O.C.法務部調查局

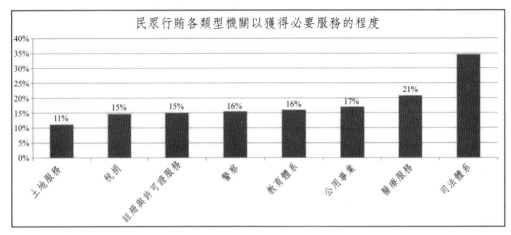

圖6-5　中華民國民眾行賄類型機關及百分比

　　法務部長曾××曾經表示，將向國際透明組織了解並澄清。法務部指出，國際透明組織該項調查係對全球 107 個國家，外界傳聞我國貪腐程度排名第18 名是明顯的錯誤，更難以接受該調查結果逕行論定我國貪腐之嚴重性。目前檢察機關每年偵辦約 40 萬件刑事案件，其中約近 50% 為不起訴處分，其餘亦約 40% 逕以簡易判決處刑或緩起訴處分結案，起訴件數也僅 10% 左右，況且起訴的案件也只有 1 成進入深流的審判程序。

　　但法務部長曾××2013 年 9 月 6 日宣布，為造成社會紛擾致歉，雖然絕未關說，但決定請辭。若未關說為何下台？再說為何每年偵辦約 90% 不起訴及簡易判決處刑或緩起訴是否因為涉嫌行賄的關係？而且若請辭下台就可免除關說刑責，臺灣司法沒有正義公理。國立中正大學犯罪研究中心「104 年全年度全國民眾犯罪被害暨政府維護治安施政滿意度調查」結果出爐，八成四民眾質疑 法官之公正、公平性，為歷年表現較差之民意反應。此外，76.5% 的民眾不相信檢察官辦理案件具有公正性。臺灣民眾對目前政府在防治貪瀆案件的效能依然相當不滿意（78.7%）。

　　憲法第 81 條，法官為終身職，非受刑事或懲戒處分，或禁治產之宣告，不得免職。非依法律，不得停職、轉任或減俸。貪污案很難抓到，臺灣官商勾結，法官違法判決，檢察官違法簽結或不起訴，司法要改革請修改憲法，司法

官員薪資減半聘陪審團，不可讓檢察官及法官一人專斷獨行！司法官員是凡人有七情六慾，司法官員不是聖人、不是神仙，沒有資格享終身職！司法官員退休年金請一併改革縮減！司法是倫理道德的最後一道防線，若司法淪陷臺灣沒有任何廉政可言。若司法貪腐，工程倫理教育已毫無意義。為了中華民國長治久安，建議總統推動司法改革。如何改善臺灣廉政問題，詳請參閱 2014 陳瓏與臺灣廉政學術研討會「營建工程與臺灣廉政問題」論文。

習題

(1) 試搜尋先聖先賢清官陳瓏爺的生平事績。
(2) 試舉例國內外政府官員貪污案例。
(3) 試說明如何有效防範司法官員貪瀆？
(4) 試說明我國廉政需如何改革？

參考文獻

1. Aberdeen, 1989, 2007.12.5 Download from: http://ethics.tamu.edu/ethics/ aberdeen/aberdee1.htm.

2. Anhydrous Ammonia Hose Failure, 1977, 2007.12.5 Download from: http:// ethics.tamu.edu/ethics/xyz/xyz1.htm.

3. ASME versus Hydrolevel Corporation, 1971, 2007.12.5 Download from: http://ethics.tamu.edu/ethics/asme/asme1.htm.

4. Challenger Shuttle, 2007.12.5 Download from: http://www.fas.org/spp/51L. html.

5. Colleen M. Bird, "Should all professors be required to be registered professional engineers in order to teach the principles of civil engineering?" Journal of Professional Issues in Engineering, Vol.113, No. 4, ASCE, pp. 317-319, October, 1987.

6. Enno Koehn, "An Ethics and Professionalism Seminar in the Civil Engineering Curriculum", Journal of Professional Issues in Engineering Education and Practice, Vol. 117, No. 2, ASCE, pp. 96-101, April, 1991.

7. Ethics Updates, Ethics Conferences around the World, 2001, Download from: http://ethics.acused.edu/conferences.

8. Gilbane Gold, 2007, 2007.12.5 Download from: http://ethics.tamu. edu/ethics/gilbane/gilban1.htm or http://www.murdough.ttu.edu/pdg. cfm?pt=NIEE&doc=ProductsServices-GilbaneGold.htm.

9. Goodrich, 1967, 2007.12.5 Download.from: http://ethics.tamu.edu/ethics/ goodrich/goodric1.htm.

10. H. Zandvoort, M. Brumsen, P. A. Kroes, J. O. Kroesen and I. R. van de Poel Delft University of Technology, The Netherlands, 1999, Download from: http://www.ethiek.tudelft.nl/ethiek/wijzigen/menu.

11. Hyatt Regency Walkway Collapse, 1986, 2007.12.5 Download from: http://

ethics.tamu.edu/ethics/hyatt/hyatt1.htm.

12. IIT CSEP, 2008.10.7 Download from: http://www.iit.edu/libraries/csep/.

13. International University of Monaco, 2007.12.6, Download from: http://www.imba.com.tw/schools/ium_dba.htm.

14. Lakewood, 1994, 2007.12.5 Download from: http://ethics.tamu.edu/ethics/stackbad/stackbad.htm.

15. Mexican Plow, 2007, 2007.12.5 Download from: http://ethics.tamu.edu/ethics/plow/plow.htm.

16. Mike W. Martin, and Roland Schinzinger, "Ethics in Engineering" McGraw-Hill Inc., 1996.

17. P. Aarne Vesilind, "What should we teach Civil Engineering students?" Journal of Professional Issues in Engineering Education and Practice, Vol. 117, No.3, pp.287-294, July, 1991.

18. Singapore Management University (SMU): Degree Programmes, 2001, Download from: http://www.smu.edu.sg/degree.

19. The National Institute for Engineering Ethics (NIEE), Review of Engineering Work by Non-registered Engineer, 2008.1.25, Download from: http://www.niee.org/cases/76-77/Case%2076-1.htm.

20. Thomas H. Jr. O'Connor, President and CEO of O'Connor Constructors, Inc. for high profile. "Ethics in Construction", 2000, Download from: http://www.high-profile.com/99/mar/ethics.html.

21. Trench Failure, 1950, 2007.12.5 Download from: http://ethics.tamu.edu/ethics/trench/trench.htm.

22. TV Antenna Tower Collapse, 1982, 2007.12.5 Download from: http://ethics.tamu.edu/ethics/tvtower/tv3.htm.

23. Wikipedia, the free encyclopedia, "Hyatt Regency walkway collapse", 2008.10.19 download from: http://en.wikipedia.org/wiki/Hyatt_regency_walkway_collapse.

24. Wikipedia, the free encyclopedia, "rejected takeoff", 2008.9.29 Download

from: http://en.wikipedia.org/wiki/Rejected_takeoff.

25. W. S. King, L. Duan, W. F. Chen, and C. L. Pan, "Education Improvement in Construction Ethics", Journal of Professional Issues in Engineering Education & Practice, Vol. 134, No. 1, Jan. 2008, pp. 12-19. (SSCI)

26. 人民網，莫斯科水上樂園發生坍塌事故，2008年7月17日下載，取自：http://www.people.com.cn/GB/guoji/1029/2339668.html。

27. 三立電視台，福爾摩沙事件簿影片，豐原高中發生禮堂倒塌事件，搜尋，影片回顧網址，2008年7月17日下載，取自：http://www.truveo.com及http://www.truveo.com/%E7%A6%8F%E7%88%BE%E6%91%A9%E6%B2%99%E4%BA%8B%E4%BB%B6%E7%B0%BF%E5%A0%B1%E5%B0%8E%E8%B1%90%E5%8E%9F%E9%AB%98%E4%B8%AD%E7%A6%AE%E5%A0%82%E5%80%92%E5%A1/id/4205557586。

28. 大紀元，加卑詩體育館屋頂坍塌原因揭曉，2008年7月17日下載，取自：http://news.epochtimes.com/b5/8/1/5/n1966055.htm。

29. 大紀元，俄羅斯丘索沃伊游泳池屋頂坍塌，2008年7月17日下載，取自：http://tw.news.yahoo.com/article/url/d/a/051205/19/3nnp.html。

30. 不動產e族，2002年3月26日，民生別墅輻射屋案判國賠7200萬，新聞來源：臺灣高等法院、原能會，2007年3月11日下載，取自：http://home.kimo.com.tw/eguide.tw/new03032601.htm。

31. 中央大學哲學研究所應用倫理研究中心，2007年12月6日下載，取自：http://www.ncu.edu.tw/~phi/NRAE/。

32. 中央社，2007年12月17日，喚醒人性真善美　張榮發免費發行道德月刊，2008年9月13日下載，取自：http://news.yam.com/cna/society/200712/20071217070714.html。

33. 中國選舉與治理，日韓公務員反腐注重道德立法，2007年9月18日，2008年10月12日下載，取自：http://www.chinaelections.org/List.asp?SortID=482。

34. 中國醫藥大學附設醫院醫學倫理網站，2007年12月6日下載，取自：http://www.cmuh.org.tw/ENG-hospital/mec/SubMain/submain10.htm。

35. 中華工程教育學會，IEET通訊第13期《工程倫理》專欄，2007下載，取

自：http://www.ieet.org.tw/epaper/sesson13/index.htm。

36. 中華工程教育學會通過認證單位，2007年12月6日下載，取自：http://www.ieet.org.tw/eea/accredited_programs.htm#S11。

37. 中華民國倫理研究學會，1986，http://www.rinri.idv.tw/。

38. 王玉麟，輻射受害者協會／輻射安全促進會會長，「輻射屋成因及弊端」，2008年10月19日下載取自：http://www.taiwanwatch.org.tw/issue/rad/radreas1.htm。

39. 王美鴻，「專業倫理的網際網路資訊資源」，通識教育季刊，第三卷，第二期，第127～140頁，1996年。

40. 王晃三，「大學工程倫理課程教學設計之研究」，國科會研究計畫報告，1992年。

41. 王晃三，「談工程倫理教育」，科學月刊，第十九卷，第三期，第316～318頁，1991年。

42. 王曉中，「話說輻射鋼筋」，營建知訊，第158期，第6～12頁，1996年。

43. 世界一百大航空意外事件，2008年9月29日下載，取自：http://www3.telus.net/fa/cicrash/。

44. 司法院法學資料檢索系統，臺灣南投地方法院裁判書—刑事類，案由：違反建築術成規，草屯永昌市場坍塌案，2008年10月7日下載，取自：http://jirs.judicial.gov.tw/。

45. 臺北市政府公務人員訓練中心，分組專案報告題目：人球？雪球？，2008年9月13日下載，取自：http://www.pstc.taipei.gov.tw/stReport/5502.doc。

46. 臺南市消防局，日本自衛隊倫理再教育—人人一本守則革除收賄陋習，2008年10月10日下載，取自：http://www.tcfd.gov.tw/02mid/07trouble/97/trouble_97-01-04-01.htm。

47. 臺美航太協會——吳彌高，華航大園空難研究，1998年7月5日發表，2008年9月20日下載，取自：http://www.taasa-web.org/ChinaAir.htm。

48. 臺灣生態學會行動通知，筏子溪廢燃燒塑膠污染廠址現勘，2008年9月14日下載，取自：http://www.ecology.org.tw/hotnews/river.htm。

49. 臺灣生態學會電子報，臺中市筏子溪廢塑膠污染事件工作報告——河川

局的？環保局的？全體國民的！第111期，出版日期：2006年03月09日，2008年9月14日下載，取自：http://puecoserver.ecology.pu.edu.tw/ecology/enews/enews111.htm。

50. 臺灣美國無線電公司，RCA工人的網路日誌，受害者陳情申訴資料及照片，2008年9月20日下載，取自：http://www.wretch.cc/blog/fightrca。

51. 全球空難統計分析，2008年9月29日下載，取自：http://www3.telus.net/fa/cicrash/。

52. 成和平醫師，複製人的衝擊，2008年9月14日，參考取自：http://www.thinkerstar.com/thinkers/peace/cloneman.html。

53. 朱建民，「專業倫理教育的理論與實踐」，通識教育季刊，第3卷，第2期，第33～56頁，1996年。

54. 自由電子報，探討「人球」背後的結構因素，2008年9月13日，參考取自：http://www.libertytimes.com.tw/2005/new/jan/24/today-o5.htm。

55. 宋伯東，國防部採購局軍官涉嫌貪污案，中時奇摩新聞報導，2001年4月27日，取自：http://ctnews.kimo.com.tw/index.html。

56. 李秀容，訪雲林縣虎尾鎮鎘米污染地有感，高雄市教師會生態教育中心，2008年9月19日下載，取自：http://eec.kta.kh.edu.tw/damage_html/bad018.htm。

57. 李順敏，工程倫理：教育與規範，2007年12月6日下載，取自：http://www.ieet.org.tw/epaper/sesson10/index_03-01.html。

58. 沈六，「道德發展與行為之研究」，水牛出版公司，臺北，1994年。

59. 沈清松，「倫理學理論與專業倫理教育」，通識教育季刊，第3卷，第2期，第1～17頁，1996年。

60. 沈進發，沈得縣，「鋼筋混凝土結構物火害後安全評估程序之研訂」，內政部建研所，1997年6月。

61. 汪群從、陸續，工程倫理概述──守則及解說，行政院公共工程委員會工程倫理講師訓練，2007年4月30日。

62. 周卓輝，「清華大學開設工程倫理課程的經驗與評估」，科學月刊，第19卷，第3期，第322～323頁，1991年。

63. 官文霖，行政院飛航安全委員會調查實驗室，飛機重落地失事之分析與預

防，2008年9月20日下載，取自：http://www.asc.gov.tw/author_files/%AF%E8%BE%F7%AD%AB%B8%A8%A6a%A5%A2%A8%C6%A4%A7%A4%C0%AAR%BBP%B9w%A8%BE.pdf。

64. 林炳昌，「高層建築結構破壞模式探討」，土木工程技術，土木技師公會全聯會，第1～19頁，1999年11月18日。

65. 林媛玲，臺北市修德國宅海砂屋案，2001年3月14日中時奇摩新聞報導，取自：http:// ctnews.kimo.com.tw/index.html。

66. 法務部，「機關辦理工程採購案件可能發生之弊失型態與因應做法調查專報」，2001年1月15日函。

67. 邱花妹，倫理消費：用消費力展現你的價值觀，2007年12月10日下載，取自：http://blog.roodo.com/wobblies/archives/9262.html。

68. 金文森，「美國斷橋啟示」，營造天下，第137.138期，2008年1月10日，57～61頁。

69. 金文森，「紐約世貿中心大樓撞擊崩塌之探究」，現代營建，第263期，第29～38頁，2001年11月。

70. 金文森，「淺談營建工程倫理與職業道德教育」，營造天下，第45期，第33～34頁，1999年9月17日。

71. 金文森、潘吉齡、江政憲，「營建工程職業道德課程規畫之研究」，通識教育季刊，第八卷，第一期，第61～78頁，2001年3月。

72. 金文森、潘吉齡、江政憲，營建工程倫理與職業道德之研究，國科會研究計畫結案報告（NSC89-2516-S-324-003），2000年7月。

73. 某航空公司空難記實，2008年9月21日下載，取自：http://www3.telus.net/fa/cicrash/。

74. 胡黃德，「美國工程倫理教育現況介紹」，科學月刊，第19卷，第3期，第324～325頁，1991年。

75. 風切變及湍流，2008年9月29日下載，取自：http://www.hko.gov.hk/publica/gen_pub/windshear.pdf。

76. 財團法人民間司法改革基金會，RCA污染事件始末，司改雜誌第035期，2001年10月15日，2008年9月20日下載，取自：http://www.jrf.org.tw/

newjrf/RTE/myform_detail.asp?id=1597。

77. 馬瑞君，臺中市政府建管課簡××貪污案，中時奇摩新聞報導，2001年1月9日下載，取自：http:// ctnews.kimo.com.tw/index.html。

78. 國立清華大學簡訊第269期，民國84年12月28日出刊，2007年12月6日下載，取自：http://my.nthu.edu.tw/~secwww2/secretary/doc/269.html。

79. 張介耀，工程教育與工程倫理之探討，南華通識教育研究，創刊號，2004年3月，第31～42頁。

80. 清蔚園科學教育館網站，車諾比爾核能電廠災變，2008年9月14日下載，取自：http://vm.nthu.edu.tw/science/shows/nuclear/safety/index5.html。

81. 雲林縣政府，監察委員調查虎尾鎮鎘米污染事件，2001.09.13新聞資料參考稿，2008年9月19日下載，取自：http://www.yunlin.gov.tw/pda/index-1.asp?n=1&id=1021。

82. 馮道偉，「溶入土木工程專業課程的倫理教學設計」，國科會研究計畫報告，1996年。

83. 黃光國，「專業倫理教育的基本理念」，通識教育季刊，第3卷，第2期，第19～32頁，1996年。

84. 黃昭輝，「輻射偵檢訓練教材」，臺灣營建研究院，1999年11月。

85. 楊君仁，德國生物科技應用倫理研究簡介，應用倫理研究通訊第14期，2007年12月6日下載，取自：http://www.ncu.edu.tw/~phi/NRAE/newsletter/no14/menu.html。

86. 葉先揚，「工程倫理教育」，營造天下，第15期，第13～16頁，1997年。

87. 葉先揚，「淺談人才培育與教學」，第四屆結構工程研討會，第31～41頁，1998年。

88. 詹德隆（2000）。〈輔大校園倫理教育的推行、成果與展望〉。《倫理哲學教育論文集》。新莊；輔仁大學出版社。頁33～54。

89. 詹德隆・廖湧祥（2003）。〈輔仁大學「專業倫理」課程的推行與展望〉（尚未出版）。

90. 維基百科，××企業集團，2008年9月14日下載，取自：http://zh.wikipedia.org/wiki/%E5%8A%9B%E9%9C%B8。

91. 維基百科，安隆公司，2008年9月14日下載，取自：http://zh.wikipedia.org/ w/index.php?title=%E5%AE%89%E7%84%B6%E5%85%AC%E5%8F%B8& variant=zh-tw#.E5.BD.B1.E5.93.8D。

92. 維基百科，汶川大地震，2008年06月02日下載，取自：http://zh.wikipedia. org/w/index.php?title=%E6%B1%B6%E5%B7%9D%E5%A4%A7%E5%9C %B0%E9%9C%87&variant=zh-tw。

93. 維基百科，車諾比核能電廠事故，2008年9月14日下載，取自：http:// zh.wikipedia.org/wiki/%E5%88%87%E5%B0%94%E8%AF%BA%E8%B4% 9D%E5%88%A9%E6%A0%B8%E4%BA%8B%E6%95%85。

94. 維基百科，南京大屠殺，2008年9月22日下載，取自：http://zh.wikipedia. org/wiki/%E5%8D%97%E4%BA%AC%E5%A4%A7%E5%B1%A0%E6%AE %BA。

95. 維基百科，挑戰者號太空梭，2008年9月21日下載，取自：http:// zh.wikipedia.org/wiki/%E6%8C%91%E6%88%B0%E8%80%85%E8%99%9 F%E5%A4%AA%E7%A9%BA%E6%A2%AD。

96. 維基百科，映畫倫理管理委員會，2007年12月11日下載，取自：http:// zh.wikipedia.org/w/index.php?title=%E6%98%A0%E7%95%AB%E5%80%A B%E7%90%86%E7%AE%A1%E7%90%86%E5%A7%94%E5%93%A1%E6 %9C%83&variant=zh-tw。

97. 維基百科，猶太人大屠殺，2008年9月22日下載，取自：http://zh.wikipedia. org/w/index.php?title=%E7%8C%B6%E5%A4%AA%E4%BA%BA%E5% A4%A7%E5%B1%A0%E6%AE%BA&variant=zh-tw。

98. 維基百科，黑心食品，2008年9月19日下載，取自：http://zh.wikipedia.org/ w/index.php?title=%E9%BB%91%E5%BF%83%E9%A3%9F%E5%93%81& variant=zh-tw。

99. 審計部，抽查統計表，2000年12月1日函。

100. 審計部臺灣省審計處，抽查統計表，1996年4月27日函。

101. 蔡得時，「混凝土中氯離子含量計算方法」，（中國市政專校教師），交通大學彙編，1995年8月。

102. 鄧治東，「中原大學開設工程倫理課程的經驗與評估」，科學月刊，第19卷，第3期，第319～321頁，1991年。

103. 澳門鏡湖護理學院，2006年9月27日，澳門鏡湖護院慶國慶，緬情懷，2008年9月13日下載，取自：http://www.kwnc.edu.mo/news/NationalDay2006.htm。

104. 鍾斌賢，張思恩，王晃三，「溶入資訊工程之倫理教學經驗」，通識教育季刊，第三卷，第二期，第69～81頁（1996）。

105. 羅世范，2007年12月6日下載，取自：http://www.aibethics.org/html/big5/page02.html。

106. 歡樂網路王國，永不妥協，2008年9月14日下載，取自：http://erin.kingnet.com.tw/erin_1.html。

107. 金文森，「工程倫理教育與社會責任教育熟重之探究」，2014第三屆工程與科技教育學術研討會，論文集第1～19頁，2014年5月16日。主辦單位：臺灣工程教育與管理學會，協辦單位：修平科技大學、國立臺灣師範大學科技應用與人力資源發展學系。

108. 金文森，「工程爭議案例刑事訴訟檢討與建議」，2014營建工程與管理學術研討會，論文集第C3-13～C3-23頁，中華民國103年6月26日。指導單位：行政院科技部，主辦單位：國立宜蘭大學土木工程學系，協辦單位：中國土木水利工程學會、交通部公路總局、臺灣營建仲裁協會。

109. 金文森，「營建工程與臺灣廉政問題」，2014陳璸與臺灣廉政學術研討會，論文集第03～18頁，2014年9月27～28日。指導單位：教育部、臺南市政府文化局，主辦單位：國立臺南大學人文與社會學院，社團法人臺灣地域研究學會，合辦單位：臺南市文化資產保護協會、嘉南藥理大學儒學研究所。

110. 金文森，「企業社會責任與司法問題之探究」，社會企業與企業社會責任研討會，論文集第2-4-1～2-4-29頁，2014年12月12日，舉辦地點：國立高雄大學管理學院，主辦單位：中華亞太經濟與管理學會、財團法人華亞經濟管理教育基金會、國立高雄大學區域經濟與產業發展中心，協辦單位：國立高雄大學應用經濟學系、國立高雄大學財經法律研究中心。

111.金文森，「違法建築之災害管理與司法縱容制度」，2015物業管理暨防災國際研討會，論文集第III-17~28頁，2015年10月30日，主辦單位: 華夏科技大學。

112.金文森，「 都市更新的迷惑與貪婪及對環境之影響」，企業社會責任與社會企業責任研討會，論文集論文集第1-1-1~11頁，2016年11月18日，舉辦地點：國立高雄大學管理學院，主辦單位：中華亞太經濟與管理學會。

國家圖書館出版品預行編目資料

工程倫理／金文森，江政憲編著. ——二版.
——臺北市：五南，2017.06
　　面；　公分
ISBN 978-957-11-9167-6 (平裝)

1.工程　2.專業倫理

198.44　　　　　　　　　106006251

5F47

工程倫理

作　　者 ─ 金文森（496）　江政憲（44.5）

發 行 人 ─ 楊榮川

總 經 理 ─ 楊士清

主　　編 ─ 王者香

文字編輯 ─ 林秋芬

封面設計 ─ 陳翰陞

出 版 者 ─ 五南圖書出版股份有限公司

地　　址：106台北市大安區和平東路二段339號4樓

電　　話：(02)2705-5066　　傳　　真：(02)2706-6100

網　　址：http://www.wunan.com.tw

電子郵件：wunan@wunan.com.tw

劃撥帳號：01068953

戶　　名：五南圖書出版股份有限公司

法律顧問　林勝安律師事務所　林勝安律師

出版日期　2017年6月二版一刷

定　　價　新臺幣380元